資治通鑑・帝王的鏡子

雷家驥・編撰

中國歷代經典寶庫

37

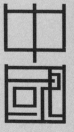

出版的話

時報文化出版的《中國歷代經典寶庫》已經陪大家走過三十多個年頭。無論是早期的紅底燙金精裝「典藏版」，還是50開大的「袖珍版」口袋書，或是25開的平裝「普及版」，都深得各層級讀者的喜愛，多年來不斷再版、複印、流傳。寶庫裡的典籍，也在時代的巨變洪流之中，擎著明燈，屹立不搖，引領莘莘學子走進經典殿堂。

這套經典寶庫能夠誕生，必須感謝許多幕後英雄。尤其是推手之一的高信疆先生，他秉持為中華文化傳承，為古代經典賦予新時代精神的使命，邀請五、六十位專家學者共同完成這套鉅作。二〇〇九年，高先生不幸辭世，今日重讀他的論述，仍讓人深深感受到他對中華文化的熱愛，以及他殷殷切切，不殫編務繁瑣而規劃的宏偉藍圖。他特別強調：

中國文化的基調，是傾向於人間的；是關心人生，參與人生，反映人生的。我們的聖賢才智，歷代著述，大多圍繞著一個主題：治亂興廢與世道人心。無論是春秋戰國的諸子哲學，漢魏各家的傳經事業，韓柳歐蘇的道德文章，程朱陸王的心性義理；無論是貴族屈原的憂患獨歎，樵夫惠能的頓悟眾生；無論是先民傳唱的詩歌、戲曲，村里講談的平話、小說……等等種種，隨時都洋溢著那樣強烈的平民性格、鄉土芬芳，以及它那無所不備的人倫大愛；一種對平凡事物的尊敬，對社會家國的情懷，對蒼生萬有的期待，激盪交融，相互輝耀，繽紛燦爛的造成了中國。平易近人、博大久遠的中國。

可是，生為這一個文化傳承者的現代中國人，對於這樣一個親民愛人、胸懷天下的文明，這樣一個塑造了我們、呵護了我們幾千年的文化母體，可有多少認識？多少理解？又有多少接觸的機會，把握的可能呢？

參與這套書的編撰者多達五、六十位專家學者，大家當年都是滿懷理想與抱負的有志之士，他們努力將經典活潑化、趣味化、生活化、平民化，為的就是讓更多的青年能夠了解繽紛燦爛的中國文化。過去三十多年的歲月裡，大多數的參與者都還在文化界或學術領域發光發熱，許多學者更是當今獨當一面的俊彥。

三十年後，《中國歷代經典寶庫》也進入數位化的時代。我們重新掃描原著，針對時代需求與讀者喜好進行大幅度修訂與編排。在張水金先生的協助之下，我們就原來的六十多冊書種，精挑出最具代表性的四十種，並增編《大學中庸》和《易經》，使寶庫的體系更加完整。這四十二種經典涵蓋經史子集，並以文學與經史兩大類別和朝代為經緯編綴而成，進一步貫穿我國歷史文化發展的脈絡。在出版順序上，首先推出文學類的典籍，依序有詩詞、奇幻、小說、傳奇、戲曲等。這類文學作品相對簡單，有趣易讀，適合做為一般讀者（特別是青少年）的入門書；接著推出四書五經、諸子百家、史書、佛學等等，引導讀者進入經典殿堂。

在體例上也力求統整，尤其針對詩詞類做全新的整編。古詩詞裡有許多古代用語，需用現代語言翻譯，我們特別將原詩詞和語譯排列成上下欄，便於迅速掌握全詩的意旨；並在生難字詞旁邊加上國語注音，讓讀者在朗讀中體會古詩詞之美。目前全世界風行華語學習，為了讓經典寶庫躍上國際舞台，我們更在國語注音下面加入漢語拼音，希望有華語處，就有經典寶庫的蹤影。

《中國歷代經典寶庫》從一個構想開始，已然開花、結果。在傳承的同時，我們也順應時代潮流做了修訂與創新，讓現代與傳統永遠相互輝映。

時報出版編輯部

【導讀】

帝王必看之書

雷家驥

本書的結構和某些意義，在此作一番陳述，讓讀者有進一步的了解。

首先是本書劃分為三大部分：上編介述《資治通鑑》主要編修者司馬光、劉攽、劉恕和范祖禹的生平及其志業，簡敘《資治通鑑》編修的緣起、意義、結構與實際工作的概況。

下編則是選擇《資治通鑑》所述的內容，依照原書周、秦、漢、魏諸紀的次序，作扼要的介述和討論。每一專題即成一節，原則上分就司馬光的選擇觀點、敘述方式、評論意見等，加以介述。《資治通鑑》是編年體的鉅著，把人事繫於年月，體裁較為散漫，情實較為隱約，這是我改編成類似「紀事本末體」形式的原因，我所選擇的每一題目，大體上都是中國歷史上重大的課題，而且多為司馬光「臣光曰」所評論過。我所以這樣子作命題選擇，是因為一來可以由此讓讀者了解古代歷史演變的大趨，等於讀了一本簡扼的通史；二來則是讓讀者了解司馬光對這些重大問題的識見及其評論角度、思想意識。當然，對此二者，筆者有時也會加入自己的看法，希望讀者由此對這些大事和司馬光的學識為人，有更清晰深入的認識。

最後部分則是結語。筆者在此交代了一些在前面兩部分不便介述的事情，也將前二部分的某些問題作一綜合解釋，協助讀者對《資治通鑑》全書作綜合了解。希望讀者對中國歷史文化和《資治通鑑》相關問題的理解，略有幫助。更希望讀者從而引發研讀國史與《資治通鑑》原典的興趣。

資治通鑑◆帝王的鏡子　目次

上編
《資治通鑑》及其修撰者

司馬光小傳

一、司馬光的家世與青壯年時代

司馬光（西元一〇一九－一〇八六年），字君實，宋真宗天禧三年生，宋陝州夏縣涑水鄉（今山西省夏縣西）人，他的遠祖司馬孚，是發動兵變誅除曹爽的司馬懿之弟。晉武帝（懿之孫）篡（ㄘㄨㄢˋ cuàn）位稱帝，封這位叔祖為安平王，對他最加尊禮。降至他的裔孫征東大將軍司馬陽，因葬於夏縣涑水鄉，其子孫遂定居於此。

司馬光高祖以下，都因五代衰亂而不做官。降至祖父司馬炫，始舉進士，官至耀州富平縣（今陝西省富平縣東北十里）知縣。父親司馬池，歷任御史、知州等官，後至尚書吏部郎中充天章閣待制（相當於吏部的司長兼天章閣的皇帝侍從）。他家累世以氣節見稱於鄉里，父親更以清直仁厚及文學行誼見著，號稱一時名臣。母親姓聶氏。

司馬光兒童時代即凜然如成人，性格早熟。七歲那年，聞講《左氏春秋》，極愛此書，回家為家人講述，即已了解其大義；自是手不釋書，以致不知飢渴寒暑。年僅十五歲，書籍無所不通，文詞醇深，有西漢文章的風格。

小時候，他與一群小朋友遊戲，其中一人攀上甕頂，失足跌落盛有水的甕缸之中。眾兒驚惶逃去，司馬光鎮靜地撿起石頭，擊破甕缸，於是甕內之水迸發而出，救了那人性命。這件事蹟，後來被汴京與西京（洛陽）之間的畫家們，畫以為圖。其後，司馬池由於做官，依法得蔭任（因先世勳績而銓敘任官的方式）一子為官，司馬光依次應該得到此機會，但他推讓再三，讓給了堂兄，然後自己受補為極低的齋郎（祭祀時執事之吏，為入仕之資）。

宋仁宗寶元元（西元一〇三三）年，由於范仲淹、歐陽脩等越職言事，朝廷以朋黨警戒百官。這年司馬光才二十歲，舉進士甲科而升遷為奉禮郎（文教系統的低級散官）。司馬池時任杭州知州，所以司馬光推辭升官，要求出為簽書蘇州判官事（助理判官），以便就近侍奉父親。獲朝廷批准後，未上任而母親逝世；母親喪服未除，父親也相繼逝世。及至為雙親服喪期滿，才出仕做官。不久累升至國子直講（相當於中央大學講師），後又除史館檢討、集賢校理等職，開始接觸修撰歷史的工作。

其父的好友龐籍，向以知人稱著，見司馬光而奇之。及至龐籍升為樞密使（相當行政院副院長兼國防部長），遂一直提拔司馬光；當龐籍外調時，也辟用他為通判（高級行政助理官）。司馬光感激龐籍的知己，盡力為他工作；甚至他死後，司馬光升堂拜其妻如母，撫其子如兄弟。當時的人，都非常稱許他們兩人。

仁宗末，累升為起居舍人、同知諫院（皇帝侍從兼諫官）。早在至和三（即嘉祐元，西元一〇五六）年，仁宗皇帝生病，皇帝無子，所以天下寒心而不敢為言，只有諫官范鎮（司馬光修《資治通鑑》重要助手范祖禹的叔祖）首先發議，司馬光（時任并州通判）聞而繼之，上疏請求仁宗選擇賢良的宗室子弟為皇太子，如果將來仁宗生了兒子，皇太子才換人不遲。司馬光為此呈遞了三份奏章，又寫了一封信鼓勵范鎮，大意說，這種大事不言則已，言既一出，豈可再收回，希望范鎮以死爭之。於是范鎮鼓吹益力，終被罷職。司馬光在五年以後（嘉祐六年），自己已經成為諫官，遂再度上疏提出問題：「臣從前為并州通判時所上三份奏章，願陛下能果斷而力行！」

仁宗一向沉默寡言，聞言沉思，良久才說：「是不是要選宗室為皇太子的事呀？這是忠臣之言，只是眾人不敢提罷了！」

「臣建議此事，自謂必死，想不到陛下開誠接納。」司馬光道。

「這有何害，古今都有這種事情啊！」仁宗說。並因而命令司馬光把建議通知中書（宰相辦公機關）。

「不可，」司馬光解釋說：「陛下應該自己把此意曉諭給宰相才是啊！」

過了一個月（嘉祐六年九月），司馬光又上疏面奏：「臣那天進說，陛下欣然無難，私意以為馬上實行了。如今寂無所聞，這一定是有小人說陛下春秋鼎盛，子孫會有千億之多，何必立即做此不祥之事。小人沒有遠見，他們只是為了等陛下千秋之後，倉猝（ㄘㄨˋ cù）之間，援立他們平常所親善的人罷了。唐朝自文宗以後，立嗣都出於左右之意，擁立者至有自稱『定策國老』，呼天子為『門生天子』的人，此禍豈可勝言呢？」

仁宗大感悟而說：「送到中書去！」

司馬光到中書，看到宰相韓琦等，說：「諸位相公若不馬上議論決定下來，改天夜半，禁中送出條紙說以某人為皇太子，則天下誰也不敢違抗了。」

韓琦等連連稱是，說：「敢不盡力！」一月餘之後，就選定趙宗實，明年立之為皇太子，賜名曙，即是後來的英宗皇帝。這是司馬光做官後，首次參與重大而敏感的政治問題。此事之後，仁宗對他頗為器重，不久任命他判檢院（主持人民向君主投訴的機關）、權判國子監（臨時代理中央大學校長），除知制誥（ㄍㄠˋ gào，制誥是聖旨撰稿人）。司馬光堅辭八九次，不肯受任視事，仁宗拗（ㄠˋ ào）不過他，改任為天章閣待制兼侍講，賜予三品服飾，仍然主理諫院。自此司馬光遂兼為天子侍臣兼講臣，可以經常與皇帝直接接觸與建議。

嘉祐八（西元一〇六三）年，皇帝派他主持該年的考試。同年，仁宗崩逝，太子曙繼立，先帝遺賜價值百餘萬的珠寶黃金給他。他率領同僚三上奏章，力言國有大憂，財政窘乏，不可如此賞賜；如果因為是遺賜而不得推辭，請准許讓侍從官以上，將之捐獻出來，當作協助營建皇帝墓陵的費用。英宗否決所請。於是他把珠寶捐給諫院作為基金，把黃金送給舅家，義不藏於自家。

英宗即位後照例升遷有關官員。宦官任守忠也在升遷名單之內。司馬光甚表反對，上言爭論；他尤其反對升遷任守忠，他說：「守忠是大姦人。陛下為皇太子，並非出於守忠之意。這人沮（ㄐㄩˇ jǔ）壞大策，離間百端，幸好先帝不加聽信；及至陛下即位後，他又依違搖擺，交構兩宮，真是國之大賊，人之巨蠹（ㄉㄨˋ dù），乞請將他斬於都市，以謝天下！」英宗於是將守忠外放，天下稱快。

稍後，英宗升遷王廣淵。司馬光亦極言廣淵姦邪，不可接近，說：「廣淵在仁宗之世，私自結交於陛下，豈是忠臣的行為呢？希望貶黜，以厲天下的風氣。」

英宗治平元（西元一〇六四）年詔令將陝西二十萬民兵，刺字改編為「義勇」軍（宋朝當兵須刺字），故民情驚惶。司馬光上疏極論其害，分析說「仁宗中期徵集陝西人民為鄉弓手，稍後將他們刺字為『保捷指揮』（保捷是番號，指揮是軍隊建制單位），變成正規軍；但人民蒙受損害，軍隊也終不能用，遇敵首先敗北，往往是造成全軍崩潰的原因。縣官知道他們坐食無用，將之淘汰遣散，以復員為農；然而他們遊惰慣了，不能返回農田，強者遂成為強盜，弱者輾轉死去，父老們至今流涕傷心。現在的『義勇』，與此有什麼不同？」奏章六上，均不採納；要求罷官，也不獲准。

其間，司馬光曾以此道理質詢宰相韓琦。韓琦說：「兵貴先聲奪人，西夏正桀驁（ㄠˋ ào）不服，突聞增兵二十萬，豈不震懾（ㄓㄜˊ zhé）收斂！」

「所謂『兵貴先聲』，其實沒有實質，只能欺敵於一日罷了。如今我雖增兵，實不可用，不過十日，西夏將會知道詳情，到時他們還有什麼可怕的呢？」司馬光追著質問道。

「君只是害怕『保捷』軍的歷史重演罷了，」韓琦解釋：「如今已經降下敕（ㄔˋ chì）旨，與民約定，永遠不將他們充軍戍邊啦！」

「朝廷曾經失信於民，人民實未敢相信此事，即使是我也不能不加以懷疑！」司馬光堅持說。

「有我在此，」韓琦有信心地說：「君何必耽憂！」

司馬光不同意：「相公長在此地當然無問題，異日他人當位，因相公所建立的現成之兵而用之，命令他們運糧、戍邊，不過是反掌之間的事罷了。」

韓琦聞言沉默，但也不改變主意。後來不出十年，結果幾乎與司馬光的預測一樣。司馬光的國防構想，一向是主張不徵兵、不生事、維持現狀的，所以連韓琦僅打算假裝增兵來嚇阻西夏的戰略構想，他也力表反對。當然，這也與他一向不欺人、守信用的性格有關。

宋朝知識分子重名分、好議論之風，蔚成時尚，朝廷常常下詔戒群臣朋黨；司馬光中進士那年僅是其中的一次，原因是范仲淹、余靖、尹洙、歐陽脩等名臣越職言事，故為宰相呂夷簡所貶。司馬光參與敏感的政治辯論，四十五歲以前最顯著的一次，就是建議仁宗選擇宗室為太子之事，由於范鎮因此而罷官，所以宰相大臣誰也不敢率先為言。司馬光當面建議仁宗，仁宗大概感於他的誠意，所以不加貶黜。司馬光敢言，宰相韓琦等就是透過他，選定英宗為皇位繼承人的。英宗即位後，司馬光也以繼承問題為理由，斥責宦官任守忠為「大姦」、「大賊」、「巨蠹」，使守忠不但不能升官，而且改為外放。是則在時代風氣影響下，加上他的性格使然，司馬光也會很容易捲入黨爭的漩渦之中。

司馬光精通歷史，了解漢、唐以來，皇位繼承是嚴重的政治問題，輕則造成橫議黨爭，重則導致兵變國亡。所以在英宗即位初期，他就上言疏導皇帝，援引漢代君主不追尊本生父親之例，希望英宗引以為戒。因為他預料英宗追尊生父之事，日後可能會發生，且會引起重大糾紛。

果然，英宗即位後第二（治平二，西元一〇六五）年，震動北宋政壇的「濮議」終於發生。司馬光時年四十七歲。此年，執政建言濮安懿王（英宗生父）德盛位隆，應該特加尊禮。天子下詔召集太常禮院及兩制官（在宮內及在中書撰寫聖旨的機要官）討論其事。執政歐陽脩等主張不應該抹殺英宗與生父的父子關係，司馬光見無人敢反對，獨奮筆立議說：「過繼給人做兒子（英宗過繼給仁宗），不應再顧其私親。今日要崇奉濮安懿王，理應一準先朝封贈期親尊屬的慣例，贈以高官大爵，極其尊榮就夠了。」議案寫成，將手稿留作存檔，另謄一份上進。

當時，中外議論洶洶，御史呂誨、范純仁等六人意見同於司馬光，皆上言力爭，而相繼降黜。司馬光上疏挽救遭否決，遂要求與他們一同貶降。此案爭論一年多，朝廷最後的決定，是尊稱濮王為親，表示與天子有父子關係。

治平四年正月，英宗崩逝，神宗繼位，首將司馬光由龍圖閣直學士、右諫議大夫，擢升為翰林學士；稍後，王安石也升遷為翰林學士。翰林學士必須極富文學，隨時代皇帝寫公文，故司馬光力加推辭，神宗不許。

神宗面召司馬光而開導他，說：「古之君子，或學而不文，或文而不學，只有董仲舒、揚雄兼而有之。卿有文學，為何推辭？」

司馬光答：「臣不能寫四六文（即「駢文」。駢，音ㄆㄧㄢˊ pián）。」

「摹仿兩漢制詔（散文）的方式也可以呀！」天子說。

「本朝的慣例不可以這樣做。」光道。

神宗又問：「卿能主持進士考試，選取成績優秀的人，而卻說不能寫四六，究竟是何原因？」

司馬光不答而趨出。天子派遣內臣至閣門（龍圖閣乃收藏宋太宗遺物的諸閣之一，設有學士、直學士等編制），強迫他接受任命狀。司馬光拜而不受，內臣催他入內謝皇恩，說：「聖上正坐著等你哩！」

司馬光入至廷中，內臣將任命狀塞進他懷中，司馬光不得已乃接受。

早在英宗崩逝前一年（治平三年，西元一〇六六年），司馬光四十八歲那年，英宗想研讀古代歷史，以幫助施政策劃之用，遂命令他在崇文院設立史局修撰歷史，准許他自選助手及運用各館閣圖書。及至神宗每開經筵，也常令他進講歷史。治平四年十月九日，司馬光第一次進讀所撰的歷史，神宗遂面賜御〈序〉，命名為《資治通鑑》，並令繼續修史的事業，尋任他為翰林侍讀學士。

某日，司馬光上疏論修心之要旨有三，此即：仁、明、武三字。又說「治國之要也有三，即官人（慎選官吏）、信賞（有賞必行）與必罰（有罪必罰）。」而且說：「臣從前為諫官，即以此六言獻給仁宗，後來又獻給英宗，現在獻給陛下。平生力學所得，盡在於此了。」所以神宗一度任他權知審官院（代理銓敘部部長）。

稍後，百官依照慣例給皇帝上尊號，剛好輪到司馬光撰寫答辭。他先上疏稟告神宗說：「先帝曾親行祭天之禮，不接受群臣的尊號，天下莫不稱頌他。從前漢文帝時，單（ㄔㄢˊ chán）于（匈奴元首的官稱）自稱天地所生、日月所置、匈奴大單于，沒有聽說文帝也取大名以和他比高下。希望陛下追念先帝的本意，不要接受尊號。」

神宗大悅，手詔回答：「不是卿，則朕不能聽到這種言論。卿可善為答辭，使中外曉然知道朕的至誠，不是欺眾邀名的人。」於是終身不再接受尊號。

二、新、舊黨兩巨擘——王安石與司馬光

熙寧元（西元一〇六八）年秋七月，執政因河朔（黃河以北）大地震後，災情頗重，國用不足，建議今年祭天大典後，不要依例賞賜兩府（中書與樞密，一主文，一主武，均是執政機關，合稱兩府），遂將此議送至學士院取旨（擬撰聖旨）。

司馬光認為賞賜兩府，不過花費二萬而已，這些小數目節省下來，不足以救災；應該改為兩省（中書、門下兩省）的文臣，宗室、刺史以上的武臣，均將賞賜減為半額就可以

了。

當時司馬光和學士王珪（ㄍㄨㄟ guī）、王安石，共同入宮面聖取旨。司馬光說：「救災節用，應從貴近之臣開始推行，至於兩府官員，不妨由他們隨意推辭，不必下詔取消。」

王安石卻道：「唐朝宰相常袞（ㄍㄨㄣˇ gǔn），曾經推辭賜饌（ㄓㄨㄢˋ zhuàn）。當時議論以為常袞既然自知不能，就該當辭位而不當辭祿。而且國用不足，不是當今的急務。」

「常袞推辭賞賜，比那些既要祿賜又要權位的人賢多了。國用不足，真是當今的急務。」司馬光反駁。

「非也，非也！」王安石再駁：「國用不足的原因，是因為未得善於理財的人。」

「善理財的人，不過是會刮斂民財的人罷了，」司馬光針鋒相對地說：「民窮而為盜，絕非國家之福！」

「不對，」王安石說：「善理財的人，賦稅不增加，而上用充足。」

「天下哪有此理！」司馬光似已氣憤：「天地所生的資源有限，不在於民則在於官，譬如下雨，夏天多下雨而成災，則秋天必然乾旱。不增賦稅而上用充足，不過是設法奪取人民的利益而已，害處更甚於加稅；這是桑弘羊（漢朝理財專家）欺騙漢武帝的話，太史公（司馬遷）寫了下來，用以表示武帝的不明罷了！到了武帝末年，盜賊蜂起，幾乎釀出大亂，如果武帝不悔悟，昭帝（武帝子）不變法，則漢朝幾乎滅亡。」

兩人各引經據典，在御前爭執不休。王珪這時進言說：「救災節用，應自貴近之臣開始，司馬光說的話對呀。但是賞賜所費無幾，不賜則恐傷國體，王安石的說法也對呀，只好請明主來裁定了。」

神宗聞言，也只好指示說：「朕意與司馬光相同，但是不妨以不批准（取消兩府賞賜）為辭而答覆他們。」

那天剛好輪到王安石撰寫聖旨，他就引用常袞作例子來責備兩府。兩府接旨，也就不敢再推辭了。

司馬光與王安石的財政構想不同，前者是資源有限論者，後者則認為財政困窘是理財不善的結果，需要加以改革。財政困乏是北宋極嚴重的問題，以前的君臣大都躲避正面而積極的解決此燙手問題。馬、王兩人之爭，可以說就是大多數的保守派與少數的改革派之政策爭執。後來，司馬光成為前一派的領袖，王安石則已經是後一派的領袖。北宋著名的新、舊黨爭，即以此二人為巨擘（ㄅㄛˋ bò）。

司馬光與王安石是一對好朋友，又同在翰林院做事，私交甚篤。這時，朝廷準備為英宗修史，任命司馬光兼史館修撰。

神宗青年有為，了解建國以來，因循苟安的風氣，已經使國家的財經、政治、國防產生了極大危機，當思大加改革。王安石的思想政見，極為神宗所欣賞，於是在熙寧二（西元一〇六九）年二月，正式提拔王安石為執政（參知政事），準備大事革新；並在同月創置「制置三司條例」，開始推動著名的變法。

宋朝宰執原本不過問財經，政府最高財經機關是「三司使」。王安石特創條例司此機關，是先把財經權力收回來，由宰執透過此機關控制全國財經狀況。至是，王安石全力推行青苗、助役、水利、均輸等政策措施，設立四十餘員提舉官（相當於督辦），分行全國以推動新法。司馬光所推薦的諫官呂誨，上疏批評王安石十大過失，在同年六月首先因反對新法而外放，稍後司馬光的朋友范純仁等，也因此外放。

司馬光也曾上疏給神宗，力陳新法的利害關係，但天子決心甚堅。某日，他在邇英閣進讀《資治通鑑》，讀至漢朝蕭何、曹參之事。司馬光解釋說：「曹參（ㄘㄢ cān）不改變蕭何制定之法，得守成之道，所以漢惠帝與呂太后時代，天下晏然，經濟繁榮發展。」

「漢朝守著蕭何之法而不變，可以嗎？」帝問。

「何獨漢朝，」司馬光答：「假使三代（夏、商、周）之君，常守禹、湯、文、武之法，至今仍然可以存用啊！周武王克商時，仍然恢復商朝之政，率由舊章，是則雖周朝也用商政啊。《書經》說：『無作聰明亂舊章。』漢武帝用張湯的建議，紛更漢高祖之法，於是盜賊半天下。元帝改革宣帝之政，而漢朝就開始衰落。由此言之，祖宗之法，不可改變啊！」

數日後，輪到呂惠卿（王安石的重要幹部）進講，也講到先王之法有變有不變的問題，神宗將司馬光的看法轉告，呂惠卿認為司馬光用意在譏諷朝廷與他。過了數日，神宗又將惠卿之意轉告司馬光。司馬光力闢惠卿之論，要求在旁的公卿侍從評論是非，惠卿遂與他衝突起來。

神宗勸解說：「大家互相討論是非罷了，何必這樣呢！」

熙寧三年一月，元老宰相韓琦上疏批評青苗法之害，神宗動搖，想廢除此法，於是王安石稱疾求去。司馬光代神宗寫答詔給安石，內有「士大夫沸騰，黎民騷動」之語。安石大怒，馬上抗章自辯。神宗竟為之親撰謝辭，命令呂惠卿前去，把天子心意向他曉諭明白。支持王安石的好友韓絳，力勸神宗慰留安石。於是安石入宮面謝，極力分析反對派的言論，指責他們朋比的情狀，申述「天變不足畏，祖宗不足法，人言不足恤」，以反駁反對派的批評，堅定皇帝的信心。神宗以為是，王安石這才重新視事。

王安石就是這種人，他才學橫溢，極善辯論，而又意志堅強，人家稱他為「拗相公」；唐宋時代宰相才能稱相公，而他在這年底就晉升為正宰相（同中書門下平章事）。

司馬光與王安石私誼極厚，當安石稱疾求去時，他就以朋友責善之義的態度，寫了一封信去批評安石。這封信大略如此：

二月二十七日，翰林學士兼侍讀學士．右諫議大夫司馬光，惶恐再拜　介甫（安石字）參政諫議（安石以左諫議大夫本官參知政事）閣下：光居常無事，不敢涉兩府之門，以是久不得通名於將命者。春暖，伏惟機政餘裕，臺候萬福！

孔子曰：「益者三友，損者三友。」光不才，不足以辱　介甫為友。然自接待以來，十有餘年，屢嘗同僚，亦不可謂之無一日之雅也。雖愧多聞，至於直諒，不敢不勉。若乃便佞（ㄆㄧㄢˊ ㄋㄧㄥˋ pián nìng），則固不敢為也。孔子曰：「君子和而不同，小人同而不和。」君子之道，出處語嘿，安可同也！然此志則皆欲立身立道，輔世養民，此其所以和也。

鄉（ㄒㄧㄤˋ xiàng）不與　介甫議論朝廷事，數相違，未知　介甫之察不察？然於光嚮慕之心，未始變移也。竊見　介甫獨負天下大名三十餘年，才高而學富，難進而易退。遠近之士，識與不識，咸謂　介甫不起則已，起則太平可立致，生民咸被其澤矣！天子用此起　介甫於不可起之中，引參大政，豈非欲望眾人之所望於　介甫邪？

今　介甫從政始期年，而士大夫在朝廷及自四方來者，莫不非議　介甫如出一口，下至閭閻細民，小吏走卒，亦竊竊怨嘆，人人歸咎於　介甫。不知　介甫亦嘗聞其言，而知其故乎？光竊意　門下之士，方日譽盛德而贊功業，未始有一人能以

此　聞達於左右者也。非　門下之士皆曰：「彼方得君而專政，無為觸之以取禍；不若坐而待之，不過二三年間，彼將自敗。」

若是者，不惟不忠於　介甫，亦不忠於朝廷。若　介甫果信此志，推而行之及二三年，則朝廷之患已深矣，安可救乎！如光則不然，忝備交遊之末，不敢苟避譴怒，不為　介甫一一陳之：

今天下之人惡　介甫之甚者，其詆毀無所不至。光獨知其不然。　介甫固大賢，其失在於用心太過，自信太厚而已。

何以言之？自古聖賢所以治國者，不過使百官各稱其職，……輕租稅、薄賦斂……。　介甫以為此皆庸儒之常談，……於是財利不以委三司而自治之，更立制置三司條例司，聚文章之士及曉財利之人，使之講利。……此其所以為害已甚矣。又置提舉、勾當、常平、廣惠倉使者四十餘人，使行新法於四方，……其中亦有輕佻（ㄊㄧㄠˊ tiáo）狂躁之人，陵轢（ㄌㄧˋ lì）州縣，騷擾百姓，……故謗議沸騰，怨嗟盈路。跡其本原，咸以此也。……孔子曰：「君子求諸己。」　介甫亦當自思所以致其然者，不可專罪天下之人也！

夫侵官，亂政也，　介甫更以為治術而先施之。貸息錢，鄙事也，　介甫更以為王政而力行之。繇役，自古皆從民出，　介甫更欲斂民錢、雇市傭而使之。此三者，常人皆知其不可，而　介甫獨以為可。……此光所謂用心太過者也。……　介甫素剛直，每議事於人主前，如與朋友爭辯於私室，不少降辭氣，視斧鉞鼎鑊無如也。及賓客僚屬謁見論事，則惟希意迎合；曲從如流者，親而禮之；或所見小異，微言新令之不便者，　介甫輒艴（ㄈㄨˊ fú）然加怒，或詬罵以辱之，或言於上而逐之，不待其辭之畢也。明主寬容如此，而　介甫拒諫乃爾，無乃不足於恕乎！……此光所謂自信太厚者也。

光昔從　介甫游，於諸書無不觀，而特好孟子與老子之言。……孟子曰：「仁義而已，何必曰利。」……今　介甫為政，首制置條例，大講財利之事。……（老子）又曰：「我無為而民自化，我好靜而民自正，我無事而民自富，我無欲而民自樸。」……今　介甫為政，盡變更祖宗舊法。……此豈老氏之志乎？何　介甫總角（古代未成年男女都收髮結之，稱為總角）讀書，白頭秉政，乃盡棄其所學而從今世淺丈夫之謀乎！……自古立功立事，未有專欲違眾而能有濟者也。……今　介甫獨信數人之言，而棄先聖之道，違天下人之心，將以致治，不亦難乎？

近者藩鎮大臣（指使相韓琦）有言散青苗錢不便者，天子出其議以示執政，而　介甫遽（ㄑㄩˊ qú）悻悻然不樂，引疾臥家。光被（ㄆㄧ pī）旨為批答，……直敘其事，以義責　介甫，意欲　介甫早出視事，更新令之不便於民者，以福天下。……

竊聞　介甫不相識察，頗督過之，上書自辯，至使天子自為手詔以遜謝，又使呂學士（指惠卿）再三諭意，然後乃出視事。出視事，誠是也；然當速改前令之非者，以慰安士民，報天子之盛德。今則不然，更加忿怒，行之愈急。……觀　介甫之意，必欲力戰天下之人，與之一決勝負，不復顧義理之是非，生民之憂樂，國家之安危。光竊為　介甫不取也。

近蒙聖恩過聽，欲使之副貳樞府（指樞密副使）。光竊惟居高位者，不可以無功；受大恩者，不可以不報。故輒敢申明去歲之論，進當今之急務，乞罷制置三司條例司，及追還諸路提舉、常平、廣惠倉使者。主上以　介甫為心，未肯俯從。光竊念主上親重　介甫，……惟　介甫之一言，　介甫何忍必遂己意而不恤乎？夫人誰無過，……　介甫誠能進一言於主上，請罷條例司、追還常平使者，則國家太平之業均復其舊，而　介甫改過從善之美，愈光大於前日矣！於　介甫何所虧喪而固不言哉？

光所言正逆　介甫之意，明知其不合也。然光與　介甫趣嚮雖殊，大歸則同。介甫方欲得位以行其道，澤天下之民。光方欲辭位以行其志，救天下之民，此所謂和而不同者也，故敢一陳其志，以自達於　介甫，以終益友之義。其捨之、取之，則在　介甫矣。

……介甫其受而聽之與罪而絕之，或詬詈（ㄌㄧˋ lì）而辱之與言於上而逐之，無不可者，光俟命而已。不宣。光惶恐再拜。

司馬光寫這封長函，苦口婆心，叮嚀周至，用各種角度去規勸王安石廢除新政。寫信前若干日，神宗任命司馬光為樞密副使，此亦執政之職。司馬光以政見與王安石不同，堅持先廢除新法，否則不與安石同在兩府執政，於是六次遞上「辭樞密副使箚（ㄓㄚˊ zhá）子」。神宗派人開導他：「樞密院主管國防軍事，官各有職守，不應以他事作為辭讓的理由。」司馬光辯道：「臣未接受任命，則仍然是天子侍從，於事無不可言。」稍後王安石復出視事，韓琦的建議被否決，於是司馬光終於不接受任命，反而要求外調。神宗無奈，只好收回敕告（任命狀）。延至九月，司馬光終於外調成功，以端明學士職，帶著史局出知永興軍（今西安）。

此期間，王安石讀了他的長函，遂寫了一封極精采的短函回覆，此即〈答司馬光諫議書〉，扼要地反駁司馬光的批評，否認他所指責的侵官、生事、征利、拒諫各事。表示兩人「游處相好之日久，而議事每不合」的原因，是因為兩人「所操之術多異故也」。他不願強迫司馬光接受他的政治觀點，但指出改革必定招怨，他早已知道；認為商朝賢君盤庚遷都改革，不但招致朝廷士大夫的怨懟，連人民也加以怨懟。他說「人習於苟且非一日，士大夫多以不恤國事、同俗自媚於眾為善」，他只是鼎力幫助主上改革罷了。

因此，王安石否認自己有過失，乃至說：「如君實責我以在位久，未能助上大有為，以膏澤斯民，則某（安石自稱）知罪矣！如曰當一切不事事，守前所為而已，則非某之所敢知。」

王安石這封短函並不批評司馬光本人，但就事論事，暗示司馬光的保守、因循、苟且、偷安的觀念不對。

司馬光得閱覆函，又寫了一短函奉覆，重申觀感，表明社會確已因新政造成動亂不安。不過，司馬光第一封信結尾，原意王安石或者會辱罵他，與他絕交，或者排斥迫害他，所以在這二函稱謝說：「意謂縱未棄絕，其取詬辱必矣！不謂　介甫更賜之晦筆，存慰溫厚；雖有肯信用其言，亦不辱而絕之，足見君子寬大之德，過人遠甚也！」

事實上，司馬光政見、學養與王安石均不同，一是安於現狀的實踐派，一是改革維新的理想派；一是史學大家，一是經學高才。北宋中期的政局，實由此兩人肩負下來。王安石個性雖然執拗，卻仍是彬彬君子，對反對他的司馬光、韓琦、歐陽脩、范純仁等人，頂多道不同不相為謀，把他們外放做官而已，絕不至於加以政治迫害。後來司馬光當政，對王安石以下人物也抱持如此態度。馬、王之政爭，確是國史上極少見的君子之爭。

司馬光外放做官，於是專心修撰《資治通鑑》，非極必要，不再上疏評論新政之事。

但他與王安石的私交仍然甚篤，也常與王安石詩文酬唱。不過即使是詩文酬唱，兩人的觀點與人生見解，仍是相左。例如王安石曾寫了兩首〈明妃曲〉，表達他對王昭君和番一事的見解及人生觀；司馬光讀後，就和了他一曲，與他大唱反調。

王安石第一首〈明妃曲〉是這樣寫的：

> 明妃初出漢宮時，淚溼春風鬢腳垂。
> 低徊顧影無顏色，尚得君王不自持。
> 歸來卻怪丹青手，入眼平生幾曾有？
> 意態由來畫不成，當時枉殺毛延壽。
> 一去心知更不歸，可憐著盡漢宮衣。
> 寄聲欲問塞南事，只有年年鴻鴈飛！
> 家人萬里傳消息，好在氈城莫相憶。
> 君不見，咫尺長門閉阿嬌，人生失意無南北！

毛延壽，漢宮畫師，為宮女畫像呈君主閱覽，傳王昭君因不肯送紅包，故為延壽醜畫其貌，漢帝因而不識昭君；氈城，指匈奴居地；阿嬌，失寵於漢武帝的皇后。

第二首是：

明妃初嫁與胡兒，氈車百輛皆胡姬。
含情欲說獨無處，傳與琵琶心自知。
黃金捍撥春風手，彈看飛鴻勸胡酒。
漢宮侍女暗垂淚，沙上行人卻回首。
漢恩自淺胡自深，人生樂在相知心。
可憐青冢已蕪沒，尚有哀弦留至今！

捍撥，指彈琵琶的工具；春風手，是指彈琵琶的手勢。

司馬光讀後，或者認為安石的論調太超脫，或者認為他不太近情理，於是寫了一首〈和王介甫明妃曲〉以見志，他說：

胡雛上馬唱胡歌，錦車已駕白橐（ㄊㄨㄛˊ tuó）駝。
明妃揮淚辭漢主，漢主傷心知奈何！
宮門銅環雙獸面，回首何時復來見？

自嗟不若住巫山，布袖蒿（ㄏㄠ hāo）簪（ㄗㄢ zān）嫁鄉縣。
萬里寒沙草木稀，居延塞外使人歸。
舊來相識更無物，只有雲邊秋鴈飛。
愁坐泠泠調四弦，曲終掩面向胡天。
侍兒不解漢家語，指下哀聲猶可傳。
傳遍胡人到中土，萬一他年流樂府。
妾身生死知不歸，妾意終期寤人主。
目前美醜良易知，咫尺掖庭猶可欺；
君不見，白頭蕭太傅，被讒仰藥更無疑！

過了「居延塞」即入匈奴境；蕭太傅，漢太子太傅蕭望之，雖為君主的師傅，因被讒毀，故仰藥自殺以表其忠。

由此可見，王安石有灑脫的人生觀，有獨來獨往、不畏不恤的追求自我的精神；而司馬光則是敦厚殷憂，忠君愛國，強調生靈文化、民族情感的君子。宜乎前者力行改革而義不返顧，後者則力尊舊章以安民生。任何人若要評論此二先賢及其政見，均須自此入手體會才成。

司馬光外放後，輾轉由知永興軍，至改任知許州（今河南省許昌縣）、判西京御史臺（在洛陽），至此，居於洛陽修史凡十五年，官職雖改而不調離洛陽。元豐五（西元一〇八二）年，他已高齡六十四歲，忽得語澀病。司馬光自疑已經中風，於是預先寫好遺表（獻上皇帝的遺書），大略詳述八年前（熙寧七年）所上的六項問題，批評青苗、免役、市易、邊事、保甲、水利六項軍國措施，請求加以撤銷。他寫這道遺表時，感慨萬分，親筆撰述，並緘封好置於臥內，等彌留時交與所善的范純仁、范祖禹，請他們代為呈上。結果，此病並無大害，事情也就不了了之。

三、白首執政與著作

神宗元豐七（西元一〇八四）年，王安石早已去位外調，朝中由王珪與蔡確領導，新政仍在推行，而司馬光已高齡六十六歲。這年，《資治通鑑》全部完成，於是在十一月，由司馬光領銜，重要助手劉攽（ㄅㄢ bān）、劉恕、范祖禹及司馬光之子司馬康副署，聯名進上該書，並拜表說：

臣光言：先奉
敕編集歷代君臣事跡，又奉
聖旨賜名《資治通鑑》，今已了畢者。
伏念臣性識愚魯，學術荒疏，……獨於前史，粗嘗盡心，……臣常不自揆，欲
刪削冗長，舉撮機要，專取關國家盛衰，繫生民休戚，善可為法，惡可為戒者，為
編年一書。……
伏遇
英宗皇帝，……思歷覽古事，用恢張大猷，爰
召下臣，俾之編集。臣夙昔所願，一朝獲伸，踴躍奉承，惟懼不稱。……不幸書未
進
御，
先帝遺棄群臣。
陛下紹膺大統，欽承先志，寵以冠〈序〉，錫之嘉名，每開經筵，常令進讀。……
會差知永興軍，以衰疾不任治劇，乞就冗官。
陛下俯從所欲，……前後六任，仍聽以書局自隨。……臣既無他事，得以研精極慮，
窮竭所有，日力不足，繼之以夜。……上起戰國，下終五代，凡一千三百六十二年，

修成二百九十四卷；又略舉事目，……以備檢尋，為《目錄》三十卷；又參考群書，評其同異，……為《考異》三十卷；合三百五十四卷。

……重念臣違離闕庭，十有五年，……今骸骨癯（ㄑㄩˊ qú）瘁，目視昏近，齒牙無幾，神識（ㄓˋ zhì）衰耗，目前所為，旋踵遺忘，臣之精力，盡於此書。伏望陛下，……時賜有覽，監前世之興衰，考當今之得失，嘉善矜惡，取是捨非，足以懋稽古之盛德，躋（ㄐㄧ jī）無前之至治，俾四海群生，咸蒙其福，則臣雖委骨九泉，志願永畢矣！

僅奉表陳進以聞。臣光誠惶誠懼，頓首，頓首，謹言。

元豐七年十一月進呈。

司馬光的大志向在救濟生民、興隆國家，這道奏章亦一再表明。他撰述《資治通鑑》這部大書，十九年下來，已經使青春磨蝕，健康日差，這是他又過了整整兩年，即以衰病逝世的原因。神宗大為感動，任他為資政殿學士，此號學士，通常是執政所帶的職銜，表示神宗有意重用他。同時，神宗頒下獎諭詔書：

敕司馬光：修《資治通鑑》成事。

史學之廢久矣，……卿博學多聞，貫穿今古，……成一家之書，褒貶去取，有所依據。省閱以還，良深嘉歎！……故茲獎諭，想宜知悉。

冬寒，卿比（近來之意）平安好。遺書（即留書，致送一封信之意），指（旨趣、心意之意）不多及。十五日。

第二年，衰老的司馬光尚安好，反而三十八歲壯年的神宗皇帝，卻在三月崩逝了；九歲大的哲宗皇帝繼位，由太皇太后高氏（英宗妻、神宗母、哲宗祖母）臨朝聽政。哲宗是神宗第六子，前一個月神宗才立他為皇太子，準備召還外放的呂公著和司馬光做他的師傅，因此，太皇太后乃下詔徵兩人回京輔政，兩人都是保守派的領袖。

軍人看見司馬光回京入宮，皆以手加額稱慶：「這是司馬相公啊！」數千百姓遮道歡呼：「相公不要再回洛陽，留在中央做天子的宰相，救活我們百姓！」

原來司馬光當初批評新政，所預測的結果後來多能應驗，於是天下傳誦，以為是真宰相，雖田父野老皆私下稱他為「司馬相公」，連婦人孺子也知道「司馬相公」就是司馬君實。蘇軾當時由登州（今山東省蓬萊縣）奉召回京，據他所說，緣道有人相聚號呼：「請轉告司馬相公不要離開朝廷，請他善自珍重以活我們！」

事實上，當時不少保守人士引領盼望改革（廢新政），有些人則狐疑觀望。若干官員為了緩和起見，進言說：「做人兒子，三年無改於父之道是應該的。」於是稍稍取消了一些過分的措施，略舉數事以塞人言。

司馬光慨然爭之：「先帝之法，其善者，雖百世不可變更。像王安石、呂惠卿等所策劃，是天下的禍害，而不是先帝的本意之政施，當如救焚拯溺一樣，立即改革猶恐不及。何況這是太皇太后以母親的身分去改革兒子之非，又不是兒子去改變父親之道哩！」議論乃決定下來。五月，太皇太后晉拜司馬光為執政（門下侍郎）；七月，呂公著也拜執政（尚書左丞），開始廢除新政的措施。

司馬光執政，首重起用人才；他認為治亂之機在於用人，邪正一分，則消長之勢自定，所以每論事必以人物為先，起用了不少反對新政的人，也貶降了擁護新政的官員。然後，才逐步取消新政，保甲、保馬、市易……，以次取締或改革；又將財經系統大加整頓，權歸戶部（財政部）。

翌年，哲宗元祐元（西元一〇八六）年春正月，司馬光病發，日益嚴重，朝廷待他優禮有加，他更為感激，為之長嘆說：「四患未除，我死不瞑目呀！」於是力疾上疏，亟（ㄐㄧˊ jí）論免役法之害，要求取消，詔令即日依言實行。他又論列對西夏的大戰略，主張和平共處；廢除置將法及提舉司；開十科考選人才。雖然有些官員反對，但他持論極堅，朝廷亦一一採用。

閏二月，司馬光又晉拜為左僕射（ㄧˋ yì）兼門下侍郎首相之官，這時病況稍有起色，想赴朝辦公。詔令要他免去朝覲（ㄐㄧㄣˋ jìn），允許他乘肩輿（以肩抬起而行的轎子），每隔三天一入都堂（宰相辦公廳）或門下省、尚書省（他的本兼兩官都是此二省官）。司馬光不敢當，說：「不見君主，怎麼可以視事？」詔旨只好命他肩輿入覲，特許不拜。司馬光卻惶恐入覲，再拜始止，並又要求把青苗法廢除了。

王安石以司空官（一品的三公官）寓居江寧府（今南京），知道他與呂公著這兩位好友，同心合力，一一要盡革新法，不由為之感嘆，遂在四月薨（ㄏㄨㄥ hōng）逝，享壽六十八歲。

司馬光感激朝廷知遇，遂決志以身殉國，晝夜不捨地親理庶務。賓客見他羸（ㄌㄟˊ léi）弱，舉諸葛亮食少事繁以至操累而死的事，作為警告。司馬光答道：「死生是命啊！」於是更加努力。數月之後，大病又發，病重到沒有知覺，囈語諄諄然猶講國家大事，延至九月初一薨逝；比王安石晚了五個月，同樣享壽六十八歲。兩人同年生死，真似出於上天的故意安排。

太皇太后與哲宗二聖親臨其喪，哭之甚哀，為之罷朝會，追贈太師、溫國公，諡號「文正」，詔令內臣護靈歸葬於夏縣，哲宗賜以「忠精粹德」之碑額。

京師居民聞喪，亦罷市往弔，如哭自己的親戚；嶺南也有父老相率俱祭。京都畫家畫其遺像，刻印販賣，都中與四方的人家，大多家置一幅，飲食前必先祭祀，據說有些畫家即因此致富。

司馬光孝友忠信，恭儉正直，居處有法，動作有禮，澹然於物質享受。他的學問無所不通，但最不喜佛學及道家。他曾有豪語說：「我沒有過人之處，但平生所為，未嘗有不可對人言的事罷了！」家在洛陽有田三頃，喪妻時已變賣了，當作葬費，從此惡衣菲食以終其身。

其妻張氏，是禮部尚書（相當於教育部長）張存之女，比他先死，追封為溫國夫人。兒子三人，司馬唐與司馬童都早死，司馬康及其二子植與桓，在他死時皆已任官；司馬光修撰《資治通鑑》時，司馬康擔任校閱文字之職。

翰林學士蘇軾（東坡），與司馬光交遊二十年，故熟知司馬光的平生，於是為他撰寫「行狀」（死者的生平行誼）；後來元朝修《宋史》，其中〈司馬光傳〉的文字，十之八九抄自此行狀。根據行狀所載，司馬光的著作計有：

1. 《文集》八十卷
2. 《資治通鑑》三百二十四卷（應包括《通鑑目錄》三十卷在內）
3. 《資治通鑑考異》三十卷

4.《歷年圖》七卷
5.《通歷》八十卷
6.《稽古錄》二十卷
7.《本朝百官公卿表》六卷
8.《翰林詞草》三卷
9.《注古文孝經》一卷
10.《易說》三卷
11.《注繫辭》二卷
12.《注老子道德論》二卷
13.《集注太元經》八卷
14.《大學中庸義》一卷
15.《集注揚子》十三卷
16.《文中子傳》一卷
17.《河外諮目》三卷
18.《書儀》八卷
19.《家範》四卷

20.《讀詩話》一卷

21.《遊山行記》十二記

22.《醫問七篇》

由此二十二種著作目錄，可見司馬光學問很廣博，經史子集均有心得，連他所最不喜歡的老子學說，也曾用功研讀過；與那種厭惡其言，則不讀其書的人，實在不能相比。只是，司馬光於史學用功最大，浸淫最久，成績最顯著，所以被後世之人公認為史學家罷了。

《資治通鑑》同修者略傳

一、劉攽

劉攽，字貢父，臨江新喻（江西省新喻縣）人。他與其兄劉敞（字原父），敞子劉奉世三人，以文名擅於北宋中期，世稱「三劉」。仁宗慶曆（西元一〇四一－一〇四八）年間，劉敞、劉攽兩兄弟同登進士科；劉敞更是廷試第一名，只因編排官王堯臣是其內兄，為了避嫌疑，遂改為第二名。

劉敞無書不觀，而長於《春秋》史學，與歐陽脩甚有交情，在中央做官也頗順利；只是因為議論常與眾人不同，加上在神宗熙寧元（西元一〇六八）年才五十歲就死了，所以沒有做到宰執的機會。

劉攽情況則與兄頗不同，他在中進士後，歷任地方官凡二十年，然後才因歐陽脩等人的推薦，調京試任館職（在史館等館閣任職）；但他與御史中丞（監察機關副長官）王陶素有夙憾，於是遭受排擠，長期以高階擔任館閣校勘之職。

神宗熙寧中，劉攽遷為判尚書考功、同知太常禮院（相當於銓敘部司長、禮院副院長）。這時王安石推行新政，改革學校貢舉法，推行學校教育從嚴考試，並在畢業生中提拔人才的政策。劉攽卻反對說：「本朝選士之制，已經實行了百年，歷代將相名卿皆由此而生，若說舊制沒有得到人才，豈不是誣賴嗎？希望因循舊貫，不要輕易討論更改法令。如果士子能在家自修而足以成德，又何待學官設計課程以督導他們呢？」

宋朝經筵講讀，為了提高君主的尊嚴，已經廢除了前代教授講座的方式，講師必須站立講讀，而皇帝則坐著來聽課。王安石在經筵，要求神宗讓講師坐著講，以表示尊師重道。

劉攽又反對說：「侍臣在御前講論不可以有講座，避席立語，乃是古今的常禮。君主賜座，是表示人主的遵德樂道；若君主不賜座則自請，意義可就不同了。」

禮官們也同意劉攽的意見，於是以後人君聽課，講臣就沒有講座，一直站立到下課為止。如果講臣年老體弱，這真是一件苦差事。

劉攽曾與同僚爭詈，又頗反對新政及新黨人物，更曾直接寫信給王安石，爭論新法的不便。安石大怒，追論其前後過失，將他外放為泰州（今江蘇省泰縣）通判，輾轉升遷為曹州（今山東省曹縣西北）知州（州長）。

曹州是盜賊出沒的地區，嚴刑重法也不能遏止。劉攽說：「民不畏死，奈何以死懼之？」於是採取寬平的措施治理，盜賊竟也漸漸減少了。

其後又多次調職，曾充京東轉運使（相當於省級的財政長官），調職後由吳居厚接替遺缺；居厚能奉行新黨的法令，使京東財政收入增加。於是劉攽被追訴在任內廢弛事務，降為衡州（今湖南省衡陽縣）鹽倉的監倉官員。

哲宗初期，劉攽復升為襄州（今湖北省襄陽縣）知州，不久調入為祕書少監，但他稱疾求去，朝廷遂命他為知蔡州（今河南省汝南縣）。然而，蘇軾等四人上言，力稱劉攽博學強記，善於文章，治理政事可比美於古代的良吏，具有許多方面的才幹，能固執於正道，應該優加賞賜，讓他留在京師。因此，劉攽到達蔡州數日之後，就被召拜中書舍人（中書省機要官）。回京不久，竟因病不起，享壽六十七歲。

劉攽為人疏儁（ㄐㄩㄣˋ jùn），不注重儀容，性喜諧謔而富幽默感，因此屢次招怨。他曾著書一百卷，尤長於史學，所撰《東漢刊誤》一書，更是為人所推崇。因此，司馬光修撰

《資治通鑑》時，特請他專門主撰漢代部分。他的姪子劉奉世，也是一位漢史專家。

二、劉恕

司馬光修撰《資治通鑑》，最得力的助手就是劉恕。

劉恕字道原，筠（ㄩㄣˊ yún）州（今江西省高安縣）人，生於宋仁宗明道元（西元一〇三二）年，卒於神宗元豐元（西元一〇七八）年九月，享年四十七歲；死後六年又三個月，《資治通鑑》才全部完成。由於他對《資治通鑑》出力最大，所以司馬光等同僚，不但在進上該書時，奏章之末仍然署上「同修．祕書丞劉恕」之名銜；並且請求皇帝特賜其長子義仲為官。

劉恕博及群書，聰明強記；為人剛直耿介，重義氣，急言諾，頗有俠義之風，此與家庭環境有關。

其父劉渙，與歐陽脩同年中進士，是好朋友，出仕為縣官。由於處理政事常與上級意見不同，又不甘奉承屈膝，於是辭官而去，在廬山築室隱居，種蔬而食，澹泊明志，遊心物外，享有甚大的名氣。歐陽脩推崇他的風節，作〈廬山高〉詩一首，備極仰慕傾倒之意。

劉渙嗜好讀書，藏書極豐，劉恕死後兩年，才以八十餘歲去世。由於劉渙身教而藏書豐富，自小就穎悟聰明，過目不忘的劉恕，就有大好讀書機會，儼然像一個神童。八歲時，家中宴客。客中有人說：「孔子沒有兄弟。」劉恕應聲而言：「《論語》提及孔子『以其兄之子妻之』一句，怎能說孔子無兄弟？」舉座遂驚異。

十三歲時，想參加制舉考試，謁見宰相名學者晏殊，與晏殊反覆辯論政事，晏殊竟被難倒，不能對答。稍後晏殊又請劉恕至府，請他講《春秋》，自己親率官屬來聽講。自是之後，聲名鵲起，但他恃才傲物，議論批評，不避權貴，所以諸公雖然稱讚他，內心卻也不是真的喜歡他。

仁宗皇祐元（西元一〇四九）年，劉恕十八歲，參加進士科考試。當年知貢舉（典試長）是侍講趙槩（ㄍㄞˋ gài），司馬光則任貢院點檢試卷官。仁宗下詔在士子中徵選能講解經義的人，由典試官員特別奏上。應徵的人僅有數十人，趙槩遂問以《春秋》、《禮記》大義，二十條題目之中，有一人答案最精詳，也有創見，主試官大為驚異，擢為第一名。乃至發榜，揭去糊名，其人就是劉恕。司馬光非常欣慕及器重他，兩人遂開始結識。同時，劉恕的進士科目考試，成績也列為高等，但廷試時卻不中格，於是發下國子監試講經義，成績仍是第一，仁宗遂賜他及第。

中進士後，朝廷調派他做鉅鹿縣（今河北省平鄉縣）主簿（主理公文的佐官），任滿遷為晉州和川縣（今山西省安澤縣東北）縣令，他都能以大魄力繩豪猾、撫鰥寡，使地方肅然。那些自認是能吏的官員，對他甚為佩服，自嘆不及。

英宗治平三（西元一〇六九）年，司馬光奉詔編修《資治通鑑》，並得隨意選擇館閣英才來襄助。光報告說：「館閣文學之士誠然很多，至於專精史學，臣所得而知的人，只有和川令劉恕一人而已！」英宗答道：「好！」於是司馬光退而奏召劉恕來襄助。

由於劉恕博學強記，正史之外，連小說、雜記也無所不覽，數千年之事瞭如指掌，所以司馬光凡遇紛錯複雜的史事，皆交給劉恕研究整理。他研學之時，家人呼叫開飯也不理，至飯羹冷了也不顧；夜間則臥思古今，有時通宵不眠，因此司馬光對他最有信心。司馬光和歐陽脩兩人，當時號通史學，貫穿古今；但是對於劉恕，兩人也常自嘆不如，多方向他請教。事實上，光、脩二人年齡都比劉恕大，他也對司馬光敬執門生之禮，最了解司馬光的志趣，竭力助光修史。所以司馬光曾說：「我之得到道原，就像盲人互相依賴一樣。」

劉恕與王安石是鄰縣同鄉（安石為臨川縣人），兩人也有舊交情，對經學均有造詣，也都是過目不忘的人。但是王安石與他每次相見，必與他開玩笑，笑他耽於史而不窮於經。劉恕對安石的經學則持反對態度，後來王安石當宰相，所著《三經新義》列為考試必讀之書，天下士子莫不啃讀；劉恕則力詆安石之學，士子凡有談到《三經新義》，劉恕必怒形於色，連說：「此人口說妖言，面帶妖氣！」確實，劉恕個性剛毅，一絲一毫也不讓人，連司馬光這種正人也憚（ㄉㄢˋ dàn）他三分。

神宗熙寧元（西元一〇六九）年，王安石參政，策劃改革變法，邀請他參與為「制置三司條例司」立法，當時呂誨、范純仁、司馬光等，紛紛反對新政，劉恕也站在反對的立場，不但以不善於財政為理由，推辭不參與策劃，而且當著眾面嚴厲批評王安石。

王安石當時權震天下，人不敢忤，而且也是一個恃才傲物、極善辯論之人，於是愈聽愈不高興。劉恕則愈講愈快樂，憤憤然欲與王安石一較高下。安石臉色如鐵，道原則意氣自若。在座眾人或側目而視，或掩耳起避，愛之者都為他寒心，而劉恕抗言直斥，曾不以為意。不過事後，劉恕自己也感到內心不安。剛好第二年，司馬光要求外放獲准，帶著史局知永興軍，他也趁機以父老告辭，請求調任為南康軍（今江西省星子縣）酒稅監官；因為其父隱居的廬山之陽，是屬於南康軍的管轄區。

由於《資治通鑑》才開始修撰四年多，所以劉恕雖在南康軍任職，但仍遙隸史局，以通信方式保持聯絡。

熙寧四年，司馬光分司西京（洛陽）御史臺，劉恕請准往見，在史局逗留數月而歸。劉恕家貧，沒有錦衣美食，然而一毫也不妄取於人。當他南歸時已是初冬十月，沒有寒衣。司馬光贈送舊貂褥及一二衣襪給他。他堅決不要，強迫他收下，行至潁州（今安徽省阜陽縣），他還是派人全部送還給司馬光。不過他對師友也抱這種態度，似乎是過分狷介了。

熙寧九（西元一〇七六）年，劉恕因母親去世，悲哀憤鬱，遂中風疾，右半身不能運動。這時他為史局工作也滿十年，《資治通鑑》也打好了基礎。但他與司馬光對《資治通鑑》的斷限問題有不同看法，他認為司馬光執意從三家分晉作為開始，寫到宋太祖陳橋兵變前為止，事實上不能算是完全的通史。所以，他有兩個計劃要做，準備補救《資治通鑑》的不足：一是要寫從西周共和元（西元前八四一）年開始，至周威烈王二十二年止，共四百三十八年的歷史，以下接《資治通鑑》威烈王二十三（西元前四〇三）年的開始。一是要寫從宋太祖開國以至宋英宗五朝的歷史，以上接《資治通鑑》的結束。劉恕稱前一計劃為《資治通鑑》前紀，後一計劃為後紀，認為如此才能使《資治通鑑》成為一部貫穿古今的通史。

在中風癱瘓以後，他仍然努力苦學，精神好一些時則修書，病亟則停止；而且常常口述，命令長子劉羲仲筆錄下來。由於看不到藏在京城的國史實錄，所以遂放棄第二個計劃，專心完成第一個計劃，為數十卷的前紀就是在這種情況下完成。為了謙避司馬光的《資治通鑑》，他將前紀改名為《資治通鑑外紀》，留言希望司馬光將來能刪削此書，俾與《通鑑》

全書為一體。

《資治通鑑外紀》，在劉恕臥病六百天之內完成，書成後不久，劉恕即撒手西歸。臥病期間，他同時進行另一部著作——四十二卷的《十國紀年》，專述唐亡後五代十國之事。病重之時，為了趕快完成此書，故仍汲汲借取他人之書來研究；彌留之際，乃口授義仲寫信給司馬光，拜託司馬光代為寫埋銘（埋在棺壙內的碑銘）及《十國紀年》之〈序〉。司馬光依言為〈序〉，其書尚未殺青，由劉義仲繼續加以完成。至於將《外紀》與《資治通鑑》合成為一之事，由於後書進上後不久，司馬光即奉詔入朝輔政，並旋即病死，所以他也無法成全朋友的希望了。

劉恕精深於史學，對於《資治通鑑》全書的構想，司馬光多加採用；尤其三國以至隋朝與五代十國兩大段，皆由劉恕完成初稿。他平生狷介，尤好抨擊人家，不過也曾檢討自己，自認有二十失與十八蔽，倒也不失為性情中人。

三、范祖禹

范祖禹出身四川著姓望族，是成都華陽（今四川省廣元縣北）人，仁宗康定二（西元一〇四七）年出生。誕生前，其母夢見一金甲偉丈夫進入寢室，對她說：「我就是漢朝將軍鄧禹！」所以就命名此兒為「祖禹」，後字「夢得」，亦字淳甫。淳甫一字，是因司馬光寫給他的帖而命名，可見兩人關係之深。

祖禹之父名百之，叔祖就是首先上言請仁宗選擇宗室子為皇太子的名諫官范鎮。鎮與百之同中仁宗寶元元（西元一〇三八）年進士，名為叔姪，實如兄弟。百之官至太常博士，在祖禹十三歲時，百之夫婦相繼去世，諸子皆由范鎮撫養。范鎮家教嚴正，視祖禹如己子。祖禹不好博學強記，但讀書用功，他們范家確是書香世代的家庭；祖禹尤其因為早孤，自感身世，故每逢佳節宴會，都黯（ㄢˋ àn）然躲開，閉門讀書。

范鎮非常器重祖禹，曾對人稱讚他說：「這孩子是天下之士呀！」又對子弟說：「三郎是你們的榜樣，你們應該向他學習。」祖禹是百之的第三子，故稱為三郎。

范鎮與祖禹情感極佳，范家子弟雖都友愛，但很少像這兩祖孫那麼投契。祖禹一生治學、處世、為人，固然深受范鎮影響，但范鎮對此姪孫也無話不談，引為知己；甚至哲宗即位，太皇太后高氏想升遷范鎮為執政，范鎮亦寫信徵求祖禹的意見。祖禹認為不應接受，他就決定不再出山了。

范鎮與司馬光的感情，比親兄弟還好，這是范祖禹追隨司馬光的原因。祖禹比范鎮年輕三十二歲，比司馬光年輕二十三歲，司馬光在祖禹未中進士之前已認識他。

嘉祐八（西元一〇六三）年，仁宗崩逝，英宗繼位，范祖禹則以二十三歲的年紀，在此年考中進士甲科，授任為校書郎，出為資州龍水縣（即今四川省資中縣西南八十里的龍水鄉）知縣。中舉後，他曾寫了一篇〈進論〉，求教於司馬光。光極賞識祖禹，但卻對此文不表態度。

祖禹疑惑，屢次詢問，司馬光才說：「你的文章不是不好，但念世人絕少能考中甲科，你既考中，而又寫此文章急於求進，我總覺得你有點貪心。我不高興，不是為了你寫〈進論〉，而是不喜歡你有這種貪心的念頭罷了！」於是祖禹焚掉〈進論〉，決定不再參加賢良科的考試。

祖禹一生，受司馬光影響啟發最大，因此一言，遂看破功名利祿，甘心追隨他在洛陽修撰《資治通鑑》，不求聞達，十五年如一日。這十五年日夕共同生活，司馬光的人格與治學，對他啟發更大；而司馬光一方面視他為事業上的助手，一方面也視他為子弟門生，公、私兩事，多與祖禹商量而後行。司馬光的書信公文，皆出於祖禹之手，連〈進《資治通鑑》表〉也由祖禹代撰。

洛陽是舊黨雲集的地區，朝中反對新政的名流學者，或主動或被動，都聚居於此，故道德文章極盛。元老如富弼，名臣如司馬光、呂公著，學者大師如邵雍及二程子（程顥、程頤），皆濟濟一處。范祖禹與他們往還，受到極大影響。尤其司馬光如其師父，呂公著是其岳父，二程子與他遊學，影響最大。

祖禹為司馬光所推薦，以同修名義參與修撰《資治通鑑》。史局人員原來多有本職，他們外調時勢必不能再入局編修。例如劉攽在局僅五年（治平三年至熙寧四年），劉恕在局也不過四年多，遙隸史局的時間較長，而且也早死。范祖禹從熙寧三年六月入局，至修完全書為止，共有十五年之久；更因在洛陽追隨司馬光，幾乎無日不參與修史。那時他已三十多歲，學識日深，除了負責唐朝的初稿外，可以說是全書實際參與的第一號助手。書成進上時，他已經是四十四歲的中年人。司馬光為了他的貢獻，推薦他升遷為祕書省校字。

其間，王安石之弟王安國，因為與他友善，告訴他說安石很愛重他，要他往謁其兄。祖禹深受洛陽風氣的影響，拒絕與安石往來。反而在富弼死後，不顧眾人的反對，將此退休於洛陽的保守派元老之密疏，呈上給神宗皇帝。富弼拜託他呈奏的密疏內容，是亟論王安石誤國及新法之害、言辭憤切的遺書。可以說，范祖禹的政治態度，也是極端反對新政的。

四十五歲那年，宋哲宗即位，太皇太后高氏臨朝掌政，起用大批保守派官員，司馬光與呂公著更由洛陽召回執政。他們的政策，是要廢除新政，恢復仁宗以前的舊法，《宋史》上稱為「元祐更化」，與王安石的「祖宗不足法」的變法維新完全相反。

其實，在王安石之前，韓琦、范仲淹、歐陽脩等元老，曾認識到國家已到非變法不可的地步，皆先後提倡過變法。王安石的變法，照說他們除了反對過度改革之外，不應該加以全部的反對。安石以五十一歲中年而蒙重託，可能是導致這些「老成人」不悅的原因，事實上，保守派經常上言，要求罷黜倡行新政的年輕新進，復用「老成人」掌政。這些元老在朝力量甚大，也有道德文章，不少新進能幹之人受其影響，而拒絕與王安石同流，范祖禹與劉恕就是典型之例，如此一來，王安石勢須提拔較激進的新人，此舉也就更受保守派的攻擊。這可以說是政治的惡性循環，後來終於爆發黨禍而導致亡國之命運。

范祖禹政見偏於保守派，但立朝大體還算中立。太皇太后升他為右正言當諫官，他以岳父呂公著執政，避嫌力辭，於是改調為著作佐郎、修《神宗實錄》檢討，稍後又升為著作郎，兼哲宗皇帝侍講，在史館與經筵中工作。

當時，宰相蔡確以罪貶竄，祖禹就曾警告保守派說：「自仁宗皇帝即位（西元一〇二二年）以來，不竄逐大臣的慣例已有六十多年的歷史，現在一旦行之，四方視聽會大為震動。蔡確已經罷相，朝廷多非其黨，偶然有人提出偏見異議，如果就將他們視為新黨，一定要把他們排擠貶出，我恐怕刑罰失去中正，使人情產生不安啊！」從他的言語，就可了解新黨日後大舉報復的原因所在，范祖禹不愧是精通歷史的學者。

范祖禹在史館及經筵工作，有顯著的成就。

首先，他當初撰寫《資治通鑑》唐朝部分時，意見頗與司馬光不同，所以他摭取有唐一代歷史，考得失、辨善惡，撰成十二卷書，取名為《唐鑑》，獻上朝廷，希望有助於至治。這部書各有優劣點，但名氣甚大，所以人皆稱其為「唐鑑公」，其子為「唐鑑兒」。

宋高宗後來對講臣說：「讀《資治通鑑》知司馬光有宰相度量，讀《唐鑑》知范祖禹有臺諫手段。」

范祖禹是一位極稱職的講官，每進講前一晚，必定端正衣冠，就像在御前一樣；然後命令子弟侍坐，將內容先演講一遍。講時態度溫和，引經據典，摘引時事，語調琅琅（ㄌㄤˊ láng）然，使聽者興起。

所以蘇軾曾說：「范淳甫講說，是當今經筵講官第一。言簡而當，無一冗字，無一長語，義理明白而成文燦然，真得講師三昧！」

當講官時，祖禹上自三皇五帝，下至宋神宗，編集了不少帝王學問及宋代歷帝講讀的故事，作為講授之用。元祐六（西元一〇九一）年，將此書整理完成，取名《帝學》，並把獻上給哲宗閱讀。《唐鑑》與《帝學》兩書，都是講課用書，重點在解釋政治盛衰，並把「復祖宗（指宋太祖、太宗以下各帝）之法」的精神，辨別人物姦邪、正直的意義，發揮出來。也可以說，他想把哲宗教育成保守派理想中的君主。他撰寫的另一本書──《仁皇訓典》，專述仁宗政治，要求哲宗學習，目的與前二書相同。稍後，范祖禹升遷為翰林學士，這是文人最羡慕的職位，而范氏更因三世居此職，益為士林所榮慕；但這也是范祖禹政治生涯的最顛峰。

保守派因太皇太后支持，推行政策的態度，頗與王安石相似，均是自以天下為己任，絲毫不顧忌反對者的反應；排斥新黨的激烈，也不比王安石遜色，指斥新黨分子為姦人則似更為過之。新黨人物自是懷恨在心。保守派群臣協助太皇太后治國，不把已長大成人的哲宗放在心上，又經常教訓他東，教訓他西。年已十七八，也娶了皇后的哲宗，心裡充滿挫折感，對祖母宰執的一番盛意，轉變成為怨恨，造成新黨回朝的契機。

保守派共同的目標在推翻新黨，恢復舊政。他們之間也派系分明，互相攻擊，對新政及恢復舊政的看法亦甚紛歧。范祖禹的兩位好友程頤與蘇軾，一為洛黨領袖，一為蜀黨鉅子，就是互相猛烈攻擊的人。

祖禹也曾因為有大臣希望調和新、舊兩政，故堅決表示意見說：「祖禹以為朝廷既察王安石之法為非，就該當恢復祖宗的舊法。如果在兩法之間撮長補短，兩用而兼存，則紀綱必然敗壞！」他與司馬光一樣，都是主張堅決盡廢新法之人。

元祐八（西元一〇九三）年九月，太皇太后崩逝，哲宗親政，政局遂轉變。第二年——紹聖元年，新黨重要人物章惇（ㄉㄨㄣ dūn）、曾布、蔡京等人紛紛回朝當政，哲宗改元為「紹聖」，就是決意要繼承父親神宗的遺志；章惇等也決意要復行王安石的新政。於是舊黨重要人物呂大防、范純仁、蘇軾等，先後遭到罷免及貶黜。

同年七月，更大的噩運又告來臨，御史黃履、周秩等，上言批評已死、未死的舊黨領袖司馬光等人，哲宗下詔如言加以議處，紹聖四年二月，三省（尚書、門下、中書）聯言要求再追論，於是司馬光、呂公著以下一再貶黜。徽宗（哲宗弟）以後更建立「元祐黨籍」，令全國官廳樹立司馬光以下姓名，稱為「元祐姦黨碑」；對黨籍中人及其子孫，加以迫害禁錮。

當太皇太后崩逝後不久，政情不穩，范祖禹即上奏請哲宗辨是非、拒邪說，奉承先后的遺志以斥逐新政；尋又當面批評新黨為害，指責王安石、呂惠卿等人誤國。稍後哲宗欲拜章惇為相，他又力言章惇不可用。是則范祖禹之遭到新黨迫害，也絕非純粹因為修撰《神宗實錄》而起，其政治立場的鮮明與激烈，實為主因。

祖禹見建議不被採納，遂請求外調，以龍閣學士身分知陝州（今河南省陝縣）。這時，蔡卞（ㄅㄧㄢˋ biàn）等人批評《神宗實錄》不客觀，要求重修。《實錄》的主要撰述者范祖禹、趙彥若、黃庭堅三人，因此坐罪。

《神宗實錄》是記載神宗一朝的歷史，在元祐元年二月六日開始修撰，最初的主持人是宰相蔡確。月餘，蔡確被舊黨貶竄，遂改由宰相司馬光主持。光首薦范祖禹為檢討官，至六年三月完成，幾乎都賴祖禹實際推動。《實錄》完成後，范祖禹與趙彥若又奉詔繼續編修神宗皇帝正史，至八年三月完成。

修撰期間，因政見不同而產生爭執的情況已經出現。至此，蔡卞等人批評《實錄》「用意增損，多失事實」，要求重修。於是新黨群臣交章議論，多謂《神宗實錄》用心不良，是舊黨用以掩覆先帝（神宗）功業，詆誣王安石新政之書。因而追論其罪，在紹聖元（西元一〇九四）年十二月，降授為武安軍節度使，移送永州（今湖南省零陵縣）安置。

兩年之後，又追論祖禹誹謗之罪，責授昭州別駕（州佐），移送賀州（今廣西省賀縣）安置。翌年閏二月，再移送賓州（廣西省賓陽縣）安置。

元符元（西元一〇九八）年七月，三省再追論祖禹等人「誣罔聖德，陰蓄邪謀」，詔旨將祖禹移送化州（廣東省化縣）安置，勒令永不錄用他們的兒子為官。祖禹這年五十八歲，於同年十月二十日死於貶所，結束了四年的流放生涯。

哲宗親政初期，范祖禹公開表示態度，兒子范沖及其一些好友，先後勸他不可過分言論激切。祖禹曾慨然回答：「我離開四川時人稱為范秀才，如今大不了再回復為布衣，有何不可！」

後來的貶謫，實與此有關。不過，死於貶所，這倒是他所始料不及的。

《資治通鑑》的編集

一、編集的背景與緣起

從孔子作《春秋》以來，史學撰作多為私人所撰，而且富有批評精神。司馬遷開創了人物系統的紀傳體通史，提出了「通古今之變」的意義。「批評」與「通變」，遂成為史學的兩大精神。但是，不是每一個歷史家都有能力去通變，或者有高識去批評的，這是史學著作逐漸以斷代史為正，以堆砌史料為常，使史學淪沒的原因。唐朝以後，由官方集體修史，史學就每下愈況了。

宋朝是史學復興的時代，歐陽脩的《新唐書》與《新五代史》，就代表了批評精神、通變能力、私家撰述風氣的復興。司馬光的《資治通鑑》，就是承接此風而成的。不僅如此，《資治通鑑》還代表了中國史學最古老體裁——編年體的復興，也代表了「帝王學」的進步。

原來宋朝國策重文輕武，宋初一面整編書籍，一面發揚文教，特別重視教育帝王治國平天下的參考書籍，於是宋太祖時代，修編了《太平御覽》、《太平廣記》、《文苑英華》等大部頭類書，以培養帝王的識見與文才。宋真宗時代所修編的《冊府元龜》此一大書，幫助帝王鑑戒古今、俾益治道的意義更大；這是一部集史實大成、分門別類的大參考書，是真宗詔令編修君臣事蹟，用以垂為法典的大著。

根據司馬光所呈〈進《資治通鑑》表〉，說明《資治通鑑》的編集緣起，就是英宗想發揚文明之治，歷覽古事以助統治，於是才詔令編集此書。神宗認為此書論次歷代君臣事蹟，有益於作為統治的借鑑，於是賜名為《資治通鑑》。也就是說，英宗與神宗，一方面視此書為歷史，一方面也視此書為統治備忘錄，是做帝王必具的學問。

《新五代史》、《舊五代史》都是通史，把梁、唐、晉、漢、周五代貫穿來撰述，與一般的斷代正史，專記一代興衰事業不同。在此以前，只有司馬遷的《史記》與梁武帝的《通志》兩書，才有魄力做此嘗試；也惟有通史體，才更能發揮「通古今之變」的功用。

司馬光對此認識清楚，他初期的構想，就是要修如此一部通史，命名為《通志》，與梁武帝之書同名。後因神宗賜名，才定名為《資治通鑑》。不論稱為《通志》也好，稱為《資治通鑑》也好，目的都在突出「通古今之變」的「通」字，這是宋朝復興通史體的大構想與大成績。

《太平御覽》與《冊府元龜》等帝王學書，體裁都仿自類書而來，把事情割裂分散。《資治通鑑》卻不同，它是把歷代史蹟，依照年、月、日編集而成，是一部龐大的編年體巨著。編年體沉寂已久，除了官方像日記一樣的記注、實錄仍在採用外，正式的史著已很少運用。而且，從前的編年史著，像《春秋》、《左傳》、《漢紀》等書，均以一朝一國為主，不是通史體的編年史。《資治通鑑》則不同，它編集周、秦、漢、魏、晉、宋、齊、梁、陳、隋、唐、後梁、後唐、後晉、後漢、後周共十六代，一千三百六十二年之間的變化，實為中國第一本通史方式的編年體大著。單就史學史角度來看，就曾激起甚大迴響，並由此衍生出另一種體裁——紀事本末體。

由此而觀，司馬光之編修《資治通鑑》，不論從史學發展、史學精神與意義等各方面看，都有非常偉大的成就，有承先啟後及中興史學之功。宋神宗在〈獎諭司馬光修《資治通鑑》成詔書〉中，就慨嘆「史學之廢久矣」，並對此書的成就表示「良深嘉歎」。

二、編集精神與結構

早在仁宗皇祐年間（西元一〇四九－一〇五九年），劉恕進士中舉，與司馬光認識後，就常與司馬光論學往還。嘉祐（西元一〇五六－一〇六三年）中，司馬光曾對劉恕說：「《春秋》之後，至今千餘年，從《史記》到《五代史》，凡一千五百卷，學者歷年不能讀完其篇第，終生也無暇了解其大略。我想從周威烈王命韓、趙、魏為諸侯開始，下至五代，遵循左丘明編年之體，摹仿荀悅（東漢潁川郡（今河南省禹縣）人，十二歲能說《春秋》，個性沉靜，好著述，為漢獻帝的侍從官。所撰《漢紀》三十卷，甚獲好評，是依《左傳》體而完成的名著。）《漢紀》簡要的筆法，網羅眾說，以成一家之言。你看怎樣？」

劉恕回答：「司馬遷以良史之才，敘述黃帝至秦漢的興亡治亂。班固以下，世各名家。李延壽總合八朝而撰成《南史》、《北史》，但言詞卑弱，義例煩雜，加上缺乏表、志，歷史沿革不完整。梁武帝《通志》等書，近世已散失，沒有足可稱述的地方。公（指司馬光）想以文章議論，撰成歷代大典，真足以流傳萬世；元凶巨姦，貶黜甚於誅殛（ㄐㄧˊ jí）。上可繼孔子的《春秋》經及左丘明的傳，司馬遷怎麼可以和你相比，荀悅又何足道哉！」

根據二人對話，顯示司馬光想要修一部自周威烈王至五代的史書，念頭在正式奉英宗詔令前幾年，早已存有。他的仿效對象，主要是左丘明及荀悅兩人，宗旨最初不在強調《春秋》的褒貶精神，而是特重史實的整理陳述，網羅眾說以成一家之言。至於劉恕的意見，則剛好相反，鼓勵他效法《春秋》、《左傳》，不要學司馬遷與荀悅。

英宗治平三（西元一〇六六）年，司馬光奉詔編集歷代君臣事蹟後，首先延攬劉恕入史局襄助，大體上《資治通鑑》的結構，就是兩人磋商的結果。

劉恕第一個意見是《春秋》精神的提出，不被司馬光所認可。第二個意見則是斷限（開始與結束）問題的不同。

劉恕曾詢問司馬光：「公之書不從上古或堯舜開始，究竟為了什麼原因呢？」

司馬光答：「周平王以來，事情都包容於《春秋》一書中。孔子之經，不可以增刪呀！」

「那麼，為什麼不從《春秋》結束的那一年開始寫？」

「聖人的經不可以續啊！」司馬光又答。

司馬光尊孔子，不敢重複或接續《春秋》經典，這是不敢僭（ㄐㄧㄢˋ jiàn）聖的表現，也是他立意捨棄上古，而從周威烈王開始撰述的原因。劉恕對此，迄死不滿，所以自己撰寫了《通鑑外紀》十卷，準備補救《資治通鑑》缺頭之失。

同時，劉恕也不滿意司馬光寫到五代即止的構想，認為那足以使《資治通鑑》有缺尾之憾。司馬光當然了解此缺尾之憾，但事關「現代史」，他不敢輕易落筆。劉恕因此也曾想到撰寫宋太祖以至英宗五朝的歷史，以續《資治通鑑》之貂。後因體衰身喪，齎（ㄐㄧ jī）志以歿。

由此可見，《資治通鑑》實非一部從上古至當代（英宗或神宗）首尾完成的通史，多少是有所缺憾的。不過，劉恕的鼓勵，事實上對司馬光頗發生影響。

治平三年正月，司馬光奏上自周威烈王二十三年至秦二世三年的《通志》時，尚申明效法左丘明與荀悅的體裁和文筆。及至英宗閱畢大喜，命令他繼續修撰下去。他再奏時，語氣即已改變，他說：「竊不自揆，常欲上自戰國，下至五代，正史之外，旁采他書，凡關國家之盛衰，繫生民之休戚，善可為法，惡可為戒，帝王所宜知者，略依《左氏春秋傳》體，為編年一書，名曰《通志》。其餘浮沉之文，悉刪去不載，庶幾聽覽不勞，而聞見甚博。」

換句話說，他自認《通志》一書，是因循《左傳》的編年體，摹仿荀悅《漢紀》簡潔之文章，注重國計民生大事，不但要做到博而不煩，而且也要效法《春秋》褒貶之精神。並即將編年通體、簡而不贅、博而能約、褒貶批評四種重點，納入其日後撰寫《資治通鑑》的結構之內。至於內容不敘浮沉，而特重國計民生，亦成為要旨之一。

斷限那麼長，書籍那麼多，司馬光縱然日以繼夜，也將無法完成。所以他將工作分付給劉恕、劉攽，兩名最重要的助手：三家分晉至秦二世之年，《通志》早已述及；於是漢代託付給劉攽，三國至五代託付給劉恕。及至范祖禹加入工作，則唐代專委祖禹，以分擔劉恕之勞。劉恕似在完成三國至隋一段後而死，五代則似未完成，於是又委託祖禹下兼五代的初稿工作。三子初稿完成，則由司馬光自己總其成。

《資治通鑑》是編年體，史事距離宋代愈遠則愈簡潔，愈近則愈詳細，這是一個原則。既屬編年，則又不得不重視統緒，那是時間所繫的憑藉。統一的時代，統緒不成問題；分裂之時，遂不得不選擇正統。

戰國時代，史事以周朝天子在位年次繫之，稱為〈周紀〉。以下〈秦紀〉、〈漢紀〉等各依此例。不過，王莽所建立的「新朝」與武則天所建立的「周朝」，皆不另立「新紀」或「周紀」，逕行將之列入〈漢紀〉與〈唐紀〉。

另外，漢末三分，開始有正統之爭，他因漢—魏—晉政權相承接，故以魏為正統（詳細理由請見下編）；以後隋—唐—後梁—後唐—後晉—後漢—後周—宋之統緒，亦依此例。

編年體採用這種序列，原無可厚非。晉以後，則以南朝宋、齊、梁、陳繫年。但是，隋的政權來自北周，北周來自西魏，西魏來自北魏，北魏來自五胡興滅頻仍的短命王朝，這些王朝來自晉。是則正統問題至此，應是魏—晉—北魏—西魏—北周—隋—唐才對。再怎樣說，隋朝篡自北周，陳朝被隋統一之前，隋早已出現。且隋、陳是對峙之局，前者實不能承接於後者。否則，此說若成立，宋應承接北漢才對，亦取梁—唐—晉—漢—宋，北周不應在正統之內。這是《通鑑》結構上的缺點之一。

既有年號所繫的正統，則其餘分裂諸國必然成為偏霸，他們的國君可以稱為「國主」，也不必繫其年號。但是，司馬光為了表示對正、閏兩統沒有偏頗，極力強調諸國一視同仁，於是就使結構產生了矛盾。例如，因為繫年於魏，所以稱曹丕為魏文帝。如真的視（蜀）漢、吳與魏平等，雖不繫其年號，亦應稱劉備為漢帝，稱孫權為吳帝；司馬光稱劉備為漢主，稱孫權為吳主，筆法上顯然已將兩人地位貶了，即使再解釋，也無法掩飾此結構上的矛盾。

編年的結構，是將事蹟按照其發生的年、月、日先後排列敘述。司馬光對此作得甚為成功，而且每季出現的第一個月，前面必書季節之名。例如某年正月有事記述，則寫成「春正月」；正月無事，二月才有，則寫明「春二月」，這是仿照《春秋》之例。事情知道在某月發生而不知某日，則在此月之末，以「是月」開始補述；知道在某年發生而不知月日，則在此年十二月敘述完畢後，以「是歲」開始補述。於是，一部包含十六代、一千三百六十二年的編年通史，即依此結構逐步完成。

三、實際工作的概況

英宗至平三年，閱讀了司馬光所上的《通志》一書，遂命令他繼續修撰下去。英宗特准司馬光自選官屬人才，在崇文院組織史局以推動工作。同時，又允許史局借用龍圖閣、天章閣、弘文館、集賢院、史館、祕閣等處所藏書籍；賜以御府筆墨、繒（ㄗㄥ zēng）帛及御前錢，以供作應用與水果點心費用，調撥內臣充當服務人員，際遇之隆，近臣莫及。神宗每次經筵，也常令進讀修好部分。顯示兩帝均關心此大事業，使史局工作者感到責任重大，不能掉以輕心。於是司馬光與三名助手密切合作，先修叢目，再修長編，然後刪約成書。

劉攽、劉恕在局時間不過五六年，范祖禹則長達十五年，執行最實際而繁重的工作。當然，他們下面還有不少實際工作的書吏。

范祖禹主要負責唐朝部分。他參考了一百多種書籍，依照時間先後排列，作成叢目（目錄索引）。叢目做好，司馬光不滿意，責備他疏忽，指示他須在每一條史料後面做好附注，然後才能進行長編（初稿）的工作。附注必須注明此事情發生的年月日，解釋這條為什麼移在前，那條為什麼放在後；考不出月日的，則放在年底，稱為「是歲」；考不出日的，則放在月底，稱為「是月」。每條史料都必須要如此清楚。

唐長編從唐高祖起兵至哀帝禪位止，每寫一事，中間必須空一行許，以備補充剪黏之用。寫到一事，亦須重新翻出原書校閱一遍。其中若有事同文異的記載，則必須選擇一明白詳備者錄用；彼此互有詳略的不同資料，必須左右採擇選錄，自用《左傳》敘事的方式潤飾之。若果彼此年月事蹟有矛盾的，則必須選一證據，研判何者近於情實以修入正文，其餘史料仍須注於其下，解釋取捨的原因。這種解釋，必須說明不用何書的說法，它的說法是什麼，如今採用何書作證明；沒有明證則須說明根據哪種推理來推論，現今根據何書作成定論。若果矛盾的記載無法考證其是非，則必須說明兩者都加以保留存用。指示實錄、正史不一定可靠，雜史、小說未必不真實，所以記載矛盾時，必須加以高明的鑑別研判。

根據叢目的指示，上述的方法與原則，然後修成長編。長編依年月日編次為草卷，每四丈截為一卷，光唐朝的長編就有八百多卷。於是司馬光就依照長編，開始刪潤的工作，不必再翻閱其他書籍了。

司馬光嚴格規定自己的工作進度，每三天刪一卷，有事故停止，則日後必須追補完成；預計光是唐朝長編八九百卷，亦須三四年才能完成粗編。此後又須細刪，把它刪成數十卷而已。

就以唐代為例，范祖禹參考了一百多種、三四千卷書籍，才修成八百多卷的唐長編。司馬光據此粗刪、細刪後，最後刪為八十一卷而已。工程之繁浩與耐心，煞是驚人，故司馬光寫信給宋敏求說：「我到洛陽以來，專心修撰《資治通鑑》已八年，僅完成了晉、宋、齊、梁、陳、隋六代罷了……」

《資治通鑑》全書，總共參考了二三百種書籍，最後完成僅為二百九十四卷。唐長編是以八百多卷刪成八十一卷，以此比例算，全書的長編應有三千卷之多。假如每四丈截一卷，則全部長編即有一萬二千丈長。據說，光是草稿就放滿兩幢房屋，而且草稿上未有一字潦草，可見他們的認真與嚴謹。

十六代、一千三百六十二年之事，一共花費了十九年功夫來完成，幾千卷長編刪約成二百九十四卷之少。其中〈周紀〉五卷，〈秦紀〉三卷，〈漢紀〉六十卷，〈魏紀〉十卷，〈晉紀〉四十卷，〈宋紀〉十六卷，〈齊紀〉十卷，〈梁紀〉二十二卷，〈陳紀〉十卷，〈隋紀〉八卷，〈唐紀〉八十一卷，〈後梁紀〉六卷，〈後唐紀〉八卷，〈後晉紀〉六卷，〈後漢紀〉四卷，〈後周紀〉五卷。本書下編就是在此二百九十四卷中，選取重要、趣味，而又能代表司馬光識見的事情來介紹。

《資治通鑑》除本書二百九十四卷外，另有重要附編兩種：一是說明取材方針的《資治通鑑考異》三十卷。一是當作綱領的《通鑑目錄》三十卷。除書籍本身，另附綱領與目錄的方式，中國史學上實為創新之例。至於因為《資治通鑑》而產生了其他書籍，這裡就不便一一介述了。

司馬光自述「臣之精力，盡於此書」，書成後不久即病倒，兩年以後即病逝。後人想到此書，即想到司馬光，他可真是「志願永畢矣」。死後第二個月，聖旨命令交由杭州鏤（ㄌㄡˋ lòu）板付印，正式面世。

下編
《資治通鑑》精萃

周紀

一、三家分晉——《通鑑》的開始

「威烈王二十三年，初命晉大夫魏斯、趙籍、韓虔為諸侯。」

這是《資治通鑑》所記的第一個時間與第一件事，他為什麼選擇這個時間與這件事情，作為《資治通鑑》的開始呢？這是一件非常有趣味的問題。

周威烈王，是周朝第二十八世、第三十二任君主，如果以東周作計算，周平王為第一任君主，則周威烈王已是東周第十七世、第二十一任君主。《資治通鑑》選周威烈王這一年作記載的開始，但是，卻又不以他即位那一年作為開始，顯然用意很深。

司馬光緊接著這第一句話，就以「臣光曰」提出了他第一份長篇的評論。這個評論，也可以說是提出了司馬光對歷史某些問題的看法。他的評論是這樣的：

「臣聞天子之職莫大於禮，禮莫大於分（ㄈㄣˋ fèn），分莫大於名。何謂禮？紀綱是也。何謂分？君臣是也。何謂名？公、侯、卿、大夫是也。」

這是司馬光評論的總綱，他隨著解釋了這段話的意思。他首先解釋「天子之職莫大於禮」這一句話。他說像四海這麼廣，一兆老百姓那麼多，被一個人所統治控制，雖然有很多勇力絕倫之士、智慧高卓的英雄，但是他們莫不奔走為這一個人來服役，這豈不是以禮為綱紀而造成的嗎？所以司馬光認為，天子統領三公（三公普通指太尉、司徒、司空），三公統領諸侯，諸侯統領卿、大夫，卿、大夫治理庶民，這是以貴來統治賤，以賤來承侍於貴，上下之間是關係非常密切的，好像心腹運用手足一樣，好像樹木的根本與它的枝葉一樣；這種關係能夠維繫，然後才能夠使上下相保，而國家治安。因此，司馬光認為天子之職莫大於禮，緣故就在於此。

那麼，「禮莫大於分」又怎樣解釋呢？司馬光認為是這樣的：他說文王作《易經》的序，以乾、坤（相傳庖犧氏觀察天地而作八卦。八卦之首為乾，末為坤。乾代表天、君、父，坤代表地、臣、母）為首。孔子作《繫辭》（文王所作卦辭謂之《繫辭》），孔子釋之，稱為《繫辭傳》，亦稱為《繫辭》。這裡指孔子的《繫辭傳》），也認為天尊地卑，乾坤定矣。卑高以陳，貴賤位矣。也就是說，君臣的地位，就好像天地一樣不可變動的。

孔子作《春秋》，《春秋》這一本書，抑制諸侯尊禮王室，所以王室衰微，但是仍然序於諸侯之上。根據這樣子，就可以看到聖人對於君臣之際未嘗不是執著的。

司馬光的看法，如果沒有桀、紂這種暴君，同時又沒有出現湯、武這種仁君，老百姓歸之天命命之，君臣的名分應當守節伏死而已。他又提出這樣的假設，司馬光說，如果商末不是立紂為君，而是立紂的庶長兄微子啟為君，那麼商朝就不會滅亡；如果吳國不是立諸樊，而是立他的么弟季札為君，而季札又不推讓，那麼吳國就不會大亂，以致夫差就滅亡了。微子啟與季札這兩人，寧願亡國而不作君主，他們的用意就是因為禮的大節不可以亂啊。所以，禮莫大於分。

那麼什麼是「分莫大於名」呢？司馬光的說法是這樣的：禮，是為了辨別貴賤親疏和分別萬物的；沒有名則萬物人倫不能彰明；沒有器，萬物人倫的形也不會表現出來。所以，名與器是為了辨別人倫萬物的，需要上下粲然有倫，這樣才會整齊，如果名器亡掉了，則禮也不能單獨存在了。

司馬光舉了一個例子：仲叔于奚有功於衛國，衛君賞賜封邑給他。仲叔于奚推辭封邑，要求賞予可辨別身分的馬的裝飾品，這種裝飾品就叫繁纓。孔子聽說了這回事，他提出了他的看法，孔子認為，與其將可以代表名器的繁纓賞給仲叔于奚，不如多封一點封邑給他。

衛君也曾經希望孔子執政，孔子首先提出正名這個政策，以為名不正則民無所措手足。這也就是說，正名雖然是細務，繁纓雖然是小物，但是，名器一亂，則上下無以相保。所以，聖人對此非常謹慎。因此，司馬光認為分莫大於名。

司馬光所表示的這種精神，就是所謂的《春秋》精神。司馬光接著提出了他對三家分晉的看法。司馬光說，周幽王、周厲王失德，周的政治日益衰敗，綱紀散亂，上下陵替，諸侯專征，大夫擅政，禮的大體十喪七八。但是，周文王、周武王知道，後世的王室子孫倘能守其名分，則周室歷數百年仍會是天下的宗主；即使邦小民貧，然而雖以晉、楚、齊、秦之強，也不敢隨便侵犯周室。這是為什麼呢？司馬光認為，這就是因為名分尚存的緣故。他又說，魯國的權臣季氏，齊國的權臣田常，楚國的權臣白公，晉國的權臣智伯，他們的力量跟權勢，都足以驅逐他們的國君而自為，然而他們終究不敢這麼做，並不是力量不足或者是於心不忍，而是害怕姦名犯分（指前述的「禮莫大於分」），而招來天下共誅之。那麼由此推論，三家分晉這件事，是晉大夫暴蔑（ㄇㄧㄝˋ miè）其君，剖分晉國，周天子既然不能討伐，又進而寵秩他們，正式任命他們為諸侯，那是使名分不能復守並且是放棄了。這是先王之禮到此盡了。

有些人認為，當三家分晉的時候，周室微弱，三晉強盛，周天子雖然不想給他們名分，怎樣可以呢？司馬光對於這種說法，大不以為然。他認為，像三晉雖然那麼強，如果他們不顧天下之誅而犯義侵禮，不請於天子而自立；他們絕對是有這種力量。但是，不請於天子而自立，就是叛逆之臣，天下如果有齊桓公，或者是晉文公等君主的話，一定會奉中央名義，以禮義的名義前往征討他們。現在，三晉請於天子，而天子允許他們為諸侯，那麼韓、趙、魏三晉是承受天子之命而為諸侯，誰敢討伐他們呢？因此，司馬光的看法，三晉之列於諸侯，並不是三晉的諸侯壞禮了，而是天子自己把禮搞壞了。

周天子自壞其禮，與司馬光選擇三家分晉，作為《資治通鑑》的開始，有什麼關係呢？司馬光在這一段評論中最後的一節說，君臣之禮既然崩壞，從此以後，天下以智力相雄長，遂使聖賢之後為諸侯者，社稷莫不泯滅，生民之類莫不糜滅，豈不哀哉！

也就是說，司馬光認為因天子自壞其禮，是引起此下戰國時代戰爭的危機，那麼，三家分晉，實是一個時代轉變的轉機。司馬光選取這段史實作為《資治通鑑》的開始，就是表示他這種「史識」。

這種史識所表示的精神，就是孔子作《春秋》的精神。所以後來胡三省為《資治通鑑》作注，就開宗明義地說：「此溫公書法所由此也。」又說：「《通鑑》始於此，其所以謹名分歟！」

司馬光解釋三家分晉這一句話，就用了這麼長的篇幅，作為對這件事情的評論，可見他撰寫《資治通鑑》，口中雖說不敢僭聖，內心實有效法孔子作《春秋》的意義的。別人說他效法《春秋》，在這一方面來講，是不會有很大錯誤的。但是，《春秋》所寫的最後一年是在周敬王三十九（西元前四八一）年，距離周威烈王二十三年，相差了七十八年。周敬王是周威烈王的高祖父，《春秋》最後一年所載，與《資治通鑑》開始的一年所載，既然相差了半世紀，就編年史的體例來說，司馬光並沒有接續《春秋》，甚至也沒有接續《左傳》。即以《戰國策》來說，《戰國策》開始於周貞定王十六年，韓、趙、魏三家攻滅智氏。而三分智氏的封地。三家分智氏，是在周威烈王二十三年之前的半個世紀發生的。由此看來，司馬光的選材，與《戰國策》的開始也不一致。因此，司馬光撰《資治通鑑》，實有他自己的一番識見。

周天子任命三家為諸侯後的第十七年，田和篡齊，周天子也正式任命田和為齊王，這就是歷史上的田齊。於是在周天子任命三晉以後的十餘年到二十餘年之間，天下強國秦、楚、燕、齊、趙、魏、韓七國，相爭雄長的局面，已經成為定局，也就是說，歷史進入戰國七強的時代。司馬光選取周威烈王二十三年，作為紀事的開始，通常，學歷史的人也把這一年視為戰國的開始。

大時代的敗壞，司馬光認為從周威烈王任命三晉開始，這是非常正確的看法。周威烈王以後，從安王、烈王、顯王、慎靚王、赧（ㄋㄢˇ nǎn）王，僅四世五君，東周就告滅亡了。顯見周威烈王任命三晉為諸侯，這件事情加速了周朝的滅亡。

二、三家分晉的由來與才德論

司馬光在第一句話就說明周天子任命三晉為諸侯。這件事是怎樣來的呢？司馬光必須要予以介述，那麼這件事可以追溯至五十年前甚至更遠；五十年前就是《戰國策》開始的一年，這時候是周威烈王的祖父貞定王在位時期，也就是春秋末期轉到戰國時代的交替時間。

春秋晚期，中原諸國大夫執政極為普遍，晉的六卿尤為著名的例子。晉的六卿就是韓、趙、魏、范、智、中行六氏。智氏是六卿之中最強的一卿，范氏與中行氏後為其他四氏所滅，就變成韓、趙、魏、智四卿相持的局面。到了貞定王十六（西元前四五三）年，就發生了韓、趙、魏聯合消滅智氏，瓜分智氏領土的事情。

司馬光追述這件事情，他說，當初（司馬光追述前事喜歡用當初這兩字為開始），智宣子選擇後裔繼承人，準備以智瑤作為繼承人，曾經與他的親信談過；其中智果這個人，他是智氏的親戚，反對說：「立智瑤不如立智宵。智瑤有五個優點一個缺點，他有姿儀美麗、善於射御、技藝出眾、口才良好、個性剛毅這五點優點，但是比不上『不仁』這個缺點。如果有五樣優點而以不仁行之，誰願意接受呢？因此，若立智瑤，那麼智氏的宗室一定要滅亡。」智果的這個建議，智宣子並沒有採納。

到了智宣子死後，智瑤為政，智瑤就是智襄子。他與韓康子、魏桓子宴於南臺，智伯（智襄子）戲弄康子而侮辱康子的宰相段規。智果聽到了這件事，向智伯進諫說：「主上這樣做是一種危機，這樣做了而又不防備危機的發生，那麼這種危機必定會爆發的！」

智伯回答：「危難由我來做成，我不發難，誰敢發難！」

智果又言：「話不是這樣講，《夏書》說過：『一人三失，怨豈在明，不見是圖。』也就是說，君子能勤於見到小事情，所以無大患。現在主上一次宴會，而侮辱了他國的君相，侮辱以後，又不為之防備，反而說人家不敢發難，這怎麼可以呢？螞蟻、蜂、蠆（ㄔㄞˋ chài）都能害人，何況是做人君與做宰相的人呢！」智伯不聽。

不久，智伯向韓康子要求割讓土地，韓康子不願給，段規勸他說：「智伯這個人好利而剛愎，不給他，他將會來攻打我們，不如給他，他必定因此而驕傲，也向他人要地，他人假如不給，智伯必用兵攻之，然後我們就可以免於禍患，而等待情勢的變化。」

韓康子說：「就這麼辦吧！」遂派遣使者，送一個萬家的封邑給智伯。

智伯一高興，又向魏桓子求地，魏桓子不想給他，任章勸諫桓子說：「為什麼不給呢？」

桓子說：「無緣無故向我要地，所以不給他。」

任章說：「智伯無故求地，其他大夫必定恐懼。我們把地給他，他必定驕傲。他驕傲而輕敵，我們這邊恐懼而相親；以相親之兵，對待輕敵之人，智氏之命必不長矣。《周書》說：『將欲敗之，必姑輔之。將欲取之，必姑與之。』主上不如把地給他，用以使智伯驕傲，然後可以選擇友好的國家，進而共同對付智氏，為什麼單獨以我們作為智氏用兵的對象呢！」魏桓子也採納了任章的意見，送給智伯一個萬家的封邑。

智伯吃到甜頭以後，又向趙襄子求地，趙襄子不肯給，智伯大怒，率領韓、魏的精兵攻打趙氏。趙襄子撤退，死守晉陽城（今山西省太原縣），三家之兵共同圍攻晉陽。

圍城部隊久攻不下，遂放水灌城，但民無叛意。智伯巡視形勢，這時魏桓子為智伯駕御，韓康子也在坐相陪，三人同車。智伯說：「我今天才知道，水可以滅亡人的國家。」魏桓子用肘撞了韓康子一下，韓康子會意地用腳踩了魏桓子腳趾一下，他們兩人都知道，自己的都城也是可以被水淹沒的。

事後，智伯的臣子絺疵（ㄔ ㄘ chī cī）告訴智伯說：「韓、魏一定反啊！」

智伯問：「先生怎麼知道呢？」

絺疵說：「我是根據人事而知道。主上聯合韓、魏之兵以進攻趙氏，趙氏滅亡，大難必輪到韓、魏了。現在我們約定，趙氏滅亡之後，就三分其地，可是晉陽城現在水淹六尺，人馬相食，城降已經隨時可及，而二子沒有高興的意思，反而有憂慮的顏色，不是想反，是為什麼呢？」

第二天智伯把絺疵之言轉告給二子，二子馬上分辯說：「這是讒人想為趙氏遊說，使你懷疑我們二家，而鬆懈對趙氏的進攻。要不然，我們二家誰不是利於早晚要瓜分趙氏之田，誰想做危難而不可成的事呢！」

二子馳出，絺疵進入，質問智伯說：「主上為什麼把臣子說的話轉告給二子呢？」

智伯回答說：「先生是怎麼知道的呢？」

「臣遇到二子出來，他們看到臣就馬上跑掉了，所以臣知道這個情形和原因。」智伯聽了以後，並沒有改正他的看法。

趙襄子被圍急了，祕密派遣張孟談潛出去見二子，向二子說：「臣聞脣亡則齒寒。如今智伯統帥韓、魏之兵，以進攻我趙氏，趙氏滅亡了，就輪到韓、魏了。」

二子回答說：「我們內心也知道這種情況，但是恐怕事情沒有成功就把祕密洩漏出去，這樣大禍就馬上來臨了！」

張孟談說：「計謀出自二主之口，入於臣的耳朵，不會傳出去，請二主放心！」

於是二子乃祕密與張孟談協定，約好日期而潛送他回去。

趙襄子晚上派人突襲守堤的軍隊，成功以後，把河堤敲破，用河水淹灌智伯的軍隊。智伯軍隊因救水而大亂，韓、魏兩軍從側翼進攻，趙襄子率軍衝擊其正面，大敗智伯的軍隊，把智伯殺死了，盡滅智氏之族。

這件事情發生在周威烈王任命三晉前的五十年，司馬光追述此事，是有非常的用意的，他在這句話後面，發揮了一段精采的評論。

司馬光在「臣光曰」中說：「智伯是亡於才勝德也。」司馬光的看法，才與德是世俗不能分辨的，世俗的人通常把有才或有德的人，都稱為賢人。所以世俗的人往往都失於知人。

什麼是才呢？司馬光的看法，德是才的本體，才是德的資用。譬如，雲夢（湖北省安陸縣南）的竹子，是天下最強勁的，但是不經過加工，就不能射穿堅硬的東西；又譬如棠谿（在河南省西平縣西北）之金，是天下最銳利的，如果沒經過加工，就無法用以攻擊最強硬的東西。其大意就是說，德就是竹和金的本體，才就是竹子可射穿堅硬的東西的用途，同樣地也就是金可以拿來攻擊最強硬的東西的用處。這便是才和德的分別。

因此，司馬光認為，才德俱全的人，才能夠稱為聖人，才德兩亡的人，只能稱為愚人。他又認為，德如果勝於才就稱為君子，才如果優於德，則稱為小人。因此，凡是取人的辦法，若是不能得到聖人、君子而用他們，那麼與其用小人不如用愚人。這是什麼道理呢？司馬光以為，君子用他的才做善事，小人用他的才做惡事。把才用於善事的，善無不至矣；把才用於惡事的，惡亦無不至矣。愚人想做惡事，但是他們的智慧不能達到，而他們的力量也不能勝任。猶若乳狗咬人，人人得而制之。小人的智慧足以完成他們的姦謀，勇力足以做出暴戾的行為，就等於是老虎添了翅膀，他們做的惡事豈不是更多嗎？

司馬光又認為，有德的人通常被他人所敬畏，有才的人往往被他人所愛慕，被愛慕的人通常易於親近，被敬畏的人通常只是保持一段距離。所以很多人過分重視才而忽視了德。從古以來，國之亂臣、家之敗子，都是才有餘而德不足，以致國家顛覆滅亡的例子太多太多了，豈僅智伯一例呢！所以為國為家的人如果能分辨才與德，而知所先後，又怎麼會有失人之患呢？

司馬光這段評論，明顯地指出智伯之亡，是亡於智宣子用智襄子做國君的繼承人。智襄子雖然有五種優點，但是他有一種不仁的缺點。也就是說，智襄子是才勝於德，而不是才德兼備的好人選。相反的，司馬光在同一段裡，他記載了趙簡子選用他的么子做繼承人，這就是趙襄子。趙襄子是比智襄子來得好，這麼一來，智宣子與趙簡子眼光高下優劣，就馬上辨別出來了。所以說為國為家者，如果能夠審於才德之分而知所先後，國家怎麼會滅亡呢？這句話的意思就是指此而言。

當然，一個歷史家不可能超出他的時代背景。司馬光這段評論，與他處在宋朝黨爭的當時是有某些特別的意義的。也就是說，他對宋神宗用王安石等來變法，是非常反對的，尤其對新法本身反對更激烈。在研究司馬光與王安石之間，我們有一個認識，司馬光儘管與王安石是好朋友，但是他對王安石的才幹，佩服而不滿意，對於王安石的德，他似乎有保留的態度，因此司馬光寫這段評論，似乎就是針對神宗與王安石君臣及其新政而來。弦外之意，大概就是暗示宋神宗失於明辨才德，而王安石正是才優勝於德。事實上，司馬光的「臣光曰」，往往有借題發揮的意味。

三、秦的崛起與周的滅亡

通常歷史家認為，戰國初期，齊國與魏國的國力最強。以後秦國崛起，才取代了魏的地位，變成齊、秦一東一西主宰天下。

戰國初期，諸國兼併相爭，經常發生滅國之事；吞併結果，使強國只剩下七個，而介於長江、黃河間還有十幾個小國存在。所謂七強，並不是指當時只有七個國家，而是說當時只有七個最強大的國家，而其他小國，在國際舞臺上沒有舉足的輕重。秦國地處西僻，縱然列屬強國之一，可是諸侯均不把它當作中原國家看待，甚至連楚國這個被中原諸國視為蠻夷者，也並不把秦當作華夏國，這種情況即使在周顯王五（西元前三六四）年，秦獻公大敗三晉於石門，中原諸侯仍是以夷狄來對待秦國。這就是秦孝公所以要發奮改革，使秦國強大的一個強烈動機和主要原因。

周顯王七（西元前三六二）年，秦獻公逝世，他的兒子孝公繼位，已經二十一歲了。孝公在翌年，下命令給全國百姓說：「從前我穆公，修德行武，東平晉亂，西覇戎狄，天子甚至任命為方伯，開創了後世光輝燦爛的基業。但是以後繼任的幾位國君，都使國家內憂不寧，未遑外事。在這種情形下，三晉侵奪了我國的河西地方，這真是莫大的恥辱啊！我先君獻公即位以後，勵精圖治，想修復穆公之政，光復穆公的領土。寡人思念先君之意，常常深痛於心，賓客群臣有能出奇計使我秦國強大起來的，我將會酬以尊貴之官，和他分土而王。」

這個命令頒布下來，引起了秦國乃至各國的注意。衛國的公孫鞅，就是商鞅（也稱衛鞅），聽到了這消息，於是整裝向西進入秦國。

公孫鞅是衛國的王孫，擅長法家的學問，他曾在魏相公叔痤（ㄘㄨㄛˊ cuó）的手下做事，公叔痤知道他的才幹，可是來不及推薦他就病倒了。魏惠王，就是《孟子》一書中開章明義所說的梁惠王，知道宰相病倒了，前往探病，並詢問他說：「相國的病如果有什麼不測的話，我們的國家將要怎麼辦呢？」

「臣的賓客衛鞅，年紀雖小，但有奇才，希望國君舉用而聽之！」

公叔痤又說：「國君如果不用衛鞅，就必須將他殺了，千萬不要讓他離開國境。」魏惠王聽了，許諾而去。

魏君離去以後，公叔痤把衛鞅召來，向他謝罪說：「我做事情先君後臣，所以先為君策劃，然後才把這事告訴你。你必須快點離開魏國了！」

商鞅說：「國君不能用先生的建議而任用我，又怎麼能用先生的建議來殺我呢？」

結果不出商鞅所料，魏王離開了以後，告訴左右侍臣說：「相國病得太嚴重了，真可嘆啊！他想命令寡人將國家交給衛鞅，卻又勸寡人殺他，豈不是矛盾嗎？」

後來商鞅知道秦孝公求賢，西入秦求見孝公，用富國強兵之術遊說孝公，孝公大為高興，於是和他討論國家大事。

周顯王十（西元前三五九）年，商鞅準備變法革新，秦國人民並不高興。商鞅了解情況，告訴秦孝公說：「人民不可與他們考慮開創之始，但可以和他們樂成。論至德的人不和於俗，成大功的人不謀於眾。所以聖人如果可以強國的話，他們都不墨守成規，死守過時的法令。」

「不是這樣的，」秦國另一臣子甘龍說：「根據法令而治理的人，官吏必然熟習，老百姓必然安分。」

商鞅再度辯說：「常人安於故俗，學者溺於所聞，這兩種人讓他們安安分分做官守法是可以的，如果和他們討論常法以外的意義和舉動，卻是不可以的。智者創制法律，愚者遵守法律；賢者改革禮儀，不肖者受此禮儀的拘束。」

「好。」孝公同意商鞅的說法。於是商鞅改革就成定局。

商鞅策劃了多種政策與措施，在法令還未公布之前，恐怕人民不信，於是在國都市場的南門豎立一根三丈的木條，出告示布告說，人民有能將此木條拿到北門的，獎賞十金。人民覺得這件事情來得奇怪，都不敢有所舉動。

商鞅看了又下令說：「能夠拿木條至北門的人，獎賞五十金。」

結果有一個人膽子大，把木條拿到北門，商鞅馬上獎賞五十金給他。然後老百姓才知道政府言出必行。事後，商鞅乃下令頒布各種政策措施，全力推行改革。

司馬光寫到商鞅變法這件事，又給予一段評論，大意說，信是人君的大寶，國保於民，民保於信；非信無以守國。所以古代的王者不欺騙四海，霸者不欺騙四鄰，善於治理國家的人不欺騙他們的老百姓，善於治理家庭的人不欺騙他們的親戚。不善者剛好相反，他們欺騙鄰國、欺騙百姓，甚至欺騙兄弟、欺騙父子。上不信下、下不信上，上下離心，以至於敗。這些人所獲得的利益，不能補償他們的損失，豈不哀哉！

司馬光在這段評論中，對齊桓公、晉文公、魏文侯和秦孝公四君，都有微詞，認為他們都不是純粹的君子，但是也推崇他們有過守信的行為。司馬光的看法，商鞅尤其苛薄，又處於攻戰之世，天下趨於以詐力相尚，但是在這種環境之下，商鞅猶且不敢忘信以治理其民，何況是四海治平之政呢！

當然，司馬光這段評論的最後意思，是對新政，也就是對宋神宗與王安石推行的改革，頗有微詞。主要是他認為新政朝令夕改，失信於民，而與民爭利。可是無論怎麼說，司馬光對商鞅建立信用政治，樹立政府威信，強化國家目標等政策，是非常注意的。他在這事情後面，給予這麼一段評論，可以了解司馬光對於周朝衰亡與秦朝崛起的契機，是極為注意的。司馬光在《資治通鑑》寫道：「行之十年，秦國道不拾遺，山無盜賊，人民勇於公戰，怯於私鬥，鄉邑大治。」換句話說，司馬光非常肯定商鞅的改革成效。

司馬光還注意到商鞅改革期間和以後國際局勢的發展。在改革期間，韓、趙、魏三晉和東方的齊國，正在互相戰爭，他們都忽視了秦國改革的意義。

周顯王十六年，齊、魏在桂陵發生大戰，結果魏國戰敗，這是秦國東出的一個契機，在桂陵之戰後一年，秦國就開始向魏進兵。周顯王二十八年，齊、魏再度發生大戰，齊國孫臏（ㄅㄧㄣˋ bìn）大敗魏國龐涓（ㄐㄩㄢ juān）於馬陵，魏國從此衰弱。

戰後第二年，也就是周顯王二十九（西元前三四〇）年，衛鞅看到改革已有成效，而魏國衰敗，形勢轉變得對秦愈來愈有利，於是給秦孝公策劃了一個戰略，這也是以後秦屢次東出進兵的既定戰略，也可以說是秦國的一貫國策。

衛鞅的建議是這樣的：他說秦之與魏，是像人有腹心之疾一樣，不是魏國吞併秦國，就是秦國吞併魏國。為什麼呢？因為魏國的領土有一部分在黃河以西，跟秦國接界，如果魏國強大，他們必定西進攻秦。魏國往年大敗於齊，可以趁這個機會東出伐魏，魏國無法支持下去，必定向東遷徙。然後秦就可以據有河山之固，控制潼關，東向以威脅諸侯，這真是帝王的事業啊！秦孝公採納了這種戰略，於是正式任命衛鞅統兵攻魏。

魏軍失敗，魏惠王恐懼萬分，派遣使者把河西之地獻給秦國，要求締和。因此，魏國也把首都從安邑（山西省夏縣北）遷到大梁（河南省開封縣）。魏惠王很感嘆地說：「我真痛恨當年不採用公叔相國的建議啊！」

這次大勝之後，秦國封衛鞅於商（陝西省商縣），所以衛鞅也被人稱作商君或商鞅。秦國國力的快速發展，跟國家目標的強烈明顯，都使山東各國為之震懼不安。於是遂有合縱、連橫的事情發生。

值得注意的是，從春秋以來，秦國一直就很強大，只是不為中原國家重視罷了。秦國國力之強，大概只有晉國可以和它抗衡。晉既然分裂為三國，這三國又互相戰爭，力量不能統一，意志也不能融合為一，怎麼能跟秦抗衡呢？三晉是秦國東出必經之道，當三晉不能與秦抗衡的時候，往往就可以給予秦國外交運用方面的機會。因為三晉的任何一個國家都害怕秦國單獨攻打他們，但同時卻又想假手秦國去進攻其他的國家，以達到削弱這個國家的目的。合縱、連橫之所以反反覆覆，就是基於這種心理和國際情勢而產生的。

周顯王晚期，齊、魏等國相繼稱王，也就是顯示這些國家具有強烈的野心，而且已經不把周中央政府放在眼裡了。周顯王四十四（西元前三二五）年，秦孝公的繼承人也正式稱王，這就是歷史上的惠文王。也就是說，秦國在商鞅變法十年以後，已經強大到使各國震懼，更在三十四年以後，秦國進而稱為王，已有王天下的氣概和野心了。

在此後五十多年的紛亂戰爭中，秦國的優勢愈來愈明顯。

周赧王五十九（西元前二五六）年，秦國派兵攻打韓國，又進攻趙國，都獲得大勝。居住於洛陽的赧王為之震驚莫名，暗中與諸侯相約攻秦。結果秦王先派兵進攻西周，赧王入秦頓首謝罪，盡把土地、人民獻給秦國，於是周朝時代正式結束，凡八百六十七年。

秦紀

一、秦朝統一的要素——客卿

從春秋時代開始，秦國就不斷起用外國的才幹之士，來協助治理國家改革政治。這種外國人進入秦朝做官，甚至做到卿相，就是所謂的「客卿」。進入戰國，秦孝公起用衛鞅，可以說是奠定了秦朝基礎的關鍵。衛鞅是衛國的公子，也是秦朝歷史上最著名的客卿。孝公以後歷任秦國的君主，都喜用客卿來幫忙治理國家，與東向攻打諸侯。

莊襄王，是秦孝公以後第四任君主，由於得到陽翟大賈呂不韋的幫忙，才能夠得到君權，所以繼位之後，就重用呂不韋做相國，呂不韋也是歷史上重要的客卿之一。莊襄王在位僅僅三年就死了，他的兒子政繼任為國君，這時才十三歲，於是國家大事都由呂不韋掌握。這時呂不韋被封為文信侯，而秦王政就稱他為「仲父」。

儘管秦君短命，新君年幼，但秦國的客卿和大臣並沒有違背秦國的既定政策，沒有放棄傳統的國家目標。司馬光對秦王政的即位與呂不韋的輔助，並沒有著墨很多。

呂不韋與秦王政的母親私通，他害怕秦王政長大以後知道這件事情，於是另外推薦人來作為太后的情夫。這種事情秦王政似乎不是不知道，他好像一直忍住不發而已。於是司馬光就在秦王政即位第九年開始注意這件事情，在這一年的夏四月，他在己酉這一天記載說：「王冠，帶劍。」這一天也就是秦王政達到成年，開始親自處理政事的時候。就在這一年的秋九月，秦王政終於為太后的事情爆發了劇烈的行動。

秦王政把太后的情夫和她的兩個私生子給殺了，牽連了很多人，太后幾乎也遭到軟禁。至於呂不韋，秦王政因為他事奉先王的功勞很大，不忍誅殺，於是在第二年的十月，就把他的宰相免掉了，要他回到自己的封邑去。秦朝的曆法跟現在不同，是以十月當作一年開始的第一個月，所以第二年的十月，就現在的曆法來說，仍然就是秦王政九年的十月。

就在呂不韋被驅逐的時候，秦王政召開了宗室大臣會議。宗室大臣們建議說：「各國的人來到我國做官，都是為他們的國君作遊說和間諜的工作罷了，請大王把他們全部驅逐出境。」於是秦王政下達逐客令。

客卿之中有一個楚國人李斯，也在被驅逐的名單之中。李斯離開秦國之前，上書給秦王政說：「從前穆公下達求士之令，得到很多賢能之士的幫忙，於是吞併二十個國家，稱霸於西戎。孝公用商鞅之法，使得列國親服，直到現在國勢仍然強大。惠王用張儀之計，破壞六國的合縱，讓他們奉事秦國。昭王得到范睢（ㄐㄩ jū），強化了國君的權力，杜絕了私人的勢力。這四位君主，都是因為客卿的功勞而成就大事業的。由此觀之，客卿有何負於秦國呢？大王取人，不問可否，不問曲直，只要不是秦國人就驅逐出去，只要是客卿就趕走，這是不智的行為。臣聽說王者不拒絕眾庶，故能明其德，這是五帝、三王之所以無敵於天下的原因。如今大王捨棄人民以充實敵國，拒絕賓客而使敵國力量大增，這就是所謂送糧食給強盜啊！」於是秦王政召見李斯，恢復他的官爵，取消了逐客之令。

秦王最後終於採用李斯的計謀，祕密派遣辯士帶著金錢去遊說諸侯，諸侯名士可以用財富來厚結的，就以財富收買他們；不肯接受賄賂的，就用利劍行刺他們；這些外交人員離間敵國的君臣在前，然後派遣良將統兵攻戰在後，於是數年之間，終於兼併天下。也就是說，秦國的強大與統一大業，外國客卿貢獻的力量最大。至於李斯的收買和暗殺政策，只是加速了統一大業的進程而已。

秦王政十四（西元前二三三）年，秦王政聞知韓國的公子韓非很有學問，於是想見他一面。韓國逼於情勢，派遣韓非為使節出使於秦。韓非的言論，使得秦王政非常歡悅，但是也招來了李斯的嫉妒，於是韓非終於被害死。

對於韓非之死，司馬光也有評論。他首先引用漢朝揚雄《法言》這本書的說法，說韓非遊說秦王，不由其道，所以活該被殺。司馬光的大意是贊同揚雄的觀點。司馬光評論說：「臣聞君子親其親以及人之親，感其國以及人之國，所以功大名美，而享有百福。如今韓非為秦國策劃，而首先就想亡他自己的國家，真是罪不容於死啊，何足憐憫！」

司馬光這段評論，就後世國家民族觀念來看，是非常適當的。但如果就春秋、戰國時的觀念來看，這似乎有商榷的餘地。當時所謂「天下」的觀念，通常指中原華夏文化被及的地方而言。只要服膺華夏文化的國家，當時的人並不過分加以歧視或排斥。因此孔子周遊列國，孟子也周遊列國，以遊說諸侯。秦國之所以強大，就是因為在這種觀念之下，使得很多才智之士，在他們國家不能獲得重用，卻能施展抱負於秦。由此觀之，韓非之遊說秦王，並不能夠以後代的觀念去加以評鑑。韓非與孔、孟不同的地方，是孔、孟遊說諸侯，是遊說他們以仁義而達到王天下的目的；而韓非只是遊說秦國，以武力作為手段，達到王天下的目的而已。

無論如何，揚雄與司馬光都不反對遊說諸侯，這是秦國成功的原因。

中國成語有這麼一句話，「楚材晉用」。總括來說，假如有楚材晉用這回事，那麼晉材就為秦所用。因為三晉的人才，常常是秦國最重要的客卿。秦國因為有客卿，所以能強大與統一中國，那麼秦王政的逐客令，與李斯的抗議書，就成為中國統一史上一項重要的問題與文獻。如果秦王政把國內的客卿全部驅逐了，秦國的國勢就不可預料了，當然中國統一的命運，也就很難決定了。

二、幾乎改變歷史的一擊

暗殺與刺客，是春秋以至漢代很流行的社會風氣之一。戰國四公子的養士，在這些士裡面，就有不少這一類的刺客。司馬遷在漢武帝時代撰寫《史記》，就注意到這個問題，專門為他們立了一個「列傳」專卷，名叫〈刺客列傳〉。司馬遷在〈刺客列傳〉之中，收錄了荊軻等五位著名刺客。在寫完這五個人的事蹟以後，司馬遷跟著加以評論，推崇他們有義氣，可以「名垂後世」。為了這件事，班固撰寫《漢書》時，寫至〈司馬遷傳〉，就批評司馬遷。班固認為，司馬遷《史記》最大的缺點，在「是非頗謬（ㄇㄧㄡˋ miù）於聖人，論大道則先黃老而後六經，序遊俠則退處士而進奸雄，述貨殖則崇市利而羞貧賤，豈其所必也」。換句話說，班固對司馬遷重視遊俠，甚不以為然。

司馬光撰寫《資治通鑑》，他的取材也像《漢書》一樣，往往本於《史記》的記載。但是司馬光對刺客這一類的問題，並沒有班固的看法那麼偏頗，雖然司馬光也是一個純正的儒者。

司馬光在《資治通鑑》的開始，就根據《史記》而記載了一次刺客的事件，可見司馬光對刺客這類問題也是很重視的。這一件刺客案，司馬光是在三家消滅智氏以後，緊隨著記述下來的。這件事情大概情況是這樣的：

三家把智氏消滅了以後，瓜分了智氏的領土，趙襄子甚至把智伯的頭給漆了，作為裝飲料的器具。智伯的臣子豫讓，想為他的故主報仇，於是偽裝成受刑人，挾著匕首進入趙襄子的宮中，在廁所中做塗漆的工作。趙襄子如廁，心情暗動，覺得好像有人要行刺他，於是下令搜捕，終於把豫讓搜出來。襄子左右想殺掉豫讓，但襄子說：「智伯死後沒有後代，而此人想為他報仇，真是義士啊！我就避開他好了。」於是釋放豫讓。

豫讓一次行刺不行，遂把身體漆了，看起來好像滿身生癩一樣，又吞下炭，使得聲音啞了。然後行乞於市，連他的妻子也不認識他。但是當他在市中行走，遇到朋友，朋友卻認出來了，於是感動而哭泣著說：「像先生這樣子的才幹，如果臣事於趙襄子，必然能成為襄子的近臣。到了那時候，先生就可以為所欲為，為什麼不那樣做呢？像你這樣想報仇，不是很困難嗎？」

豫讓回答說：「我既然已經委質成為趙襄子之臣，而又想刺殺他，是事君有二心啊。我現在這樣子做，真是為難啊！但是我之所以這樣做，是要讓天下後世之為人臣而懷有二心者感到慚愧。」

某天，趙襄子離宮出行，豫讓埋伏在他必經的橋下。趙襄子來到橋邊，他的坐騎有直覺的反應，驚動起來，於是襄子下令搜捕，又逮捕了豫讓，遂把他殺了。

司馬光寫這一段刺客故事，可以說是根據司馬遷《史記》的〈刺客列傳〉而寫的，他寫的筆法，比不上司馬遷精采。但是天下這麼多重要的事情發生，司馬光為什麼有些大事不寫，而注意到這小小的一件行刺案呢？如果讀《資治通鑑》，會對這個問題不很了解。假如讀《史記．刺客列傳》，那麼司馬光的用意就會很明顯了。原來豫讓這個人，他曾經臣事於中行氏與范氏這兩個晉國的卿，而這兩個卿並不以國士之禮來待他；於是他乃改投奔智氏，智伯待他以國士之禮。所以智伯被殺以後，他認為智伯既待他以國士之禮，他當以國士的行為回報他，因此他就想暗殺趙襄子，作為報答智伯的一種方式。確實以他的才幹，臣事於趙襄子，他必定能成為趙襄子的親信，屆時他就可以很輕易地刺殺趙襄子。但他不這樣做，是認為既然臣事於人，就不應刺殺他，這是義之所在。因而他乃損害身體，伺機報仇。

有一件事司馬光沒有記載下來，就是豫讓在橋下行刺不成，被趙襄子逮捕了以後，襄子問他，他表明必死的決心。豫讓認為忠臣有死名之義，從前襄子已經寬恕了他，天下莫不稱襄子之賢；今日他行刺失敗，是應該受死的。於是他請求趙襄子，在他死之前，讓他在趙襄子的衣服上面刺上幾刀，以表示他報仇之意。趙襄子大為感動，於是將衣服給他，讓他拔劍三躍而擊之，然後豫讓便伏劍自殺。豫讓自殺的那天，趙國的志士聽到了，都為他流涕哭泣。也就是說，豫讓這種行為，雖然是暗殺的手段，可是也充滿了道義的精神，司馬光認為這件事情，是「善可為法，惡可為戒」的事例，所以，在《通鑑》的開始，就記述了這麼一件事。

豫讓之刺趙襄子，和局勢演變的關係不大。但有另外一件行刺案，卻是影響中國歷史發展的行動。這件事司馬光在始皇帝二十（西元前二二七）年記載下來，這就是荊軻刺秦皇的事。荊軻刺秦皇此事，可遠溯於幾年以前，燕國太子丹與秦王政結怨的一段往事。司馬光記載這件事，大體上仍然本著《史記・刺客列傳》所載荊軻事蹟而刪寫的。如果只讀《資治通鑑》的記載，對於此行刺案的來龍去脈，還有一些重要的關鍵問題，讀者將無法十分地了解，要配合《史記》的記載去讀，很多重要的問題就能完全明白了。

荊軻的故事，早為國人所熟悉，所以筆者在這裡也不詳細述說。司馬光對荊軻的各種細節問題，也沒有像《史記》那樣記載詳細。司馬光記述這個事件，開始於始皇帝十五（西元前二三二）年，這一年燕國太子丹與秦王政交惡，而秦王政也對他沒有什麼禮貌，於是太子丹大怒，從秦國逃回到燕國，一直想對秦王政施以報復，出一口怨氣。司馬光簡單的提到這件事，也就是說，他亦承認這件事的遠因實是埋伏於此。中間隔了三年，司馬光沒有繼續介述燕太子丹的事。直到始皇帝十九年，司馬光又開始記載這件事。司馬光寫道，太子丹曾經想報復秦王政而請教於他的太傅鞠武。鞠武建議太子丹說：「最好的辦法是西面與三晉聯盟，南面與齊、楚聯盟，北面與匈奴聯盟，結成大聯盟以共同對抗秦國。」太子丹認為鞠武的計謀曠日費時，讓人無法等待。

這件事情過去以後，剛好逢上秦國的將軍樊於期，從秦國得罪逃亡到燕國，太子丹收留了他。鞠武這時又勸告太子丹不要因為樊於期的來到，而引起秦國的憤怒，促使秦國進兵侵略燕國。太子丹認為樊將軍因為窮困才投靠於他，他有保護樊將軍的責任和道義，所以拒絕了鞠武的勸告。於是鞠武作一個寓言說：「行危以求安，造禍以為福，計淺而怨深，連結一人之後交，不顧國家之大禍，就是所謂資怨而助禍啊！」

後來太子丹又輾轉認識了荊軻，他卑辭厚禮地結交荊軻，並向荊軻說：「如今秦國已俘虜了韓王，又向南舉兵攻打楚國，向北威逼趙國，假如趙國不能支撐，則大禍必然會輪到燕國。燕國弱小，幾次困於用兵，怎麼能夠抵抗秦國？諸侯向來害怕秦國，誰也不敢合縱結盟，以抗衡秦國。丹私下的看法，如果能得到天下的勇士，出使秦國，劫持秦王，威脅他把侵略諸國的土地交還出來，真是莫大之善。若是做不到，因而刺殺秦王，秦國的大將擅兵於外，而國中有亂，君臣之間必定互相猜疑，這種機會就可以使得諸侯合縱，破秦是可以預期的事。」因為太子丹的看法是這樣，所以才有荊軻入秦行刺的事情發生。

荊軻行刺失敗，秦王當然大怒，於是增派兵力，從魏國進攻燕國，並在易水之西大破燕國軍隊。司馬光對這件事情還沒有直接的評論。一直寫到始皇帝二十五年，秦軍攻滅燕國最後根據地——遼東，俘虜了燕王，才加以評論。

司馬光劈頭就說，「燕丹不勝一朝之忿以犯虎狼之秦，輕慮淺謀，挑怨速禍，使召公（燕國的開國者）之廟不祀忽諸，罪孰大焉！而論者或謂之賢，豈不過哉！」換句話說，司馬光非常不滿意這件事。認為太子丹是輕舉妄動的傢伙，使得國家滅亡，沒有罪比這個更大了。

他的理由是什麼呢？司馬光說，統治國家的人，任官以才，立政以禮，懷民以仁，交鄰以信；所以官職得到適當的人選，政治有節制，老百姓懷其恩德，鄰國親其道義。這樣子，國家就能安如磐石，還有什麼可怕的呢！太子丹不這樣做，而以萬乘之國，決匹夫之怒，逞盜賊之謀，功隳（ㄏㄨㄟ huī）身戮，社稷為墟，不亦悲哉！他以為，膝行、匍伏，不是恭敬；重言守諾，不是大信；抛金散玉，不是恩惠；刎首決腹，不是勇敢。總之，謀而不遠，動而不義，只是血氣之勇。

司馬光又進而批評荊軻，認為他個人因為受到太子丹的優遇，不顧家族，想用匕首使燕國強大而削弱秦國，這不是愚蠢的事嗎？所以司馬光贊同揚雄的說法，揚雄認為，像荊軻這種人，都不可以算是義；他又認為，荊軻不過只是一個「君子盜」而已。

司馬光的看法當然有其立場。他的看法，大概與太子丹的太傅鞠武的意見相同。但是就太子丹的立場來看，可能意義就不盡相同。太子丹想找有力量的人向秦王政報復，這是他一向的心願。對於樊於期的投奔，太子丹必須給予庇護，因為從春秋到戰國，國君、公子之間爭相養士的風氣甚盛。太子丹如果不收留樊於期，將會被天下所責備。但是若收留樊於期，他與秦王政的仇怨，就越結越大了，那麼，秦國攻燕國是遲早會發生的事。

從另一個角度看，秦國也勢將進攻燕國。司馬光漏寫了太子丹一句很重要的話，而司馬遷在《史記》則記載得很清楚，這句話是這樣的，當太子丹第一次認識荊軻的時候，就告訴荊軻說：「如今秦王有貪利之心，慾望不可以滿足，非兼併天下的土地，臣服海內的王者，他的意志是不會滿足的。」太子丹說完這番話，接著才指出韓國滅亡，秦軍兵臨趙國，趙國不支，則大禍必將輪到燕國的事實。這種情勢的分析，是非常有眼光的，並不是一時的意氣看法。所謂「諸侯服秦，莫敢合縱」是一個客觀的事實，他們各自害怕秦國首先攻打自己，寧願眼睜睜的看著韓國被消滅，而不敢結成軍事同盟，共赴韓國之難。這正是秦國徹底實行張儀的連橫政策，和李斯收買、暗殺政策成功的寫照。

客觀的國際情勢是如此，太子丹與秦王政的主觀關係又是如此，站在太子丹的立場上看，派遣刺客行刺秦王，以其人之道還治其人，是不是必要的行為？這種行為會有什麼效果呢？太子丹在與荊軻討論時，已經分析過了，他並不是純粹為報他的私怨，他的目的還在劫持秦王，以歸還六國被侵占的領土，或者是把秦王暗殺了，造成秦國內亂，六國趁機可以攻破秦國。也就是說，荊軻此行，在太子丹來說，不論為公為私，都是必須的。

當荊軻拉住秦王政的袖子，舉匕首奮身刺擊的時候，這是歷史性的一擊，可惜一擊不中，秦王逃脫，繞著銅柱而跑。荊軻奮起餘力將匕首扔過去，這一扔，也可以說是歷史上最重要的一扔。可惜這次也失敗了，荊軻知道事情已經不可能成功，破口大罵秦王說：「事情所以不能成功的原因，是我想生擒你，一定要拿到約契以報答太子丹罷了！」

司馬光認為，荊軻想用行刺「張燕而弱秦」，是愚蠢之事。可是司馬遷的看法卻不一樣，他對荊軻行刺秦王這件事，並沒有惡感，反而推崇荊軻的義行。不過司馬遷對荊軻的一刺一扔沒成功，感到非常失望。他在〈刺客列傳．荊軻傳〉中，最後記下了這麼一段話：魯句踐這曾經與荊軻有過節的人，聽到荊軻失敗的消息，私下向人說：「可惜呀！可惜！荊軻不講究刺劍之術，真是令人惋惜啊！」司馬遷引用魯句踐的評論，作為〈荊軻傳〉的結束，可見他對此事，寓有深刻的看法在內。至於司馬光的識見，在這一方面似乎比不上司馬遷了。

秦始皇經過這事件以後，就再也不敢接近諸侯之人。九年後，始皇又在博浪沙，遭到張良所請來的力士一擊，誤中副車。這博浪沙一擊，當然比不上荊軻歷史性的一擊。道理何在呢？因為張良的力士一擊，縱然順利地刺殺了秦始皇，但是那時六國已經統一，始皇之死只能使秦朝另外換一個君主而已。而且更重要的是，始皇的大兒子扶蘇，此時還未死，這個人很有才幹，他的即位不單無益於六國的復國，恐怕更會使得秦朝的基礎穩固，國祚（ㄗㄨㄛˋ zuò）也會更加延長。司馬光寫到博浪沙之擊，沒有對此事加以評論，大概就是認為博浪沙之擊，比不上荊軻一擊的歷史性意義吧！荊軻刺秦王，成功則六國歷史會為之改寫；失敗則會加促秦國武力統一天下的步調。司馬光認為這「孤注一擲」是輕舉妄動，不顧生命、不顧家族、不顧國家的妄動之舉，他提出這段評論，大概就是認為這件事值得「惡可為戒者」吧！

三、秦的滅亡

秦始皇二十六（西元前二二一）年，秦國正式統一了中國。在二十六年之中，值得注意的就是前半期，秦國是由呂不韋執政，後半期是秦王親政的。秦始皇十年，他接納李斯的建議，也採納了李斯的暗殺與賄賂政策，於是在七年以後（秦始皇十七年，西元前二三〇年），秦國就首先滅了韓國。兩年以後，又消滅了楚國。第二年，燕國完全被消滅，二十六年，消滅了齊國。從取消「逐客令」，重用李斯，至始皇帝二十六年統一中國，總共才經過十六年的時間。假如以荊軻刺秦王那一年開始算起，直到齊國滅亡，也不過經歷了六年而已。顯見李斯的去留，逐客令是否執行，或者是荊軻刺秦王是否成功，這些事情都關係到中國統一的命運。

秦始皇統一中國後，採用了中央集權的形式，推行了高壓、管制的措施。他自己認為自己的成功，是「德兼三皇、功過五帝」，所以他的尊稱由秦王改為皇帝，並且自稱為始皇帝，希望世世代代，傳之無窮。同時秦始皇又採用了陰陽家的學說，認為周朝屬火德，秦取代周，屬於水德，也就是說，他採用了五行相剋的說法，這就是中國正閏學說理論的正式實現，對於後代王朝正統的觀念，影響很大。

始皇希望子孫二世、三世……傳之無窮，到千千萬萬世。但是事實上，從正式統一，到秦朝的滅亡，只經歷了十五年，傳到二世皇帝而已，這是出乎意料的事情。

始皇帝在當時的聲望很大，他推行各種高壓、管制政策，各國的遺民雖然不服，卻震於他的聲威，也不敢貿然奮起反抗。奮起反抗的事情要在始皇帝三十七年去世以後，才爆發出來。

司馬光在始皇帝三十七（西元前二一〇）年十月記載，始皇帝該年出遊，只帶了少子胡亥從行，其餘二十多個兒子均不得從行。到了同年的秋七月丙寅這一天，始皇帝在沙丘平臺逝世，胡亥與趙高兩人威脅丞相李斯，發動政變陰謀，把長兄扶蘇殺死了，胡亥於是繼承為二世皇帝。始皇帝之死無疑對六國不滿分子，給予很大的鼓勵，加上二世、趙高兩人執行了一些新的政策，就造成了反叛的機會。

司馬光在二世皇帝元（西元前二〇九）年夏四月，有這麼一段記載。二世皇帝告訴趙高：「人生在世界上，好像駕駛六馬（天子車駕用六馬拉）跑過裂隙那麼短促。我現在既已君臨天下，想極盡耳目之所好，追求心志的快樂，以終吾年壽，可以嗎？」

趙高回答：「這是賢主之所能行而昏亂之主所禁止的事情。雖然陛下不是昏亂之主，但也有所未可，臣試分析給陛下聽：『沙丘之謀，每位公子和大臣都加以懷疑；各位公子全是陛下的兄長，大臣們又是先帝所任用的，現在陛下初立，這些人都怏怏（ㄧㄤˋ yàng）不服，恐怕他們會有變亂；臣戰戰兢兢惟恐不能善終，陛下怎能這樣尋樂呢？』」

「這該怎麼辦？」二世皇帝問。

趙高說：「陛下採用嚴刑苛法，讓有罪的人連坐，誅滅大臣和宗室，然後收舉遺民，貧者富之，賤者貴之。盡把先帝所用的大臣除掉，更換為陛下所親信的人，這麼一來，陰德歸於陛下，禍害除去而姦謀堵塞，群臣莫不被潤澤、蒙厚德，陛下於是就可以高枕肆意於尋樂了！這是最好的辦法。」二世皇帝同意趙高的看法，而且照著去做。

趙高所謂的嚴刑苛法，無異是逼有罪者造反而已，至於誅滅大臣和宗室，更是自壞長城的辦法。因為秦始皇能統一天下，所用的人，都是有才幹的人，把他們誅滅，另外更換自己的親信，必然會造成混亂。事實上，趙高的政策，所謂收舉遺民，貧窮的使他們富有，微賤的使他們高貴，等於是來一次社會變動，更會造成天下大亂罷了。因此在三個月以後，就發生了陳勝、吳廣起義的事情。如火如荼（ㄊㄨˊ tú），反秦的隊伍愈來愈壯大，終於很快的普及全國。

到了二世皇帝二年九月，又發生了一件意外的事情。這個月趙高因為專肆，恐怕大臣入朝奏他，於是遊說二世皇帝，要他不要上朝，以免群臣知道皇帝的缺點。結果二世皇帝聽其計，藏在禁宮中，事情皆決於趙高。李斯這時與趙高衝突，但是最後為趙高所誣告，逮捕下獄，不久就被判罪腰斬。從此以後，二世皇帝以趙高為丞相，事無大小，都由他決定。儘管李斯不是一個心術端正的人，但他有治國的才幹與經驗，李斯之死，可以說，秦國最後抵抗的能力也消失了。

趙高想專政，恐怕群臣不聽，於是在上朝的時候，命人牽二鹿獻給皇帝說：「這是良馬。」

「丞相錯了，怎麼把鹿看成馬呢？」二世哈哈大笑。由於趙高堅持說是馬，二世詢問群臣，群臣中有敢說不是馬的，事後都被趙高迫害。從此之後，群臣都害怕趙高，不敢批評他的過失。

二世皇帝三年八月，諸侯軍隊西攻關中，趙高怕皇帝知道天下大亂，於是發動兵變，把二世皇帝殺了。事後趙高召集大臣和公子，宣告二世皇帝的罪狀，並且說：「秦過去是王國，始皇帝君臨天下，所以稱為皇帝，如今六國已經又再自立，秦國領土日益窄小，如果仍然稱皇帝這個空名，是不可以的，應該恢復從前的稱呼，稱為秦王。」於是乃擁立二世皇帝的姪子子嬰為王。

秦王子嬰害怕趙高加害，第二個月就發動兵變，將趙高他們殺了。但是秦的大勢已去，在殺趙高的第二個月，就是漢高祖元年冬十月，劉邦統兵來到霸上，秦王子嬰只好素車、白馬迎降於道旁，於是中國第一次出現中央集權的統一政府，至此正式滅亡。

司馬光寫到子嬰迎降。他就用了一段賈誼（西漢雒陽人，文帝時博士，精通《詩》、《書》，建議改革，採用禮樂，為功臣們所忌，外放為長沙王太傅，後抑鬱以死）的評論。至於他自己的意見，就不另外提及。為什麼呢？這是司馬光認為賈誼的評論，可以說得上客觀而一針見血，他自己的意見並不能超出他的看法。

賈誼的評論說，秦國以區區之地，而能夠成為萬乘之強權，使得各國諸侯害怕而入朝，又能經過百年有餘，使六合統一成為一家，但及至一夫作難而七廟（古代天子宗廟有七）崩墮，身死人手而天下笑者，是什麼原因呢？賈誼認為，是「仁義不施而攻守之勢異也」。這段短評，字數雖少，含意卻很深。所謂「仁義不施，攻守之勢異」到底是怎樣講呢？

秦朝本來就推行嚴厲的法家政治，以法家思想作為立國的原則。這種思想所引導的政策，這些政策所施行出來的措施，秦國的老百姓早就習慣了，但是關東諸國的人民，對於這些事情並不習慣，對於這種思想和政策也不以為然。

秦朝統一天下，而推行法家的思想與政策，並不實際的了解各國的情況，因應改革，這是秦朝執政者失策的地方。

秦朝的執政者當然知道六國不滿意這種思想和政策，只好用強力來推行。他們愈用強力推行，不滿和反抗就愈大，這是惡性循環，最後逼使朝廷與天下人民，成為對抗矛盾的狀態，這種情況，可以說就是「仁義不施」。也就是說，秦朝的執政者不以民本作為治國的理想和方針，而招致了對立和反抗的力量。二世皇帝即位，與趙高推行的一番措施，更使這矛盾尖銳化，加速了王朝的崩潰。

那什麼是「攻守之勢異」呢？這個事情就得加以分析。正如賈誼所說，秦朝是經過百餘年的奮鬥，慢慢強大，慢慢蠶食，而達到統一六合的。這慢慢的奮鬥，是指蠶食的戰略而言，也就是說秦國是一個國家、一個國家這樣子吞併的，是各個擊破，而威脅其他國家不得相救。從司馬光的記載，可以看到六國先後滅亡，其他國家都是袖手旁觀，動也不敢動，惟恐秦國發怒，首先攻擊他們。這種恐懼的心理，當然是連橫政策和李斯的賄賂、暗殺政策造成的。六國事實上也不缺乏才智之士，他們也有眼光看出，六國合縱是對他們有利，連橫則對秦國有利這種國際情態。但是在秦國傳統的政策之下，六國是自顧不暇，不敢觸犯秦國的憤怒。這樣一來，七強的情態無疑是這樣的，秦國遠交近攻，一口一口蠶食附近的國家，而其他國家則冷眼旁觀，使得秦國的態勢是攻勢，六國的態勢是守勢，而且是各自防衛，連集體聯防都不敢做。所謂攻守之勢非常明顯，六國合起來不一定能抗衡秦國，現在各自防禦，更是無法抵擋秦國，勢不能使得秦國不來進攻他們，這種情勢最後的結果，當然只有一個一個被擊破，一個一個地被蠶食了。

秦二世以後的情況又不同了。天下大亂，各國遺民紛紛響應陳勝、吳廣的起義。這些行動，不出現於一隅，而是全國性的。秦國這時候已經面對全面內亂，和從前的向外侵略情況不同。而且秦國的軍隊，如果集中攻擊某一個起義集團，當然是有力量鎮壓這個集團的。但是當他攻擊這個集團時，其他集團可以趁勢加速發展，反過來說，如果秦國的兵力，分散了去攻擊各個集團，力量分而戰力弱，不一定能抗衡得了各國起義之士。

從前的戰略態勢，是秦國蠶食六國；現在的戰略態勢，是天下人民共圖推翻秦國政權。這是一種攻守相異的態勢，情況全不相同。加上未統一之前，秦國君臣上下，有一貫傳統的政策，有團隊的精神，來發動統一戰爭。可是二世的時候，政權中央已經混亂，甚至秦國原來的老百姓，也對統治者不滿，在這種情形之下，秦政權是孤立的，不單只是秦政權孤立，秦二世皇帝、趙高等一小撮人，更是孤立，於是在各種情況下，二世與趙高等，想退保關中，降稱為王國，讓關東諸國恢復以前的狀態也不可能實現了。這個時候，天下的起義人民，對秦政權的鬥爭，不是你死就是我亡。否則等到秦國喘息過後，將仍是關東的禍害，賈誼所謂「攻守之勢異」，就是指此形勢而言。

事實上，秦政權不但亡於攻守形勢的差異，不但只是亡於天下的人民，他也是亡於自己的人，「亡秦者秦」，這是比較恰當的說法。如果秦朝不是推行暴政，不會招來顛覆之禍，這亡秦者就是執政的秦朝君臣——二世、趙高等人；如果不是迫害大臣，秦朝能幹的大臣也不會跟他們離心，則自壞長城的情況不會出現，這種情況也是亡秦者在秦二世與趙高；最後二世皇帝被殺，殺他的人就是趙高。

如果說秦二世之死是秦政權滅亡的象徵，那麼正式結束秦朝統治權的，就是趙高和他的集團。從這種廣義的角度看，亡秦的並不是六國遺民，而是秦國人民，不是秦國的奸臣，而是秦朝的本質和皇帝的本身。因為這緣故，秦國奮鬥了百餘年才能統一中國，但是僅僅幾年之間，整個大王朝就告崩潰瓦解，賈誼所說的「仁義不施而攻守之勢異」，確實是一針見血，司馬光也不能超出他這種看法。

漢紀

一、改變歷史的餐會

劉邦西入關中，接受秦王子嬰的投降，到了第二個月，項羽平定河北，也率領諸侯將領西入關中，於是發生了「鴻門宴」這一歷史事件。是在高皇帝元年十一月的事。

項羽安排鴻門（在今陝西省臨潼縣東）宴，原本的目的在殺沛公劉邦。結果這次宴會的目的沒有達到，劉邦假裝如廁，趁機逃回軍中。他在逃離宴會之時，命令張良入謝於項羽說：「沛公不勝杯酌，喝醉了，不能來辭行，派臣奉獻白璧一雙，再拜謝於將軍足下；

玉斗一雙，再拜謝於亞父（范增）足下。」

項羽接受了獻禮。但亞父卻把玉斗用力地拋棄在地上，而且拔劍撞而破之，怏怏恨道：「唉，豎子不足與謀！奪將軍天下的人，必然是沛公，我們今後定會成為他的俘虜啊！」

司馬光簡單記載了鴻門宴的經過，也寫下了范增這一段話，就已經借用范增之口，點出了鴻門宴的失敗，將會影響局勢，並說出了將來可能的發展。

范增說的話，只是預測了以後楚、漢相爭，楚將敗於漢的可能。也可以說，是項羽與劉邦兩人之間的鬥爭，劉邦的勝算較大，還沒有指出這件事情背後所蘊含的歷史意義。

鴻門宴到底代表了什麼歷史意義呢？扼要的說，這個宴會代表了漢朝四百年國祚的奠定，也代表了平民革命的成功。劉邦的集團，是中國歷史上第一次的平民革命集團；相反的，這次宴會的失敗，是代表了項羽這邊集團的失敗。項羽這個集團可以說是代表了封建時代的貴族政治，與封建型態重建的可能。如再把意義縮小，最起碼鴻門宴是決定項羽的個人英雄主義失敗，劉邦的集體團隊精神成功。

司馬光對這個宴會沒有評論，但他在《稽古錄》裡，曾經對項羽加以評論，指出項羽失敗的原因說：「世稱項王不王秦而歸於楚，所以失掉了天下。看他率領百萬之眾，西入函谷，談天下之事，裂山河以封諸侯為王，自謂可以逞其私心而人莫敢違背。安行無禮，忍為不義，想用一夫之力，征服一朝之心。才高的人被他懷疑，功大的人被他排斥。推此道以行之，雖然得到一百個秦國之地，也將不能夠免於敗亡的命運。」

司馬光的說法就明白指出了項羽的私心，而且是以一夫之力，想征服一朝之心的英雄主義色彩，是他最後失敗的原因。至於普通人所說，項羽不擁有關中而稱王，這不是他失敗的因素，即使他擁有一百個秦國之地，他還是會滅亡的。

司馬光在《稽古錄．西漢論》裡，也提出高祖奮布衣，提三尺寶劍，歷經八年而成就了帝業。這麼快速的成功，是什麼原因呢？司馬光認為，這是高祖知人善任的緣故。所以他引用高祖皇帝說過的一句話：「鎮國家、撫百姓，不如蕭何；運籌策、決成敗，不如子房（張良）；戰必勝、攻必取，不如韓信。三者皆人傑，吾能用之，所以取天下。」從高祖這段自我評論中，就可以看出劉邦集團的團隊奮鬥，是優於個人英雄主義的奮鬥。

鴻門宴這次宴會，在歷史上說，是象徵了封建時代貴族政治的沒落，象徵了個人英雄主義時代的沒落。但是，這次宴會的歷史意義，似乎還比不上另一次宴會意義之大。另一次宴會，司馬光在《資治通鑑．漢紀》，高祖三（西元前二〇四）年十二月有記載。

這時楚、漢相持於滎陽已經有八個月，漢王劉邦一方面派出使節至各諸侯王遊說，勸他們背叛楚國而臣事於漢；一方面又用持久戰的戰略，與楚國爭持不下。楚時常侵奪漢的糧道，漢軍乏食。於是漢王和他的謀主酈食其（ㄌㄧˋ ㄧˋ ㄐㄧ lì yì jī）商量破壞楚國的方法。

食其說：「從前商湯伐夏桀，封他的後裔於杞；周武王伐紂，封他的後裔於宋。如今秦朝失德棄義，侵伐諸侯，滅其社稷，使無立錐之地。陛下如果能復立六國的後代，這樣一來他們的君臣、百姓，必然都愛戴陛下的恩德，莫不嚮風慕義，願為臣妾。德義已行，陛下南向稱霸，楚必斂袵（ㄖㄣˋ rèn）而朝了。」

「好主意！」漢王反應說：「快點刻好印章，先生帶著去頒授給六國的後裔吧！」

食其還沒有成行，張良正好從外面進來。漢王剛好在吃飯，看到張良由外面進來，於是用筷子招呼張良說：「子房過來，有人給我策劃破壞楚國的優勢。」接著將酈食其的看法轉告了張良。又詢問張良：「怎麼樣？」

張良聽了馬上問道：「誰為陛下策劃這種計謀？陛下的大勢去矣！」

「怎麼一回事？」漢王急著問。

張良詳細回答說：「臣請藉大王的筷子，為大王籌劃：從前湯、武封桀、紂的後裔，是自信能制其死命；如今陛下能制項羽的死命嗎？這是第一個不可以這樣做的原因。周武王進入殷國，馬上表揚與釋放殷朝的賢人與忠臣，如今陛下能夠做到嗎？這是第二個不可以這樣做的原因。把殷朝的金錢、糧食，發放給貧窮的老百姓，如今陛下能做到嗎？這是第三個不可以的原因。戰事結束，偃（ㄧㄢˇ yǎn）革為軒，倒載干戈，示天下不復用兵，如今陛下能夠做到嗎？這是第四個不可以的原因。休馬華山之陽，向天下示以無為，現在陛下能夠做到嗎？這是第五個不可以的原因。放牛桃林之陰，向天下表示不再輸積，現在陛下能做到嗎？這是第六個不可以的原因。天下的遊士，離開他們的親戚，離棄他們的祖墳，離去他們的朋友，追隨陛下的原因，只是想盼望將來得到咫（ㄓˇ zhǐ）尺之地作封邑。如今陛下恢復六國之後，天下遊士各歸其主，從其親戚，回到原來的故鄉，陛下跟誰一塊兒取天下呢？這是第七個不可以的原因。而且現在的情勢是除非楚國不強大，如果它一強大，六國的君主就會屈服於它。這些君主雖然由陛下所立，可是到了那個時候，陛下怎能得而臣之呢？這是第八個不可以的原因。陛下假如一定要用這個客人之謀，那麼陛下就大勢去矣！」

漢王聽了，嚼著食物的嘴巴立刻停下來，把食物吐出來，破口大罵：「豎儒幾敗老子的大事！」遂馬上命令取消刻印的事情。

漢王劉邦招待張良吃飯，在吃飯之中的談話分析，具有非常重大的歷史意義，司馬光自己沒有加以評論，但卻引用《漢紀》的作者荀悅的評論，他說立策決勝的辦法，有三種要素，就是形、勢、情。形就是指大體得失之數，勢就是指臨時進退的機宜，情就是指心理的反應趨向。所以策同、事等而功殊者，是由於三因素不同的緣故。

荀悅認為，當初張耳、陳餘遊說陳勝以恢復六國，酈生也用此說來遊說漢王。為什麼說者相同而得失有差異呢？荀悅的看法是，陳勝之起事，表示天下人民都想滅亡秦國；然而楚、漢之分未有所定，這時天下也不一定要滅亡項羽。所以撫立六國之後，對陳勝來講，無疑是增加自己的力量而增多秦國的敵人；而陳勝這時未能專天下之地，所謂取非其有而用以送給他人，行虛惠而獲實福。樹立六國之後，對於漢王來說，則是所謂割讓自己的所有而用以增加敵人，設虛名而受實禍。這是同勢而異形的一種例子。

司馬光引用荀悅的評論，當然表示他同意荀悅的意見，但是這種就現實的戰略形勢，來作決定的事情，並不含有很深的歷史意義。所謂歷史意義，就是對未來的歷史有非常重大的影響。這一點，荀悅與司馬光都沒有提及，反而身為主角的張良和酈食其，倒是注意到了。

酈食其的建議是遊說漢王效法商湯、周武，恢復封建的制度，漢王頂多南向稱王而已。但張良的看法卻不是這樣，張良的意見是要建立漢王統一的政府，中央有權力控制全國。前者是主張封建分治，後者是主張中央統治。兩種政策背後所代表的意義，是非常不同的，如果劉邦當初採用了酈食其的政策，中國在秦朝以後，會再度出現春秋時代的封建政治局面。中央集權的統一政府將會在歷史上消滅。如果採用張良的建議，中國在秦亡之後，不是出現霸政，而是出現中央集權強有力的統一王朝。換句話說，張良和漢王這一頓飯，可以說是奠定了中國兩千年帝制的一頓飯，是歷史性的一次餐會。

有些歷史家把這一次餐會的歷史意義忽略了，反而津津樂道鴻門宴，這是值得加以注意的地方。鴻門宴的歷史意義前面已經提過，充其量這次宴會，只代表了楚、漢的成敗，代表了漢朝四百年國祚是否建立而已。可是這一次餐會，含義就更大了，張良與酈食其的看法各自代表了不同的政治精神及制度。漢王採用張良的建議，後來終於建立了統一的王朝，直到中華民國，才把這種君主集權的統一王朝推翻。如果評論這件事情，不從整個歷史發展來看，其歷史意義是看不出來的。假如說這兩次餐會都是歷史性的餐會，而後面一次比前面一次，更具有歷史意義，誰說不是呢？

二、制禮與叔孫通

沛公劉邦集團，領導人大多是平民。高帝元（西元前二〇六）年十一月，沛公已經接受秦王子嬰的投降，於是悉召各縣父老、豪傑，告訴他們說：「父老們苦於秦的苛法已經很久了，我曾經與諸侯約定，先入關者為王，所以我應在關中為王。現在我與父老們約好，除了殺人者死，傷人及盜抵罪，其餘秦的苛法，全部取消。」於是秦地的人民都很擁護劉邦，而且歡迎這約法三章。劉邦集團既然是平民出身，他們對於禮義法治這一類的問題，並沒有很深入的了解，君臣之間，交往都是很坦率的，法治也至為簡易。

由於這種緣故，群臣往往飲酒爭功，醉了以後，甚至狂妄高呼，拔劍擊柱，高祖對這種情況，愈來愈厭惡。儒者叔孫通（原仕秦，降漢後拜博士，漢朝典禮，多由他所訂定）於是跟高帝說：「儒者難與進取，但是可與守成。臣願意前往山東，徵召魯國的儒生，讓他們與臣的弟子，共同制訂朝儀。」

「會不會很難做到？」高帝問道。

叔孫通回答：「五帝（指五個上古的帝王，有多種異說。通常說法是指黃帝、顓頊、帝嚳、堯、舜五聖君）不同樂，三王（指夏、商、周三代開國之君，即禹、湯及文王）不同禮；禮就是因時世、人情，而加以節制的儀文啊！臣願意對古禮加以採取，與秦禮儀相互取用完成。」

「你不妨試試看，一定要容易了解，衡量我能行的才做吧！」高帝指示說。

於是叔孫通出使，徵召魯國儒生三十多人，只有兩生不肯前來，他們的看法是：「公（指叔孫通）差不多侍奉過十主，都是面諛（ㄩˊ yú）以得親貴的，現在天下初定，死者未葬，傷者未好，又想作禮樂。禮樂是怎樣興起的呢？是集德百年後才可興起的呀，我們不忍為公所為，公可以離開我們回去吧！不要玷（ㄉㄧㄢˋ diàn）汙我們！」

叔孫通哈哈笑道：「你們真是鄙儒啊！一點都不知道時代轉變了！」於是與三十多位儒

生回到長安。他們和高帝左右有學問的人，還有叔孫通百多個弟子，在野外結營，編演禮儀。

過了一個多月，叔孫通向高帝報告：「陛下可以試試觀儀。」

高帝於是命令他們表演一番，然後看著他說：「我也能夠這樣做。」乃命令群臣加以學習。

高帝七（西元前二〇〇）年冬十月，也就是這一年的第一個月，著名的長樂宮完成，諸侯群臣都來朝賀。天還未明亮，謁者依照禮儀，以次帶引群臣進入殿門，立班於東、西兩廂。侍衛武官夾陛和羅立於廷中，全副武裝，張立旗幟。於是皇帝起駕，呼唱傳警而出。謁者又引諸侯王以下群臣，以次奉賀，群臣依禮進行，莫不震恐肅敬。

賀禮完成，大置法酒。侍臣們坐在殿上，都拜伏不敢仰視，依尊卑次序，起而上壽。觴過九行，謁者傳呼「罷酒」，於是御史執法，糾舉不遵守禮的人，馬上把這些違反禮儀的人引去。這樣一來，從酒宴到完畢，群臣誰也不敢喧譁失禮，高帝看了大為高興說：「我今天才知道做皇帝的尊貴啊！」於是拜叔孫通為太常，賜金五百斤。

司馬光在這件事後追補一句話，他說當初秦國統一天下，把六國禮儀全部加以接收，採取選擇其中尊君、抑臣的儀禮而保存之。到了叔孫通制禮，頗有所增損，大體上仍襲用秦國的禮儀，上自天子號稱下至佐僚及宮室、官名，很少有所改變。也就是說，司馬光認為叔孫通制禮，是採用秦國的禮儀為本，含有尊君、抑臣的精神意義存在。

寫到這裡司馬光又用「臣光曰」來發揮他的看法。他的大意是說，禮的功能是很大的，用之於身則百行備焉，用之於家則九族睦焉，用之於鄉則風俗美焉，用之於國則政治成焉，用之於天下則諸侯次序正焉，豈僅是用於几席之上、戶庭之間而已呢！他認為像漢高祖這樣明達的人，知道這個道理，目睹這種禮儀，但是所以不能比於三代之王者，是由於不學的緣故。他認為當時漢高祖如果得到大儒的輔助，用禮來維持天下，他的功烈豈能止於如此而已！

同時，司馬光又嘆息叔孫通，批評叔孫通為器也小，徒然竊取禮樂的糠秕（ㄅㄧˇ bǐ），以依世、諧俗、取寵而已，遂使先王之禮淪沒，以至於今（指宋朝）。豈不是值得痛心的嗎？所以司馬光贊同揚雄的評論，揚雄認為魯國那兩個不來的儒生，是有學識的。因為大儒是不會委屈自己而討好他人的。最後司馬光說，身為大儒的人，怎麼肯毀掉自己的規矩、準繩，以追求一時之功。意思是指叔孫通為了貪功，只把治國平天下的禮，限制於朝會之用而已。

漢高祖和他的功臣們，大部分都不是文質彬彬、有學識之人，所以我們稱呼他們這種政府，是歷史上第一個平民政府，他們對於禮的為用，當然不了解。而叔孫通這種儒生，不在這個時候，引導劉邦君臣走上禮治的理想，只是枝枝節節的講究朝會的禮儀，確是非常可惜的事。

漢朝是中國統一王朝之中，第一個平民王朝，因為其國祚比較長，只要當初做錯了，以後的君臣就很難加以改變，於是叔孫通之錯誤，就使漢朝四百年歷史，遵從不替，將錯就錯。不但如此，以後的政府王朝，也都學習漢朝，於是禮治的精神就告泯滅。那麼，叔孫通對中國歷史影響之大，也是很少有的。司馬光批評叔孫通才識淺小，只懂尊君抑臣的禮儀，在今天看來他確實是個見識淺小、不懂大禮、只知發揚尊君抑臣思想的小人。

司馬光寫到惠帝（高祖的繼承人）四（西元前一九一）年三月，又記載了一段有關禮儀之事。這事是這樣的：惠帝不時到長樂宮朝見呂太后，每次出行，街道戒嚴，使得民間煩惱。惠帝有鑑於此，於是下詔修築複道，結果叔孫通卻進諫說：「這是高皇帝衣冠每月出遊的道路，為人子孫的怎麼可以占用這種道路呢？」

惠帝馬上下令取消這條道路。然而叔孫通又說：「人主無過舉，現在既然已經修築了，百姓也已經知道了，臣願陛下在渭北多建一所宗廟，讓高皇帝的衣冠得以出遊，益廣宗廟，大孝之本。」於是惠帝按照他的意思去做了。

司馬光對於這件事情，又加以嚴厲的批評。批評的大意是這樣的：犯過是人所不能免的，只有聖賢能夠做到知而改之。古代的聖王，患其有過而不自知，所以創立有效的諫諍措施，他們豈怕百姓知道他們的過失呢？由此觀之，為人君者，不以無過為賢，而以改過為美。如因叔孫通諫孝惠帝，居然說道「人主無過舉」，這是教人君以文其過、飾其非，豈不謬哉！

人主無過，這確實是荒謬的說法。叔孫通以一個知識分子，居然教導人君這樣子做，這樣子想，雖說用意僅是在樹立君主權威，但是這種思想對歷史影響可就大了。此後漢代有一個特點，凡是有天荒地變等各種災異，通常被認為是上天處罰的，這時皇帝都要接受責備，但是皇帝並不實際接受處罰，卻把政治責任推給宰輔大臣。所以兩漢有天災地變，往往會撤免三公，更換輔政大臣，而君主卻安然無事。

君主是實際統治國家的人，丞相只是協助他統治國家，既然有政治的譴責，應該是罪在朕躬才對；然而叔孫通既已解釋人主沒有過失，那麼誰來承受這個罪罰呢？當然就落到丞相這些替罪羔羊的頭上了。這樣一來，君主政治就走上了邪途。為什麼這樣講呢？因為君主為惡就把責任推到丞相頭上，那麼即使最好的丞相，也得因此而罷免甚至自殺，那麼為惡的人仍然存在繼續為惡，賢良的宰輔卻不斷更換；更換的是好人，也不會長久安於其位，如果是壞人，那麼就君臣互相為惡，政治就不可收拾了。

所以說，君主既然是世襲不絕的，要是他也不負責實際的行政過失，權力的根源就沒辦法澄清，政治只有越走越壞。後代的歷史發展，正是朝向這個軌道進行。

三、外戚政治與王莽篡漢

外戚干政的問題，幾乎與西、東兩漢互相終始，沒有徹底地改善過。嚴格來講，漢朝得天下，外戚有幫忙，漢朝失天下，也是外戚所造成。

漢高祖劉邦在病危時候，就曾經讓呂后過問大政。司馬光在高帝十二（西元前一九五）年記載這麼一件事：

呂后在皇帝患病時，曾經這樣問：「陛下百年以後，蕭相國（何）如果死去，誰可以代替他呢？」

劉邦說：「曹參可以。」

當呂后再詳細問其次人選的時候，劉邦詳細告訴她說：「王陵可以，但是王陵稍有一點愚戇（ㄍㄤˋ gàng），陳平可以幫助他，陳平智慧有餘，但是難以獨當大任。周勃厚重少文，但是安劉氏的人必定是周勃，可以任命他為太尉。」

呂后聽了，再問其次人選，劉邦就說：「這以後也不是我能知道的了。」

這一年的夏四月甲辰，高祖崩於長樂宮。從這一件事的記載，可以看到劉邦得到呂氏的幫忙而起家，他死前也沒考慮到呂氏會干政這個嚴重的問題。

呂后在高祖死後，果然臨朝掌政，這是中國歷史上第一位女性臨朝。呂后掌握大政，曾經廢過兩位皇帝，她的家族權傾一時。一直到高后八（西元前一八〇）年秋七月辛巳，呂后病死，周勃等人才發動兵變，剷除呂氏家族，重新恢復漢朝政權。

各大臣在事後商量皇帝的繼任人選，大家都警惕於外戚之患。有人建議說：「齊王是高帝的長孫，可以立為皇帝。」

大臣討論，大都認為這樣：「呂氏以外家作惡而幾乎危害宗廟。現在齊王的舅舅駟鈞，是個凶狠的人，如果齊王立為皇帝，那麼他的外家就變成呂氏事件的重演。代王是高帝的兒子，年紀也最長，個性仁孝寬厚，他的母家薄氏也很謹良，可以立為皇帝。」於是相與決定，派人迎立代王，這就是後來著名的漢文帝。

這件事顯示漢朝的君臣，此後對外戚問題或多或少都抱有戒心。

此後到漢武帝即位，其祖母竇太皇太后也曾干涉政治，排斥儒術的群臣。降至漢武帝建元六（西元前一三五）年五月丁亥，竇太皇太后崩逝，漢武帝才能實際的親政。

漢武帝時代，也有外戚活動的紀錄。例如衛青、霍去病就是著名的外戚。但是漢武帝對外戚的問題，確實是非常警惕，在他死前，就為後來的皇帝消滅了母后干政的可能性。司馬光把這件事記載在武帝後元（西元前八八）年秋七月。司馬光記載說，漢武帝不立他年長的兒子燕王旦和廣陵王胥，而立弗陵為太子。當時弗陵年數歲，形體壯大，智慧也豐富，所以得到武帝的寵愛。

但是弗陵到底年齡還小，其母鉤弋（ㄧˋ yì）夫人年紀也輕，漢武帝考慮到將來的問題，所以猶豫不決。於是他開始觀察群臣，希望為弗陵找一位好的輔政大臣，最後覺得霍光忠厚可任大事，於是就選定霍光輔政。漢武帝事先不把這種心意給霍光講，卻命令黃門畫了一幅周公背著成王以朝諸侯的圖像，賜予霍光。

幾天以後，漢武帝就藉口譴責鉤弋夫人，夫人脫去首飾，叩頭求恕。

漢武帝說：「把她引下去，送到掖（ㄧˋ yì）庭獄（掖庭乃宮中嬪妃所居的房舍，掖庭獄即專治宮人犯罪地方）。」

夫人被拖下去，不斷還顧，武帝忍心地說：「快點走，妳不得活命！」於是把她賜死。

稍後，漢武帝閒居無事，問左右侍臣說：「外面的人對此事有什麼意見啊？」

「人們都說：『將要立他的兒子當太子，為什麼要殺死他的母親呢？』」左右回答。

漢武帝聽後慢慢地說：「是啊，這不是爾曹愚人所能知的事。從前國家所以亂，是由於主少母壯。女主獨居驕蹇（ㄐㄧㄢˇ jiǎn），淫亂自恣，沒有人能禁止。你們沒有聽說呂后的事情嗎？所以我不得不先把他的母親除去啊！」

這段人倫悲劇，司馬光記載了下來，但是沒有加以任何的評論。也就是說，司馬光透過漢武帝這種事情，讓人讀到這裡，了解漢代外戚政治的問題，是一貫存在的嚴重問題，漢武帝之所以敢為人之所不敢為。後元二年二月，漢武帝崩逝，由弗陵太子即位，就是著名的漢昭帝。霍光本來就是外戚，後來他的女兒更成為皇后，可以說，霍光的執政，也不過是外戚政治而已。霍光廢昌邑王也不過是外戚廢帝的例子而已。宣帝以後的皇帝，大多重用他們的外戚，東漢更甚。外戚干政是漢代始終不能解決的重大政治問題。

王氏之所以崛起，是因為孝元皇后的原因。孝元皇后王政君，是漢元帝的皇后。漢元帝曾被宣帝認為是「亂我家者」的太子。王皇后與她所生的兒子，就是後來的漢成帝，都不是元帝所喜愛的。元帝所喜愛的是傅昭儀和她的兒子。所以元帝在病重的時候，傅昭儀母子常在左右侍奉，而皇后和太子就很難得以覲見，元帝還屢次問到侍臣，想改立太子。司馬光在元帝竟寧元（西元前三十三）年三月，記載了這件事情。當時太子的長舅王鳳，與皇后、太子都非常擔憂，幸得史丹等力為太子辯護，太子的地位才得以穩定下來。這一年的夏五月壬辰，元帝崩逝，太子在六月即皇帝位，於是尊稱王皇后為皇太后，以他所依靠的長舅王鳳為大司馬、大將軍、領尚書事。王鳳這個官職相當於現在的三軍總參謀長兼總統府祕書長，是實際的宰相。司馬光在這個月記載王鳳出任此官，是等於記載王氏掌握政權的開始。

漢成帝從小就依靠王鳳，即位以後也依賴他輔政，於是在建始三（西元前三〇）年春八月，撤免他自己的岳父許嘉，專委王鳳掌政，到了河平二（西元前二十七）年六月，成帝更將他的舅舅們，一律封為侯爵。王太后一共有三個姊妹、八個兄弟，這時仍然生存的有五個兄弟，王氏兄弟一律封為侯（不包括王鳳，連王鳳是六兄弟），所以世人都稱之為「五侯」。王鳳家族於是旺盛起來。許多官員都出其門下，五侯兄弟也爭相奢侈。當時就有一些有識見的大臣，上疏討論過外戚太盛的事情。

漢成帝陽朔三（西元前二十二）年秋，王鳳病危，天子幾次臨問，要求他推薦執政的繼任人選。王鳳自知五個弟弟不成材，於是推薦堂兄弟王音。這一年八月，王鳳去世，第二個月成帝就任命王音為大司馬、車騎將軍，繼承王鳳掌政。王音既然以天子的從舅越親用事，所以倒也小心謹慎，沒有發生差錯。

王氏勢力那麼盛，於是司馬光在成帝永始元（西元前一六）年夏四月，開始注意到王莽這個人。

王莽是太后第二兄弟王曼的兒子。王曼早死，所以沒有封侯，太后憐憫王曼的後裔，甚至把王曼的寡婦接到太后所居的東宮來生活。這時王氏兄弟和他們的子姪，爭相以聲色犬馬為享樂，而王莽由於自幼喪父，卻因而折節恭儉，勤身博學，被服儒生，對於母親和寡嫂（王莽兄王永早死）都很恭敬；在外又結交英俊，對他的叔父們曲有禮意。司馬光記載說，當大將軍王鳳生病的時候，王莽前來侍疾，親嘗湯藥，蓬首垢面，不解衣帶累月。

這是人子侍奉父親的情況，才會如此的，所以王鳳非常感動，死前託付於太后及皇后，拜王莽為黃門郎，升遷為射聲校尉。王莽自後表現更佳，得到很多人的愛戴。這一年五月乙未，成帝晉封王莽為新都侯，升遷為騎都尉、光祿大夫、侍中。這個官爵，相當於皇帝侍從長。地位愈重要，爵位愈尊貴，王莽就表現得愈謙恭。他把家財賑施於賓客，結交名士、將相、大臣甚眾，所以在位者更極力推薦他，遊談者也極力稱讚他。司馬光開始在這裡記載王莽，點出了王莽後來篡漢的行為模式。

永始二年春正月，王音去逝，兩個月以後，成帝就起用王家的老五商為大司馬、衛將軍，繼續掌政。王氏連續多年掌政，很多有識之士，已經看出不是好現象，他們紛紛上疏警告皇帝，但是都沒有效果。元延元（西元前一二）年十二月辛亥，王商逝世。老六王立應當依次輔政，但王立因為貪汙被揭發，所以成帝任命他的弟弟老七王根為大司馬、驃騎（ㄆㄧㄠˋ ㄐㄧˋ piào jì）將軍，還是用王氏家族繼續掌政。這時吏民多上書，向皇帝報告災異，諷刺王氏專政所致。成帝也以為然，曾經親至安昌侯張禹的住宅，請教他的意見。張禹是皇帝所敬重的老臣，但他自覺年老，子孫衰弱，又與王根相處不好，恐怕為王氏所怨，於是給王氏開釋。成帝聽了張禹的解釋，從此不再懷疑王氏。由此可見，王氏後來篡漢，一方面是成帝縱容的結果，另一方面也是群臣畏懼的結果。

到了成帝的綏和元（西元前八）年冬十月，王根因為久病，屢次請求退休。太后姊姊的兒子淳于長，自以位居九卿（相當於部長級）的官位，應該代替王根掌政。司馬光記載這件事，指出王莽心懼淳于長得寵，於是在侍候王根之病時，加以挑撥。他說：「淳于長見將軍久病，面有喜色，自以為當代將軍輔政，甚至對士大夫討論如何布置人事的事情。」

王根大怒：「既然這樣，為什麼不早告訴我！」

王莽說：「我不知道將軍的意思，所以不敢說話！」

王根於是命令他去向太后報告，王莽於是誇大其詞，在太后面前中傷淳于長。太后也為此大怒，要他去報告皇帝，王莽向皇帝報告，皇帝對淳于長予以免官的處罰，並且認為王莽首發大姦，稱其忠直；王根也認為王莽對他好，推薦王莽代替自己。於是在同一個月，成帝就拜王莽為大司馬，繼承王根掌政。這時王莽才三十八歲。

第二年三月，成帝崩逝，他的弟弟即位，就是哀帝。哀帝有他自己的外戚傅氏、丁氏。於是王太后下詔命令大司馬王莽回家，避開新任皇帝的外家。就在同年七月王莽辭職獲准，解除執政權，從此一直到漢哀帝崩逝，王家氏族都避賢，讓傅、丁兩族執政。但漢哀帝了解成帝時代，王氏權力太盛，所以他對傅、丁兩家，都不假以事權，兩家的權勢比不上王氏在成帝的時代，不過哀帝對王氏的家族，多少有點欺負，這是王莽後來重新掌政，加速樹立其權力的原因吧？

漢哀帝元壽二(西元前一)年六月,哀帝崩逝。王太后聽到哀帝駕崩的消息,馬上收取璽綬,同時任命王莽為大司馬、領尚書事。這時王莽已四十五歲。王莽與太皇太后擁立漢平帝繼位,逼害傅、丁兩族,排斥不利於他的大臣,甚至他的叔父王立也被排斥。接近權力圈子的大臣都畏禍不敢言,不知內情的群臣和士子,卻稱頌王莽的為人。這年九月,九歲的平帝正式即位,太皇太后臨朝,王莽掌政,百官總己以聽。此後除太皇太后以外,再無一人能牽制王莽。於是王莽提升他的親信,鞏固了他的權威。

第二年,平帝元始元(西元一)年的二月,王莽為了專政,知道太后年老,討厭政事,於是乃假借公卿奏事,請太后不要處理政事,太后同意,除了重大事情以外,再也不過問其他政事。於是王莽的權力與人主差不了多少。

元始四年二月,王莽更將女兒許配給平帝為皇后,徹底鞏固其權威,此後王莽就擁有皇帝岳父的身分,爵位為「安漢公」,權勢就更大了。平帝在元始五年冬十二月病逝,司馬光寫明是王莽在酒中下毒,毒死平帝的。

平帝死後,王莽選擇皇帝的繼承人,他厭惡漢宣帝的曾孫年紀較大,不易控制,於是選中一個宣帝的玄孫,就是孺子嬰。司馬光在漢平帝死的那一個月,記載丹書的事情。這是臣下得到一塊白石,上有丹書「告安漢公莽為皇帝」。從此以後,符命之說就大起了。也就是在這個月,群臣庶民就上疏給太皇太后,要求讓王莽做「假皇帝」。三個月之後,孺子嬰才得以策立為皇太子。孺子嬰為皇太子這一年（王莽居攝元年，西元六年）五月，王太皇太后正式詔令王莽用「假皇帝」這個稱呼。司馬光記載，太皇太后這時也知道王莽想篡位的意圖，但已無可奈何。兩年以後（王莽初始元年，西元八年）的十一月，王莽正式篡位，即位為真天子，改國號為「新」，改年號為「始建國」。

王莽將即真天子之前，先把符瑞報告給太皇太后知道。這時孺子嬰沒有當皇帝，皇帝的玉璽歸由太皇太后保存。

王莽即位，向太皇太后要玉璽，太皇太后向來使怒罵說：「你們父子宗族蒙受漢家恩德，富貴累世，既無以報答，受人託孤，居然乘便利而奪取天下，不復回顧漢家的恩典。這樣的人，豬狗也不吃他剩下的食物，天下哪有你們兄弟這種人啊！而且你們若要建立新王朝，就應該自做玉璽，何必用此亡國不祥的玉璽呢！你們要用這個玉璽，我這個漢家老寡婦，就一定要與這個玉璽共存亡，讓你們終不可得到！」

太皇太后邊說邊哭，使者王舜（王音之子）也悲不自勝，過了良久，乃仰面告訴太皇太后說：「臣等已經沒有話說，王莽一定要得到傳國玉璽，太皇太后難道能夠不給他嗎？」太皇太后見王舜語言真切，怒怕王莽要脅她，於是把漢朝的傳國玉璽拋到地上，對王舜說：「我老得已經快要死了，但是知道你們兄弟今天的所為是會滅族的！」

王莽得到玉璽，將漢朝的太皇太后改名稱為「新室文母太皇太后」。根據司馬光記載，孺子嬰後來被軟禁，不許別人接近他，到了長大，他居然連六畜都不知道。

司馬光引用班彪的一段評論，指出三代以來，王公失世，很少不是因為女寵而造成的。王莽的篡位，是由於孝元皇后歷為漢朝四世的天下母，享國六十餘年，家族共有五將、十侯，勢力強大，所以才造成王莽之禍。他認為：「位號已移於天下，而元后卷卷猶握一璽，不欲以授莽，婦人之仁，悲夫！」

西漢之亡，因為王政君的婦人之仁是一個原因，王室與外戚共同統治國家的政策，也是一個原因。即使有遠見和剛毅如漢武帝，他也不過只是將未來皇帝的母親殺了而已，並沒有意圖根絕外戚干政的風氣。王莽利用周公輔政的故事最後篡掉了漢朝的政權；東漢時代曹操則利用周文王的故事，讓他的兒子曹丕篡掉漢朝。王莽也好，曹操也好，他們篡位的方式幾乎是相同的，而且他們都把女兒嫁給皇帝作皇后，成為外戚。東漢的光武、明、章諸帝，對於防範外戚干政甚為注意，但以後的幾任君主，對此並不注意。東漢外戚之患，比西漢更大，漢朝亡於外戚的歷史教訓，最後還是不為王室所接受。

四、東漢初期的用人與士風

劉秀在天下大亂時，起兵討伐王莽。他在建武元（西元二五）年六月，被部下擁戴為皇帝，這就是光武皇帝。這時天下仍然大亂，光武帝集團的力量並不能夠壓倒群雄。同年的秋七月，光武帝特拜鄧禹為大司徒，王梁為大司空，吳漢為大司馬，這三人都是一時之選。到了八月，又增拜卓茂為太傅。

卓茂是一個寬仁恭愛，恬淡樂道，雅實而不重外表的人。他自束髮至白首，未嘗與人有競爭衝突，鄉黨故舊，雖然與他意見不同，但都對他愛慕欣欣。

卓茂在西漢哀、平兩帝之間，曾為密縣的縣令，他最初到達密縣上任的時候，有所廢置，吏民都竊笑他，鄰城的人聞知其事，也都譏笑他無能。結果他不為所動，治事自若，數年之間，教化大行，道不拾遺。任滿升遷為京都丞，密縣人民都扶老攜幼，涕泣隨送。及至王莽居攝，他以生病為理由，退歸家中。

光武皇帝即位，最先訪求卓茂，這時他已七十多歲；訪到了卓茂，光武帝下詔說：「名冠天下的人，當受天下之重賞。今以茂為太傅，封褒德侯。」

司馬光接著評論這件事，稱讚光武帝在即位之初，群雄競逐，四海鼎沸的當時，那些摧堅陷敵之人，權謀詭辯之士，方見重於世；而光武帝卻能取忠厚之臣，立循良之吏，拔舉他們於草萊之中，置他們於群公之首，所以東漢光復舊物，享祚久長，這是由於知所先務而得其本源的緣故。也就是說，司馬光認為像卓茂這種人，並不是摧堅陷敵或權謀詭辯之士，只是有德行的緣故，就能被光武帝獨具慧眼，拔置於官吏之首為太傅，這種人事政策，是東漢的特色，也是其得以中興的原因。

東漢開國的這種用人政策，為後來明、章兩帝所遵循，所以才造成光武、明、章之治的時代。不過司馬光撰寫《資治通鑑》，他也注意到兩項問題。

當他寫到建武五（西元二九）年二月的時候，司馬光記載了一件事：

漁陽郡的長官彭寵，自以功高，但不被光武帝重用，反而從前歸他指揮的王梁、吳漢，早已被任用為三公，不服之餘，於是割據漁陽郡造反。彭寵的妻子做了幾次惡夢，又幾次碰到怪異的現象，占卜、望氣的人都說將會有兵從中作亂。於是彭寵就命令將領帶兵駐紮於外，自己則在便室住宿，只留蒼頭（漢人呼奴為蒼頭）子密等三人伺候。

子密三人趁著彭寵睡覺，共同把他綑綁在床上，告訴外面的官吏說：「大王齋禁，命令你們休假。」

於是又假造彭寵的命令，收綑了奴婢等人，各置一處；尋而又假造彭寵的命令，招呼他的妻子見面。彭妻進入，看到情況，驚惶地哭道：「奴造反！」子密等用拳腳毆打彭妻。

彭寵急忙呼喚其妻：「快點為各位將軍扮裝，整理行李！」將軍是指子密等三人。彭寵呼他們為將軍，意思就是要求饒。

於是兩奴將彭妻押入房內，搜取寶物，留下一奴看守彭寵。彭寵向看守他的奴說：「你這個小孩，是我素所疼愛的，如今為子密所威逼罷了！你解開我的綑繩，我當以女兒嫁給你為妻。家中財物都和你分一半。」小奴心動，看看門外，見子密聽到他們的對話，遂不敢鬆綁。

子密等搜取財物妥當，在昏夜裡，命令彭寵寫手令，讓他們出城。彭寵寫好，他們遂斬下彭寵及其妻之頭，放在囊中，拿著手令馳出城外，向光武帝去邀功。

第二天天明，官屬看到閤門不開，於是爬牆進入，發現彭寵屍體，驚怖萬分，遂共同擁立彭寵的兒子彭午為王。但彭午不久即為國師韓利所斬，送到光武帝的軍隊中。光武帝於是封子密為「不義侯」。

司馬光記載此事，引用權德輿的評論說，彭寵叛亂與子密殺其君，同樣都是作亂，罪名是不能掩蓋的，應該各依法來加以處罰，以昭示天下；但是光武帝反而拜子密為侯，又以「不義」為名，既然舉以不義，就不應該封為侯；如果這樣的行為可以封為侯，漢朝的爵位就不足以勸服人了。司馬光引用權氏的評論，暗喻光武帝做法不對，表示光武帝求名是帶有權術的意味的。

這種求名的風氣，影響東漢士風甚大，後來終於造成了「黨錮（ㄍㄨˋ gù）之禍」，這是光武帝所始料未及的。司馬光寫到東漢的中期，就為此事提出了一大段評論。

司馬光寫到漢順帝永建二（西元一二七）年秋七月，順帝徵樊英為官的事：

樊英是南陽人，少有學行，名著海內，隱居於壺山之南，地方政府前後禮聘，他都不肯答應；中央的公卿每次推薦他為賢良、方正、有道之士，要他出來做官，他也不答應。順帝的父親安帝，曾經賜他策書，徵他來京做官，他仍是不應。就在這年，漢順帝再以策書備禮徵用他，樊英固辭，理由是病重。結果詔書切責地方官，命令地方官駕載他上道，樊英不得已來到京師，但仍是稱疾不肯起。官員強迫他入殿，他還是不為所屈。順帝於是命令他出就太醫養病，每月送他羊、酒。

過了一段時間，順帝乃為樊英設壇，命令侍從引導他進來，賜以几杖，待以師傅之禮，向他請教政治的得失，拜他為五官中郎將。幾個月以後，樊英又說生病，於是順帝拜他為光祿大夫，賜他還鄉，命令在所送穀，歲時贈送牛、酒給他。樊英辭位不受，詔書一再要求他接受，他還是拒絕了。

樊英最初被詔書徵召的時候，大家都以為他必不屈服，其好友王逸，為了這件事，寫了一封信給他，大意是勸他就聘。樊英聽從王逸的建議，但是後來卻無奇謀深策，以幫忙順帝，談者以為失望。河南郡的張楷和樊英一塊兒被徵召，他告訴樊英說：「天下有二道，就是出仕與隱居。我從前以為先生之出，能夠輔助吾君，救濟生民。但先生最初以尊貴之身，不怕觸怒萬乘之主；然而享受了爵祿以後，卻又不聞匡救之術，可謂進退無所據啊！」

樊英在地方上極有名氣，屢次推辭不出，就是皇帝徵召也不聽從。等到順帝切責，強迫他上道，他才不得已赴京，既然來到京師接受禮遇官爵，卻又沒有什麼貢獻給政府，這是問題所在。樊英到底是個徒得虛名之士呢？還是譁眾取寵之士呢？還是品德好而無實幹的人呢？司馬光對樊英的行為就非常不滿。

司馬光評論說：

古時候的君子，邦有道則出仕，邦無道則歸隱。歸隱不是君子正常的志向，人家不知道自己而道不行，群邪共處而害於身，所以才深藏以避之。王者舉逸民，是為了有益於國家，不是為了徇世俗的耳目。所以有道德可以尊主，智能足以庇民，深藏不露，則王者當盡禮而訪求他們，屈己而羅致他們，克己以聽從他們的建議，然後才能利澤施於四表，功烈格於上下。這是取其道而不取人，務其實而不務其名啊。對著備禮、意勤而仍然不接受徵召的人，皇帝就應該自省，不要強致其人，檢討自己是否不知道。或者人主因為不能羅致其人而感到羞恥，於是以高位來引誘他，以言行來威脅他。假如那人真是君子，官位絕不是他所貪好的，言行也不是他所畏懼的，終不可得而致之；如果用高位、言行而能羅致的人，大都是些貪位畏刑的人，哪裡值得推崇可貴呢？

假如有德行於家庭與鄉曲，不貪利、不苟進，他們雖然不出仕，或者不足以尊主庇民，這也是清修之吉士，王者應該褒優安養他們，俾遂其志。這種做法也足以勵廉恥、美風俗。至於飾偽邀譽，釣奇驚俗，不食君祿而爭屠沽之利，不受小官而規卿相之位，名與實相反，心與行相違，這些乃是華士、少正卯（ㄇㄠˇ mǎo）之流，他們能免於聖王之誅就已經萬幸，尚何聘召之有！

司馬光在東漢中期提出了這段評論，就是注意到這時候，東漢的士風已經流於虛偽，有些人標榜釣譽，矯言矯行，以博求天下之美名，透過間接途徑達到做官的目的。這也是東漢初期用人政策轉捩的時間。

東漢中期以後，士大夫好評鑑人物，被名望高的人評鑑，往往使得無名者一天之內成大名。這種例子很多，司馬光頗重視這種例子，尤其他對曹操的最初記載，就是從這個角度加以觀察。

漢靈帝中平元（西元一八四）年三月，他第一次寫到曹操的事蹟。曹操的父親曹嵩（ㄙㄨㄥ sōng），是大宦官曹騰的養子。宦官這時權勢很大，為亂朝政，為士大夫所痛恨。司馬光記載說：

曹操少機警，有權術，而且任俠放蕩，不治行業；世人並不看中他，只有太尉橋玄及何顒（ㄩㄥˊ yóng）欣賞他。橋玄稱讚曹操說：「天下將亂，非命世之才，不能濟也。能安天下者，其在君乎！」

何顒也讚歎曹操說：「漢家將亡，安天下者，必定此人！」

橋玄不但欣賞曹操，還教曹操怎樣沽名釣譽，他告訴曹操說：「君沒有名氣，可以交交許子將（許劭）這個朋友。」許子將有高名，喜歡評鑑人物，他每個月必定更改品題，所以他的家鄉汝南有「月旦評」的風氣，曹操聽了去拜訪許劭，詢問許劭說：「我是怎麼樣的人？」

許劭對曹操很鄙視，不答。曹操乃劫持他，許劭不得已說：「你是治世之能臣，亂世之姦雄。」結果曹操聽了，大喜而去。

這是司馬光第一次記載曹操的事蹟，這件事蹟也可以反映東漢士風，到此已經不變。東漢初期起用名士、逸民，為的是要澄清社會的功利主義，使得社會走上良好的軌道。這種政策執行久了，於是就變出了曹操這類沽名釣譽的行為出來。在司馬光的筆下，外戚、宦官固然是東漢滅亡的癌症，但是這種士風，也是東漢政治上的不治之症。他對於這一類事情，記載甚多，可謂有心之人。

五、東漢的宦官與外戚

西漢外戚政治很嚴重，東漢光武帝非常注意這問題，外戚與功臣都不能干涉政治，不能握有實權，他們的子弟也備受嚴格的教育；光武帝希望王室與這些人和他的家族，共同享受天下，相安無事。永平十八（西元七五）年八月壬子，東漢的第二任皇帝明帝逝世，司馬光寫道：「帝遵奉建武制度（指光武帝制度），無所變更，后妃之家不得封侯與政。」這就表示了光武和明帝，對外戚政治防範甚深。漢明帝死時年四十八，繼位的漢章帝才十八歲，他即位以後，對外戚的防範，就比不上他的祖父與父親。

章和二（西元八八）年春正月，章帝逝世，年僅三十一歲。太子即位，年才十歲，於是由太后臨朝聽政。竇太后臨朝，她的家屬竇憲等人，因此分布要津，握有實權。這是東漢外戚起來的開始。當竇憲最初掌政時，竇太后還寫了一封信，警告他的兄弟們，指出外戚所以獲譏一時，垂罪於後的原因，是因為自滿自大，位有餘而仁不足，所以漢興以後，到了平帝，二十家外戚，能夠保族全身的只有四家而已，因此警戒竇氏兄弟。但是大權在握，一年不到，竇氏兄弟就驕橫起來了。

和帝永元四（西元九二）年六月，司馬光記載說：

竇氏父子並為卿校，充滿朝廷，出入禁中，想共同謀殺和帝。和帝也得知這種陰謀。

這時候竇憲兄弟專權，和帝與內外臣僚，無由親接，日常接觸到的人，只有閹宦而已。和帝因為上下莫不攀附竇憲，只有中常侍（宦官的長官）鄭眾，謹敏有心機，不攀附豪黨，於是乃與鄭眾等人定議誅除竇憲。他們因為竇憲在外（當時竇憲帶兵駐節於涼州），恐怕他為亂，所以忍而未發，剛好這時竇憲回朝，於是和帝等在庚申這一天，發動了流血兵變，誅滅了竇憲及其黨羽。這是東漢皇帝與宦官聯合，共同對付外戚的開始。但是和帝沒有懲於此戒，五年之後，又重用了他媽媽的家族梁氏，梁氏自此興盛起來。

元興元（西元一〇五）年冬十月，和帝逝世，行年才二十七歲，他的皇子們一共有十幾人，大多養在民間，所以鄧皇后乃徵召他的少子劉隆為皇帝，劉隆這時才剛出生一百多天，這就是殤帝，於是由鄧太后臨朝。結果到了第二年的正月，殤帝逝世，年才二歲，於是鄧太后與他的哥哥鄧騭（ㄓˋ zhì）等，擁立清河王之子劉祜（ㄏㄨˋ hù）為皇帝。東漢皇帝的短命，就是外戚政治起來的原因，也是宦官政治興起的原因。

清河王之子劉祜，這時已經十三歲，他不是先帝的兒子，也不是殤帝的兄弟。殤帝另有長兄平原王劉勝，鄧太后以劉勝有疾病為理由，當初不立劉勝而立殤帝劉隆。到了殤帝駕崩，群臣以劉勝沒有疾病，想擁護他當皇帝，鄧太后則因為以前不立劉勝，恐怕現在立了，將來會有後患，所以才改立劉祜。這時宦官鄭眾、蔡倫等，皆秉勢干預政事，但鄧騭兄弟則頗賢明，頗能推薦賢士而任用，而且曾經極力推卸官職，不想掌握朝政，鄧太后對此都不允許，仍然讓自己兄弟分布要津。

到了安帝建光元（西元一二一）年三月，鄧太后逝世，皇帝也長大了，於是問題就發生了。

安帝少年時代頗聰明，所以鄧太后援立他。但長大以後，行為就常不能令太后滿意。安帝的乳母王聖與安帝相依為命，王聖看到太后久不歸政，恐怕太后會有廢立之舉，於是與宦官李閏、江京等侍候於左右，共同在皇帝面前說太后的壞話，所以安帝常常為之憤懼，到了太后一死，於是皇帝與王聖、李閏等人，就對鄧氏家族加以迫害。在同年的五月，鄧氏集團就被清除，鄧騭等人被殺。

安帝清除了鄧氏，但是他卻培養閻皇后的兄弟們，於是內寵又興盛起來。他又封宦官江京、李閏兩人為侯爵，宦官封侯是創舉的事，安帝因為他們有擁立之功，也顧不了那麼多了。於是宦官與乳母王聖等人煽（ㄕㄢ shān）動於內外，炙手可熱。他們甚至猖狂到在延光三（西元一二四）年，使皇太子劉保被廢。

第二年（延光四年）三月，安帝逝世，年才三十二歲。閻皇后與閻顯兄弟、江京等人，為了久專國政，所以擁立景帝的孫子劉懿為皇帝，劉懿這時也很年幼，於是閻顯等人排除異己，兄弟並處權要，威福自任，這是東漢外戚跋扈的開始。

同年冬十月，新任皇帝病重，宦官孫程等人乃祕密想擁立廢太子（當時封為濟陰王）為皇帝。這個月新任皇帝去世，閻顯等與太后祕不發喪，想徵求年幼的王子為繼任皇帝。第二個月，孫程等十幾個宦官聚集起來，撕破丹衣發誓，於是在宮內發動兵變，把宦官江京與外戚鄧鷺等殺死，擁立濟陰王為皇帝，這就是漢順帝，行年十一歲。事後順帝剷滅了鄧氏集團，甚至把鄧太后遷於驪（ㄌㄧˊ lí）宮幽禁，然後封孫程為列侯，一共封了十九侯之多。

順帝陽嘉四（西元一三五）年二月丙子這一天，皇帝為了報酬宦官的擁立之功，竟然下詔讓宦官得以養子襲爵。

司馬光僅寫了這個詔令的意旨，沒有發揮他的議論，其實宦官正式可以養子襲爵，就是宦官勢力壯大的原因。後來的曹操，就是宦官曹騰的養孫，曹騰也正是這個時候的大宦官（官中常侍）。司馬光在順帝永和四（西元一三九）年十二月一日這一天，就記載了曹騰、梁商、梁冀等人，與另一派的宦官張逵等人衝突的事。

建康元（西元一四四）年八月，順帝逝世，年才三十歲，即位的太子才二歲，於是由梁太后臨朝。太后之父梁商這時已逝，他的兄弟梁冀極為跋扈，權力甚盛。到了第二年正月，新任的沖帝也死掉了，太后於是繼續臨朝。太后與梁冀祕不發喪，因為沖帝年幼無子，所以梁冀否決群臣擁立長君的建議，反而擁立了一個年才八歲的宗室子弟為皇帝，這就是漢質帝。

第二年六月，年少聰慧的漢質帝，曾因朝會時看著梁冀說：「這是跋扈將軍啊！」結果為梁冀所忌，到了閏六月，梁冀使左右在餅中下毒，讓皇帝吃了。質帝吃後，感到煩苦，急忙命令大臣李固入宮，李固來到，問質帝患了什麼疾病，質帝這時還能說話：「朕吃了煮餅，如今覺得腹中苦悶，如果有水喝還可以活命！」

梁冀這時在旁邊，說：「恐怕喝了水會吐，不可以喝水。」話未講完，質帝就死了。

質帝死後，群臣開會討論繼承人，宦官曹騰與梁冀等內定擁立劉志，梁冀於是在殿中陳列士兵，要脅群臣，要群臣同意立劉志。劉志入宮即位為皇帝，行年十五歲，這就是漢桓帝，太后仍然臨朝聽政。桓帝立後，梁冀與曹騰等一系宦官，就大蒙封賞。

到了和平元（西元一五〇）年春正月，梁太后還政給桓帝。二月太后駕崩。梁太后雖然逝世，但梁氏家族愈來愈驕橫，梁冀的妹妹嫁給桓帝為皇后，所以仍然掌政，梁冀一門，前後有七個侯爵，三個人為皇后，六個人為貴人，兩個人為大將軍，夫人與有食邑的女封君計有七人，尚公主的有三人，其餘卿、將、尹、校有五十七人，滿朝文武都是他的親黨。到了延熹二（西元一五九）年秋七月，梁皇后也死了，梁氏的滅門大禍於是來臨。

梁冀秉政十九年，威行內外，天子拱手，不能親自處理政事，所以桓帝內心甚為不平，但也無可奈何。

有一天，桓帝故意進入廁所，單獨召見小宦官唐衡，詢問他宦官們哪些與后族不和的。唐衡報告有單超、左悺（ㄍㄨㄢˋ guàn）、徐璜、具瑗（ㄩㄢˋ yuàn）等人，他們都是大大小小的宦官，於是桓帝召見單超、左悺等，對他們說：「梁將軍兄弟專政，威逼內外，公卿以下，莫不遵從他的意旨，如今朕想誅滅他們，常侍們意下如何啊？」

單超等回答：「梁將軍誠國家的奸賊，早就應該誅殺；臣等弱劣，只是未知聖意罷了。」

桓帝說：「你們說得很對，試試看祕密策劃一下吧。」

宦官們回答說：「誅滅梁將軍並不是難事，只是恐怕陛下腹中狐疑。」

桓帝說：「奸臣脅國，當伏其罪，還有什麼好懷疑的！」

於是召集徐璜、具瑗等五人，共同策劃。桓帝咬破單超的手臂，讓其流血以為盟。單超等人說：「陛下，如今計劃已經決定，不要再有變動，不要多說，以免為人所懷疑。」

在延熹二年八月，宦官們發動兵變，把梁冀集團誅滅殆盡，梁氏的故吏賓客被黜免者三百多人，朝廷為之一空。梁氏的家財被充公，竟然有三十餘萬萬之多，這些充公的錢財收歸王室，皇帝為之下令減去該年全國稅收的一半。

誅滅梁冀等人以後，單超等五人一律封侯，這就是漢代中期著名的「五侯」。

從此以後，權勢專歸於宦官，漢朝的政治就衰敗得一塌糊塗。諸葛亮〈出師表〉裡，曾經提到劉先主（劉備）每次談到桓、靈之事，均痛心疾首，就是指這個時代的宦官亂世而言。宦官與外戚的爭權，加上名士清流的介入，於是形成兩次黨錮之禍，國家元氣喪盡。劉先主所謂痛心於桓、靈之禍，不是沒有原因的。

六、第一次黨錮之禍

漢桓帝誅滅梁冀以後，天下臣民都盼政治能夠革新，朝臣的領袖黃瓊，最有聲望，於是率先整頓政治，推薦了一些清高之士。但是這時漢桓帝信任宦官，除了五侯之外，一些中級宦官領袖，也陸續被封為侯爵，自是權勢專歸於宦官；尤其是五侯，最為貪汙驕傲，傾動內外。一些正直的臣子看不順眼，於是上章彈劾宦官，也都先後獲禍，連朝臣中的名士領袖陳蕃、楊秉等人，也因此免官歸田里。

太尉黃瓊自度能力不能控制宦官，於是稱疾不起，並且上疏批評宦官驕橫這個問題。皇帝看後，也不採納他的意見。延熹二（西元一五九）年冬十月，中常侍單（ㄕㄢˋ shàn）超生病，但桓帝仍然拜他為車騎將軍，這是宦官第一個生前就拜為車騎將軍的人，這個職位，從前往往是輔政大臣執政者的職位。

由於群臣上章批評朝政的人不少，有一天漢桓帝詢問侍臣：「朕是怎樣的一個皇帝呢？」

侍臣回答：「陛下是大漢的中材之主而已。」

桓帝又問：「這話怎麼講呢？」

回答說：「假如陛下任用陳蕃治事，天下則治，任用宦官，天下則亂；所以陛下可以為善，也可以為非，臣因此說陛下是中材之主。」

延熹三年正月，單超死了，但這時候四侯愈來愈驕橫，天下的人民這樣說：「左回天，具獨坐，徐臥虎，唐雨墮。」這句話的意思就是指左悺有回天的能力；具瑗驕貴無比；徐璜有老虎的威勢，無人敢攖之；唐衡急暴，如雨之下墮，無有長處。四侯跟他的兄弟親戚，宰州臨郡，欺負百姓，與盜賊無異，虐遍天下，民不堪命，所以百姓多起為盜賊。這個時候，宦官不但已經與朝臣中的名士對抗，而且為虐天下，與天下大多數的人民對抗起來。

延熹四年三月，太尉黃瓊罷免。到了延熹六年十二月，太尉楊秉瞧不順眼，與司空周景上書說：「內外吏職，多非其人，從前的制度，宦官的子弟不能居位秉勢；如今宦官的枝葉賓客，布列要津，四方愁毒。臣建議遵用舊章，清理人事。」桓帝採納了，於是楊秉加以清理，宦官集團或死或免，天下莫不肅然。這是名士朝臣與宦官正式衝突的開始。

同一個月，司馬光又記載了另一個要官朱穆攻擊宦官的言論：

「按照漢朝的制度，中常侍此官參用士人，光武帝以後，才完全起用宦官來出任此官。自從漢殤帝以後，宦官才貴盛起來，掌握事權，天朝政事，一更其手，權傾海內，寵貴無極，子弟親戚，並荷榮任，放濫驕溢，莫能禁禦。愚臣的意見，應該罷免宦官，恢復當初的制度，選用海內清淳之士、明達國體者來做此官，這樣子黎民就會蒙被聖化了。」

漢桓帝不納。

不久，朱穆因事進見皇帝，又當面申述他的意見：「臣聽說漢家的舊典，設立侍中、中常侍各一人，主理尚書之事，黃門侍郎一人，專門傳發書奏；這些官都是選用士大夫。自從和熹太后（和帝的皇后）以女主稱制，不接近公卿，於是才以閹人為常侍，小黃門通命兩宮。從此以後，宦官權傾人主，窮困天下，臣的意見是應該罷免宦官，博選耆儒宿德，參與政事。」

皇帝大怒，不回答他說的話。朱穆看到皇帝不回答，也就拜伏不肯起來。左右傳話：「出！」朱穆還是不肯起來出去。過了良久，朱穆看到無法說動皇帝，才起來出去。回去以後，不久就氣憤而死。

延熹七年春二月，司馬光注意到一件社會動態。朝臣領袖之一的黃瓊死了，參加葬禮的人，都是四方遠近知名之士，總共有六千人之多。在當初黃瓊沒顯貴之前，在家教授學生，好友徐穉（ㄓˋ zhì）經常與他往來，等到黃瓊貴顯了，徐穉就再也不跟他來往了。

徐穉是一個名士，在黃瓊出葬的時候，他再度前來弔祭，但他來到，把酒澆在地上，哀哭而去，大家都不知道他是誰，眾名士追問主持喪禮的人，主持喪禮的人說：「剛剛有一個書生來，穿著粗薄而哭之甚哀，我也不曉得他的姓名。」

大家都說：「這必定是徐穉了。」於是推選一位能言善道的名士——茅容，輕騎而追之，茅容終於追到了，請徐穉在飯店吃飯喝酒，徐穉也願意讓他招待。茅容於是問以國之事，徐穉不答。又問農田之事，徐穉乃回答了。

茅容回來向諸人報告。有人說：「孔子云：『可與言而不與言，失人。』然則徐穉這個人，就是失人嗎？」

太原郭泰卻說：「徐穉這個人清高廉潔，飢不可得食，寒不可得衣，他肯和茅容一塊兒吃飯，這是因為他已經知道茅容是賢人的緣故。徐穉所以不回答國家大事，是其智可及，其愚不可及也！」

郭泰是最有名的名士，博學而善於談論。當他最初來到洛陽的時候，大家都不認識他，只有符融一見而嗟異，於是推薦他去見李膺。李膺和郭泰相見後，說：「我看到的名士太多了，沒有像郭林宗（指郭泰，林宗是他的字）一樣的，他的聰明識見高雅密博，今天中國之內，很少有人能比得上他。」於是與郭泰結為朋友，郭泰也因此名震京師。後來郭泰還歸故鄉，衣冠諸儒送到河上，車輛數千之多，只有李膺與郭泰同舟而濟，眾賓望之，以為神仙焉。

李膺、郭泰同是頂尖的名士，一在野、一在朝。他們兩人假如誇獎某某人，這個被誇獎的人就會成名，力量居然有這麼大。司馬光記載了幾件這一類的事情，目的也在顯示當時世風與名士領袖的風範。在司馬光的筆下，其中就記載了兩件事：

黃允以俊才知名，郭泰認識他以後就說：「卿高才絕人，可以成為偉器，年過四十，聲名就會顯著了。然而到了這個時候，卿應當深自匡持，不然，就會有所喪失！」

後來司徒袁隗（ㄨㄟˇ wěi）想為他的女兒找夫婿，看到黃允就大歎說：「得婿如此，心願足矣！」黃允聽了，回去就把妻子休了。他的妻子大會宗親，準備話別，但在會議中，卻憤怒地指責黃允私隱的十五件事，黃允從此就變得聲名敗壞。這件事顯示郭泰非常善於知人。

黃允當初與晉文經並恃其才智，曜名遠近，朝中屢次徵他們做官，都不接受。晉文經託言在京師養病，不通賓客，公卿士大夫每天遣門生問病，中級以下官吏雜坐其門，也不能夠看到他一面，三公（指太尉、司徒、司空）所徵用的人，經常來拜訪他，他隨意褒貶人物，以為與奪。

於是符融告訴李膺說：「黃允、晉文經這兩位先生，行業無聞，以豪傑自居，遂使公卿問病，朝廷臣僚作門後鑑，我恐怕他們持著小道破義，只有空虛的名譽，而與事實不符，希望你仔細觀察。」李膺同意他的看法，這兩人從此名譽漸漸衰退，賓客也愈來愈少，十幾日以後，他們兩人慚愧離去，後來也得罪而遭廢棄。

司馬光記載了若干條這樣的事蹟，用意在記敘李膺與郭泰的地位，順帶提出了當時士風，與這些名士的虛偽行為。

延熹七年十二月，大宦官唐衡、徐璜相繼死了。第二年正月，群臣攻擊宦官，於是左悺自殺，具瑗等被罷免。五侯死的死、黜的黜，氣燄暫時壓下來。這一年的七月，陳蕃被拜為太尉。同年冬十月，在陳蕃堅持之下，桓帝冊立竇貴人為皇后，皇后的父親竇武也因此升官，這時宦官非常懼怕陳蕃，陳蕃推薦李膺為司隸校尉。從此宦官連宮省都不敢出，對陳蕃、李膺等朝臣，皆鞠躬屏息。

桓帝覺得奇怪，詢問他們原因，宦官都叩頭哭泣說：「我們害怕李校尉。」當時朝廷日亂，綱紀頹廢，而李膺獨持風裁，以名譽自高，士子有被他接待的，都認為「登龍門」云。

司馬光在延熹九年秋七月，追記了一件事：

桓帝在沒有即位前，曾經受學於甘陵周福。即位了以後，遂提升周福為尚書。同郡的房植，也甚有名氣於朝中，當時出任河南尹，於是鄉人作了一首歌謠，說：「天下規矩房伯武（房植），因師獲印周仲進（周福）。」兩家賓客從此互相爭論長短，各樹朋黨，於是甘陵遂有南、北部，黨人之議從此開始。

這時在中央，太學生有三萬多人，郭泰與賈彪是他們的領袖，與李膺、陳蕃、王暢互相標榜。太學裡面有這樣的話：「天下楷模李元禮（李膺），不畏強禦陳仲舉（陳蕃），天下俊秀王叔茂（王暢）。」於是中外承風，大家都以評論人物為風氣，自公卿以下，莫不害怕他們的貶議，屣履到門。

太學生們的標榜，社會上的清議，使得朝臣中的名士，更加積極，他們更加對宦官攻擊，希望博取更高的名譽。宦官也因此對這些名士朝臣，害怕猜忌，處於對立狀態，只是因為陳蕃等人都是名臣，所以暫時不敢加害罷了。一些名位較低的人，就被宦官開始迫害。

延熹九年中，就發生了黨錮之禍。司馬光記載這件事情是這樣的：

張成是一個善於占卜的人，他推斷朝廷會大赦，於是教他的兒子殺人，司隸校尉李膺接案後，督促追捕，果然接到天下大赦的詔令。李膺知道張成是預先知道，而事先殺人，於是更加憤怒，竟不顧大赦的命令，依法處死了張成的兒子。

張成與宦官有交情，漢桓帝也曾經請他來占卜過，於是宦官教張成的弟子們上書。弟子上書控告李膺等養太學遊士，交結諸群學生，共為朋黨，誹謗朝廷。天子震怒，頒告天下，逮捕黨人。

皇帝的命令，在制度上必須經過三公的處理，太尉陳蕃就因此否決說：「今天所通緝的人，都是海內著名的人物，他們都是憂國忠公之臣，雖然赦免他們十世，也不為過。豈有罪名不彰而逮捕他們的呢？」於是不肯簽署。

皇帝看到陳蕃不肯簽署，更加大怒，遂逮捕李膺等入黃門北寺獄（黃門北寺獄是宦官專政以後所主持的監獄），而且供辭波及很多名臣，如杜密、陳翔、陳實、范滂（ㄆㄤ pāng）等，共二百多人。這些人有的逃脫了，朝廷懸金購募，使者四出相望。

這個時候，就是名士顯示他們氣節的關頭，陳實說：「我不到監獄投案，眾人就沒有了榜樣。」於是自請投案。

范滂也來到監獄，獄吏問他：「凡是牽連案件的人，都要祭臯陶（ㄍㄠ ㄧㄠˊ gāo yáo）。」范滂說：「臯陶是古代的直臣，知道范滂無罪，將會為我申理於皇帝；如果范滂有罪，祭他有何用處呢？」到案的名士，也因此停止了祭臯陶的行為。這時陳蕃上書極力申辯其事，漢桓帝怕他辯論得太激烈，於是將他罷免了。

由於黨人的案件，被禍者都是天下的名賢，於是連著名的渡遼將軍皇甫規，也自以為是豪傑，認為不能牽連到黨人之獄而感到萬分羞恥，乃上書說：「我是前任大司農張煥所推薦，所以也是黨人之一。又臣從前議論朝政，太學生們也曾上書批評臣，是為黨人所附也，臣應該坐罪才是。」朝廷知道他是名將，知而不問。但是司馬光記載此事，表示了當時的人求名之切。

第二年，永康元（西元一六七）年五月，由於陳蕃被罷免，朝臣震懼，誰也不敢再為黨人講話，賈彪看此形勢，決定西行赴難，他來到洛陽遊說皇后的父親竇武等人。竇武也是頗有名氣的，聲譽也高，他採納賈彪的建議，於是上疏為黨人講話。漢桓帝至此怒火才稍解，乃派宦官王甫，到監獄詢問黨人范滂等，范滂大氣凜然，表示所為上不愧天，下不愧人，王甫為之動容，脫下他們的桎梏（ㄍㄨˋ gù）。至於李膺等人，言詞中也牽連一些宦官子弟，宦官恐懼，所以才請桓帝以天時應該赦免，在六月下令大赦天下，黨人二百餘人都回到田園，名字登記於三府（指三公之府），禁錮終身。

同年十二月，漢桓帝病死，年僅三十六歲。司馬光在范滂回鄉的時候，記載范滂回到汝南，南陽士大夫迎接他的，居然達到車輛數千輛之多。這就顯示司馬光有一種見識，表示社會上對黨錮之禍，存有餘波，風氣並不因此而遭受破壞，伏下了第二次黨錮之禍的原因。

七、第二次黨錮之禍

司馬光在延熹九（西元一六六）年秋七月，開始記載黨禍的問題。一直記到第二年——永康元（西元一六七）年六月，漢桓帝下令禁錮黨人二百餘人終身為止，就表示了第一次黨錮之禍，前後一共經歷了一年的時間。半年之後，漢桓帝駕崩，這乃是漢朝機運頗有轉機的時候。

漢桓帝死後，竇后於是和其父城門校尉竇武，議論擁立新的皇帝，他們打聽到國中宗室之中，以劉宏最賢，於是竇武乃報告太后，定策於禁中，派宦官曹節等人，率兵持節前往迎接劉宏，劉宏當年才十二歲，這就是漢史上的漢靈帝。

建靈元（西元一六八）年春正月，竇太后臨朝，進拜竇武為大將軍，另外又起用被罷免一年多的陳蕃為太傅，與竇武及司徒胡廣共同掌握朝政。布置妥當，同月稍後，劉宏才即位為皇帝。

由於當初陳蕃對竇太后立為皇后，出過力量，所以太后臨朝，重新起用他為太傅，政無大小都委託他處理。陳蕃與竇武同心努力，徵求天下名士李膺、杜密等人，出仕於朝廷，共同處理國事。於是天下之士，莫不引頸想望太平。但是靈帝的乳母女官，每天在宮中隨侍著太后，宦官曹節、王甫等也結為朋黨，諂事太后，這些人都為太后所相信，幾次發出詔命，封拜他們官爵。

陳蕃、竇武對這種情況非常有戒心，曾經共會於朝堂，陳蕃私下告訴竇武說：「曹節、王甫等，自從先帝時候就操弄國權，濁亂海內，如今不誅滅他們，以後就難以清理了。」竇武深深同意陳蕃的意見。陳蕃大喜，以手推席而起，立引同志共定誅除宦官的計策。

建寧元年八月，剛好碰到日食之變，陳蕃遂告訴竇武：「從前蕭望之困於一個石顯，何況今天有十幾個石顯呢！蕃以八十歲之年，欲為將軍除害，今天可以用日食作為理由，罷斥宦官，以塞天變。」

於是竇武乃報告太后：「按照從前的制度，黃門、常侍但在省內雜事，主理宮中的財物而已，如今讓他們參與政事，掌握重權，子弟布列要津，專為貪暴。天下洶洶，正以此故，應該完全誅廢宦官，以清朝廷。」

太后回答：「漢朝自開國以來，世代都有宦官，但當誅除其有罪的，豈可以全部誅廢他們呢？」

當時中常侍管覇頗有才略，專制省內。竇武也不理太后反對，先強硬收捕管覇及中常侍蘇康等，都依法要他們坐罪處死。然後又數次要求誅殺曹節等，太后猶豫不忍，所以行動就一拖再拖，不能發起。陳蕃直接上疏太后，要求太后下定決心，迅速誅除宦官，太后也不採納。

這個月太白星侵犯上將星，侵入太微座。善於天文的侍中劉瑜，上書警告太后，指出將相不利，奸人侵犯主上的徵兆；又與竇武、陳蕃報告，指出大臣應該迅速斷定大計。於是竇武和陳蕃就動手布署，首先逮捕了鄭颯（ㄙㄚˋ sà），送到北寺獄。

陳蕃告訴竇武說：「這些人就應馬上收殺，為什麼還要送到監獄審問！」竇武不聽從他的意見，指示有關官員，審判鄭颯，辭連曹節、王甫。於是官員奏請收捕曹節等。

竇武本來在宮中輔政，九月七日那天，他離宮回府休息，主管中樞的人，馬上告訴朱瑀，朱瑀偷取了竇武的奏章，看到了竇武的言論，大罵說：「宦官放縱的人，自然可以誅殺，但我們有何罪，而應該被全部誅滅呢？」因而又大呼道：「陳蕃、竇武啟奏太后廢帝，想為大逆不道的事情！」於是連夜召回強壯而親信的人，共十七人，歃（ㄕㄚˋ shà）血為盟，謀誅竇武等人。

曹節等人擁護皇帝，下令閉禁宮門，派人到北寺獄，找到鄭颯，並收捕了主要的審判官，然後還兵持劫太后，奪取了皇帝的璽綬，並即下令收捕竇武等人。竇武不接受詔書，衝進步兵營，準備召集北軍五校士兵，宣布宦官造反的事情。陳蕃聞難，帶著官屬諸生八十多人，拔刀衝入承明門，準備衝進尚書，剛好與王甫相遇，於是王甫命令劍士搜捕陳蕃，直送北寺獄。有宦官踢陳蕃說：「死老魅！你再能損害我們嗎？」即日把陳蕃殺了。

這時候名將張奐（ㄏㄨㄢˋ huàn），奉命令回到京師，曹節等人認為張奐新來，不知道這個事情的來龍去脈，於是假藉皇帝命令，命他率領士兵進攻竇武等人。竇武敵不過張奐部隊，被圍困追趕，於是自殺。宦官乃收捕竇武的宗親賓客姻戚等，全部誅殺。有關官員也受波連，都被殺害。於是宦官把皇太后遷到南宮軟禁。自公卿以下，曾經為陳蕃、竇武所推薦的，或者是他們的門生故吏，都免官禁錮。這就是第二次黨錮之禍，距離第一次黨錮之禍，只有一年多。

事後，原來不知真相的張奐，因功進封為大司農。張奐知道被曹節等人所利用了，推辭不接受。建寧二年四月，在御座上發現一條青蛇，於是皇帝下令自公卿以下，提出建議。張奐上疏建議說，他認為竇武、陳蕃都是忠貞之士，青蛇見於御座之上，就是為此而現，所以應該馬上收葬竇武、陳蕃等人，解除禁錮命令，恢復對皇太后的尊禮。皇帝把他的言論詢問宦官，宦官反對，張奐等人乃把自己囚禁起來，數日乃得放出，並罰三個月俸以作為贖罪。

當朝廷下令收捕陳蕃、李膺的門生故吏時，很多名士不怕死，紛紛挺身出來，面對質詢。自從第一次黨錮以後，李膺等人雖然被廢錮，但天下士大夫都高尚其道，而批評朝廷汙穢，對李膺等更加推崇，也更互相標榜，甚至為之稱號：以竇武、陳蕃、劉淑為三君，表示三人是一世所宗；以李膺、荀翌、杜密、王暢、劉祐、魏朗、趙典、朱寓（ㄩˋ yù）為八俊，表示八人乃是人之英；郭泰、范滂、尹勳、巴肅、宗慈、夏馥、蔡衍、羊陟（ㄓˋ zhì）為八顧，表示八人能夠以德行引人；張儉、翟超、岑晊、苑康、劉表、陳翔、孔昱（ㄩˋ yù）、檀敷為八及，表示他們能引導人家，效法三君的宗風；度尚、張邈、王孝、劉儒、胡毋班、秦周、蕃嚮及王章為八廚，表示他們能夠以財救人。這些人互相標榜，名氣日大。陳蕃與竇武再度用事，推薦李膺等人；及至陳蕃與竇武被誅殺，李膺等人再度廢錮。

宦官痛恨李膺等人，每下詔書，一定重申黨人之禁。這年冬十月，曹節因此暗中指示有關官員，上奏要求治理黨人，請把李膺、范滂等人逮捕審理，這時漢靈帝才十四歲，詢問曹節：「這些人為什麼為鉤黨呢？」

「鉤黨就是黨人。」曹節回答。

漢靈帝又問：「黨人為什麼作惡，而欲誅滅他們呢？」

曹節又回答：「他們互相推舉群輩，欲為不軌。」

漢靈帝居然又問：「他們不軌又為了什麼呢？」

曹節再度回答：「他們謀求奪取社稷。」

靈帝聽了以後，才批准曹節等人的奏請，發出了追捕黨人的詔書。

司馬光在這裡，特別記敘了漢靈帝與曹節的對話，目的在顯示，皇帝年幼，不是主持這次大獄的人，而黨禍的中心，是由宦官來發動的。當然第二次黨禍的源由，其實是朝臣名士與宦官對立的結果。

司馬光注意了不少有關名士對待黨禍的態度，他們大多是不怕被殺，挺身面對刑罰。例如他記載李膺的反應：有人告訴李膺：「你可以去了！」

李膺回答說：「事不辭難，罪不逃刑，臣之節也。我已經六十歲了，死生有命，要我到哪裡去？」於是乃自動去到詔獄，被拷打而死。李膺的門生故吏都被禁錮。

侍御使景毅的兒子景顧是李膺的學生，由於還沒有登記，所以沒有波及他。景毅慨然嘆道：「我本來認李膺是賢人，所以命令我的兒子拜他為老師，現在他的學生們都蒙禍，我的兒子豈可以漏脫姓名，苟安而已呢！」於是自己上表朝廷，免官回鄉。

汝南督郵（高級郡佐，職掌分監郡內諸縣）吳導奉命逮捕范滂，他到達目的地，抱著詔書把自己關閉於旅舍，伏身在床哭泣，一縣不知所為。

范滂聞之，告訴別人說：「他一定是為了我而來。」於是自動投案。

縣長郭揖大驚，竟然把縣長的印綬拿出來放好，準備和范滂逃亡，同時告訴范滂說：「天下這麼大，先生何為在此！」

范滂回答：「滂死則禍塞，怎麼敢連累你呢。而且這麼做又會使得老母流離的呀！」

他的母親知道後，來與范滂訣別，范滂稟告母親說：「仲博（范滂之弟）孝敬，足以供養您老人家。我甘從龍舒君（范滂之父）歸黃泉，存亡各得其所，希望大人（指滂母）割不可忍之恩，不要徒增感戚！」

范滂的母親說：「你今天能夠得到與李膺、杜密齊名，死有何恨？既然擁有令名，又想追求壽考，可以兼得嗎？」范滂跪下受教，再拜而辭。

范滂的母親回顧他的兒子說：「我欲使你為惡，惡不可為；使你為善，則我不為惡了。」路人聽他們的對話，莫不流涕。

名列黨人之中的名士，一部分挺身投案，絕不屈服而死；一部分輾轉逃亡，親戚朋友也相繼收留他們，冒死掩護他們。凡黨人被殺者百餘人，他們的妻子都被放逐到邊疆。天下豪傑及儒學有行義者，宦官均指為黨人；有怨仇者，就會趁機加以陷害，羅織於黨人之中。地方官奉承宦官的指示，大事牽連，甚至有些沒關係的人，也遭波及，於是因此而死、徙、廢、禁者又有六七百人之多。但是司馬光也留意到有少部分極有名氣的人，並沒有因此蒙禍，例如郭泰與申屠蟠（ㄆㄢˊ pán）。

郭泰聽到黨人之死，私下為之悲慟萬分。郭泰雖然喜歡批評人物，但是卻不作危言聳聽的言論，所以能夠處濁世而怨禍不及於他。

當初范滂等人攻擊朝政時，自公卿以下都折節下之，太學生們更爭慕其風，以為文學將興，處士復用。此時申屠蟠單獨嘆道：「從前戰國之世，處士橫議，列國君主甚至爭著列為他們的弟子，終於產生了焚書坑儒之禍，那種情形就跟現在一樣啊！」於是歸隱起來，不與人來往。過了兩年，范滂等人果然罹難，只有申屠蟠超然免於評論。

司馬光寫到這裡，又提出了一段評論。大意是說：「天下有道的話，君子揚於王庭以正小人之罪，而莫敢不服；天下無道的話，君子全部不言以避小人之禍，而猶或不免。」司馬光又認為：「黨人生於昏亂之世，不在其位，四海橫流，而想用口舌救之，他們批評人物，激濁揚清，向毒蛇虎狼挑戰，以至於身被淫刑，甚至禍及朋友，使士類殲滅而國家隨之滅亡，這是一件悲慘的事。」司馬光最後推崇郭泰與申屠蟠，認為郭泰能夠明哲保身，申屠蟠能夠見機而作，皆卓乎不可及。

司馬光這段評論，無疑表示了他對黨禍的態度，他並不偏袒名士清流，雖然推崇他們的正氣，但是對他們的行為導致亡國，卻不敢苟同，而且感到悲哀。事實上，司馬光這個時代，正是有黨爭趨向的時代，他發揮這段評論，無疑就是對當時風氣加以批評，至於郭泰與申屠蟠的行為，正是司馬光所要效法的態度。

就我們以後世的眼光來看，司馬光這段評論是有深刻意義的。然而他後來也身陷於黨錮之禍，成為新黨所迫害的對象，名列「元祐黨人」的第一名，這真是可悲的事。如果照司馬光的推論，黨人是生於昏亂之世，天下無道之時，那麼司馬光所處的時代，就值得加以懷疑了。

總之，東漢在桓、靈兩帝前後三年之間，連續發生兩次黨錮之禍，朝廷善類為之一空，以後走上宦官掌政的黑暗時代。第一次黨錮之禍，主因是名士們互相標榜，他們以針對宦官作為爭取名譽的手段，同時也想用實力來抗衡宦官。第二次黨錮之禍的原因，則是名士朝臣吸收了前一次的教訓，於是與外戚聯合對付宦官。外戚在東漢從前也是被名士們攻擊的對象之一，這時只是為了共同對付宦官，加上竇武也頗得名士的愛戴，才能夠聯合起來。這是東漢第一次名士與外戚聯合的實例。

名士領袖陳蕃等，鑑於宦官弄權造成第一次黨錮之禍，於是急思全面誅滅宦官，這種操之過急的行為是造成第二次黨錮之禍的原因之一。名士與外戚都忽略了一個根本的問題，這就是太后臨朝，她們日常相處的就是宦官；皇帝親政，日常相處的也是宦官，宦官經常隨侍於最高統治者的周圍，容易把持最後的權力。宦官在宮中做事，是東漢開國以來的制度，這時已是根深柢（ㄉㄧˇ dǐ）固，所以竇太后也因此不同意誅滅宦官以清朝廷之舉。她甚至認為，誅滅了一些宦官，最後還是要用宦官，宦官豈可以完全消滅呢！這就可見這種制度已經成為根本因素。

表面看來，竇武的猶豫不決，竇太后的否決，陳蕃等名士的行為過分情緒化與公開化，都是造成宦官反擊的機會，導致誅滅宦官行動失敗的原因。但是根本的原因，還是宦官能夠挾（ㄒㄧㄝˊ xié）持皇帝，假傳皇帝命令調動軍隊，來作為反兵變武力，是其成功的一面。

在我們今天看來，名士們在沒有政治大壞的時代，而採取激烈的措施，不顧國家安危，這是令人嘆息之事。東漢初期提倡氣節，到了這個時候，蔚成標榜風氣，這是世變的結果。時代風氣既然走向極端，我們來抨（ㄆㄥ pēng）擊某一兩位名士的言論或行為，都是不智之事。然而，我們從此事應該得到一些啟發，過分不受約束的清議，與過分偏激的行為，都不是治國平天下的良好態度。司馬光對漢朝黨錮諸君子感到可惜，而他自己死後也蒙受黨錮之禍；黨錮之禍也一樣使得宋朝不久就滅亡，這更是令我們感到意外而嘆息的。

八、大衝突的結局

自從第二次黨錮之禍以後，宦官的勢力愈來愈盛，封侯的人也很多，有一部分朝臣，為了前途起見，也甘心附和他們。例如靈帝熹平元（西元一七二）年秋七月，由於被幽禁的竇太后死了，有人倡言說天下大亂，曹節、王甫幽殺太后，公卿都尸位素餐，沒有人敢上忠言，靈帝於是下詔司隸校尉劉猛通緝追捕。劉猛認為講這些話的人都是直言，不肯馬上緝捕。過了一個多月，捉不到放這種言論的人，於是劉猛被改為諫議大夫，另用御史中丞段熲（ㄐㄩㄥˇ jiǒng）代之。段熲是西征名將，百戰功高。他受任後四處搜捕，逮捕了太學生等一千多人。曹節又指使段熲以他事誣奏劉猛，使劉猛遭貶官的處罰。因此到了第二年五月，段熲就由司隸校尉進拜為太尉，成為三公之首。

到了熹平五年閏五月，永昌太守曹鸞上書說：「黨人或者是年高德劭，或者是衣冠英賢，都應該作王室的股肱，為國家策立大猷。如今他們久被禁錮，遭到侮辱；犯了謀反大逆的人，尚且蒙恩赦，黨人何罪，獨不開恕呢！最近災異屢現，水旱相繼，都是由於這個原因啊。希望能夠沛然寬恕他們，以副天心。」

靈帝讀後為之大怒，命令司隸校尉收押曹鸞，送到監獄裡拷打而死。於是又詔令地方官府，追究黨人門生、故吏、父子、兄弟在位者全部免官禁錮，爰及五屬（指斬衰、小功、大功、緦、麻五屬）。司馬光記載這段史實，用意顯然在表示，第二次黨錮後三四年，已經有人準備調和黨錮之慘烈，以收社會融合之功。

光和元（西元一七八）年，漢靈帝開創了西邸賣官的制度，准許士子捐錢來買官；兩千石級的官，需要用錢兩千萬；四百石級的官，需要用錢四百萬；當然可按情況有所折扣。這些錢都存於西園，作為皇帝私人花用。有些人上書請求當地方官，隨著地方的富庶與否，需要花費的錢也不同。有錢的人通常是先給錢然後再做官，貧窮的人通常是做了官以後才慢慢還錢。靈帝又私下命令左右，買賣公卿之官，公級一千萬，卿級左右五百萬。

根據司馬光記載，他說漢靈帝當初沒有即位前，雖然為侯爵，但時常貧苦，等到即位以後，經常嘆息漢桓帝不能為王室積蓄，沒有私房錢，所以用賣官聚斂的辦法積蓄私房錢。這就顯示漢靈帝這種行為，是一種過度補償的心理反應。

司馬光在中平二（西元一八五）年三月，記載了一件這樣的事：

這時候三公之官往往因為宦官而入錢於西園即可取得，連段熲、張溫等有功勳名譽的，都先後捐錢出來，遂能夠登上三公之位。新任司徒崔烈，因保母入錢五百萬，所以才得到司徒之官。當他接受冊拜那天，皇帝親臨，百官集會，舉行受任典禮時，靈帝居然告訴他的親信說：「我真後悔，這個官可以賣到一千萬啊！」

結果程夫人在旁邊馬上回答：「崔公是冀州的名士，豈肯買官。他因我而得官，大家反而連提都不提我！」

崔烈是頗有名氣的人，這件事反應了他不惜花錢買官來做的醜行，另一方面也反應了他透過後門來鑽營的事實。皇帝等人在大庭廣眾之中公開這樣談話，於是崔烈的聲譽馬上衰落下來。皇帝貪財胡為的作風如此，宦官們的情況就更甚了，連像崔烈這類名士也不免屈服於時代風氣之下。

有些人對於這種風氣瞧不順眼，他們也只能利用宦官矛盾的力量，來對付這種行為而已。例如司馬光在光和二（西元一七九）年夏四月記載這一件事：

宦官王甫、曹節等，姦虐弄權，煽動內外，太尉段熲等人阿附之，王甫與曹節的父兄子弟，做到卿、校、牧、守與縣令、縣長的人布滿天下，所在貪暴。王甫的養子王吉為沛相，尤其殘酷，凡殺人都必定磔（ㄓㄜˊ zhé）屍於車上，然後隨其罪名，宣示於所屬的各縣；夏天屍體容易腐爛，就用繩子把骨頭連起來，周遊一郡而止，看到的人都嚇得要死。王吉視事五年，殺了一萬多人，尚書令陽球，常常拍著腿發憤說：「假如陽球能做司隸校尉，這些傢伙哪裡可以這樣胡作非為！」過了不久，陽球果然升遷為司隸校尉。

陽球是中常侍程璜的女婿，所以升遷頗順利，也甚為大膽，有酷吏的行為。他當了司隸校尉以後，就在這個月把王甫與段熲等收捕，送到洛陽獄，對他們加以拷打，五毒備至。最後王甫家族與段熲等人都因而被殺或自殺。

陽球誅殺了王甫以後，再想追捕曹節等人。驕橫的宦官們聞之，莫不屏氣，連宮門也不敢出。曹節看到王甫的屍體在道次，慨然垂淚說：「我曹可自相食，為何使狗來舐（ㄕˋ shì）他的汁呢！」於是與其他常侍，共同向皇帝投訴，靈帝遂把陽球改為衛尉之官。

陽球表示說：「臣無清高之行，橫蒙鷹犬之任，前幾天雖然誅殺了王甫、段熲，但是狐狸小醜，未足以宣示天下。希望陛下給臣一個月的時間，必令豺狼鴟梟各服其罪。」叩頭流血。

但陛下的人呵叱他：「衛尉想拒絕聖旨嗎！」陽球不得已，至於叩頭再三，最後接受新的任命。於是曹節等人權勢復盛。

同年秋七月，司徒劉郃（ㄏㄜˊ hé）等名士，又與陽球結謀，準備再用陽球為司隸校尉，以次收捕曹節等人，使天下太平。結果祕密洩漏，曹節等人乃重重賄賂程璜，而且要脅他。程璜害怕，於是把陽球的計謀完全告訴曹節，曹節乃報告靈帝，在冬十月，就把這一干人逮捕下獄，處以死刑。司馬光記載這些事情，是表示漢朝政治到了這時候已經複雜而不單純。各種勢力互相激盪、互相矛盾，大有一發不可收拾之勢。

光和四年冬十月，曹節死了，宦官趙忠遂成為新的宦官領袖。由於宦官在中央亂政，他們的朋友親戚則在地方作惡。於是到了光和六年三月，就暴發了黃巾之亂。

根據司馬光記載，張角等人事奉黃、老，以道術來傳播宗教，號稱「太平道」。經過十多年的努力，信徒達到數十萬。地方官最初不了解太平道的意圖，反而推崇張角以善道教化，為民所歸。部分有見識的大臣，雖提出警告，但靈帝等殊不為意。

張角一共有三十六方，大方萬餘人，小方六、七千人，其中一個大方名叫馬元義，首先聯絡了荊、揚數萬人，約好時間準備起義。馬元義多次到京師，與宦官封諝（ㄒㄩˋ xù）、徐奉等約為內應，約定以三月五日起事。第二年春（中平元年，西元一八四年），這個祕密被人告發，於是遂使黃巾提前起事。也就是說，黃巾之亂與宦官也有關係。

同年三月，靈帝召開群臣會議。北地太守皇甫嵩認為應該解除黨禁，皇帝捐出私房錢等，頒賜給軍士。

靈帝於是問計於宦官呂強，呂強回答：「黨錮已經積了很久，人情怨憤，如果不加以恩赦，他們會與張角聯合，那時為變就大了，後悔也晚了。如今請陛下先殺掉左右貪濁者，大赦黨人，挑選好的地方官，盜賊也就無不平了。」靈帝害怕，於是採納他的意見。在該月壬子那一天，大赦天下黨人。結束了黨錮的禁令。

這時候宦官趙忠、張讓等封侯貴寵，靈帝曾經說：「張常侍是我公，趙常侍是我母。」所以宦官無所忌憚，而靈帝也不想滅他們；及至封諝、徐奉的案件暴發，靈帝責備宦官們：「你們常說黨人為不軌，全部必須加以禁錮，甚至有些人被殺。如今黨人更為國用，你們反而與張角暗通，是否可殺？」

宦官們都叩頭說：「這是王甫、侯覽所為，不關我們的事！」於是諸常侍人人求退，各自徵還宗親、子弟任地方官的人。他們同時也懷恨呂強，於是誣告他想謀大逆，把他殺了。

侍中向栩上了一份奏章，諷刺皇帝左右。張讓等就誣告向栩與張角同心，欲為內應，把他收進監獄殺了。

郎中張鈞上書說：「竊惟張角所以能夠興兵作亂，萬民所以甘心服從他們，都是由於十常侍多放父兄、子弟、姻親、賓客典據州郡，壟斷財利，侵掠百姓，百姓之寃無所告訴，所以才謀議不軌，聚為盜賊。現在應該斬十常侍，把他們的頭懸掛於南郊，以謝百姓，並遣使者布告天下，這就可以不用軍隊，而大寇自平。」

靈帝把張鈞的奏章交給常侍們看，宦官都除去帽子，頓首請罪，請求自動到洛陽獄投案，並且獻出家財，以助軍費。結果靈帝下詔，命令他們復職視事，反而怒責張鈞說：「你真是狂妄，十個常侍中難道沒有一個是善人嗎？」於是御史官奉旨誣奏張鈞勾結黃巾盜，把他收下監獄中殺死。

雖然如此，群臣都知道政治腐敗，社會動亂，皆因為宦官集團所造成。這時黨錮既然解禁，名士復出，一番更激烈的衝突必會馬上展開。由於朝臣批評宦官愈烈，所以宦官迫害朝臣名士也愈強。又由於政府軍屢勝黃巾，然而統兵作戰者，往往又被宦官排斥，而靈帝反而加封宦官，晉封他們的官職，於是更引起群臣的不滿。

中平五（西元一八八）年三月，太常（九卿之一）劉焉是一個宗室，看到王室多故，於是建議說：「四方兵亂，都是由於刺史權威太輕，既不能禁，而且所用非人，以致離叛，應該改革制度，創制牧伯，挑選清明重臣以居其任。」劉焉的意思，其實是想自求交阯牧。

侍中董扶私下告訴劉焉說：「京師將亂，益州分野有天子氣。」所以劉焉改變主意，要求到益州。朝廷採納他的意見，於是選舉中央官出為牧伯，加重他們的權責，這就是後來州牧割據的原因。

司馬光記載這件事，用意是表示宗室身分的劉焉，居然也想跑到交阯避難，顯見當時政局已不可為；尋而他又想到益州，承受天子之氣，也就表明當時有些臣子已經存有異心。這是三國分裂的時代意識。事實上，這時候民間興起的叛亂，已經有人自稱天子，不把漢朝放在眼內了。

同年五月，司馬光又記載了一件陰謀：

故太傅陳蕃的兒子陳逸與名士襄楷、冀州刺史王芬等會議，認為天文不利於宦官，宦官誅滅的時候到了，於是想在皇帝北巡的時候，舉兵劫殺宦官，並且廢除皇帝。他們也把這個計劃告訴曹操，結果曹操拒絕參與。這件事情後來雖然沒有成功，但是名士們想舉兵消滅宦官，幾乎是一種時代的趨勢。

同年八月，漢靈帝創制西園八校尉，以小黃門蹇碩為上軍校尉，袁紹、曹操等分別擔任各軍校尉，然而隸屬於蹇碩指揮，即使是大將軍何進，也需要接受他的指揮。新建的軍隊指揮權落於宦官手中，但是手下各軍的指揮官，多同情名士，尤其袁紹也是名士之一，他們也準備誅滅宦官。

中平六年夏四月，蹇碩顧忌大將軍何進，準備把他西調出征，何進知道他們的陰謀，故意與袁紹棲留不行。這個月靈帝駕崩，蹇碩想誅滅何進，而擁立皇子劉協。幸得蹇碩的參謀長潘隱暗示通風，何進才跑回軍營，沒有蒙難。及至皇子劉辯即位，他是何皇太后（何進的妹妹）所生，於是何太后臨朝，命令袁隗與大將軍何進共同執政。

何進既秉朝政，憤恨蹇碩陰害己，於是準備誅殺蹇碩。袁紹也因而提議，並負責布置，結果在同月把蹇碩收捕誅殺，把軍隊指揮權收到手中。

此年秋七月，袁紹又建議何進說：「從前竇武想誅滅宦官，反而被他們所害的原因，是因為洩漏了祕密；五營軍隊也素來害怕宦官，而竇氏反運用他們來消滅宦官，所以自取禍滅。如今將軍兄弟，並領勁兵，部曲將吏都是英俊名士，若為效力，事在掌握，這真是天贊之時啊。將軍應該為天下除害，以垂名於後世，不可輕易喪失此時機！」

於是何進報告太后，請盡罷中常侍以下宦官，用讀書人來替補他們的空缺。太后不聽，說：「宦官統領禁省，自古至今，漢朝的制度不可廢除啊！而且先帝剛遺棄天下，我怎麼可以衣冠楚楚與士大夫共事呢！」

何進沒辦法違背太后的意旨，於是就只想誅滅宦官的放縱者而已。但袁紹以為宦官親近至尊，出納號令，如果不完全廢黜，以後必然為患。不過太后之母舞陽君及何進之弟何苗，幾次接受宦官的賄賂，知道何進想誅滅宦官，於是屢次在太后面前阻止其事，甚至說：「大將軍專殺左右，擅權以弱社稷。」何太后也頗加懷疑，引以為然。何家本來是屠戶，何進以新貴，素來畏懼宦官，雖外慕大名，而內不能斷，所以事情久不能決。

袁紹又策劃，建議徵召四方猛將及豪傑，命令他們引兵來京城，以威脅太后。何進採用了。典軍校尉曹操聽而笑之說：「宦者之官，古今宜有，但世主不當假以權力，使得他們如此驕橫，若要治他們的罪，當誅元惡，只要一個獄吏就夠了，何必紛紛徵召在外兵團呢！如果要盡誅宦官，事情必定會洩漏，我看大事一定會敗壞。」

何進徵召在外兵團，其中最重要的是董卓。雖然有識之士，以董卓為人殘暴，加以制止，但何進不聽。這種大事徵兵，必會引起宦官的警惕。袁紹又害怕何進中途變計，因而要脅說：「交構已成，形勢已露，將軍為什麼還不早點決定，事久生變啊！將軍必會復為竇氏了！」於是何進加緊布署。

太后恐怕事變，乃悉罷宦官還故里，諸宦官都來覲見何進，請罪並要求指示生路。何進說：「天下洶洶，在患諸君罷了。如今董卓快要來到，諸君何不早點各回自己的故里！」但袁紹忠告何進，要求他就此解決掉宦官，至於再三。何進不許，袁紹於是偽造何進手書，通告各地方政府，命令地方政府，逮捕宦官親屬。

由於計謀已久，頗有洩漏，宦官們懼而思變。大宦官張讓的媳婦，是何太后的妹妹，張讓向媳婦叩頭說：「老臣得罪，當與媳婦俱歸私門。惟受恩累世，今當遠離宮殿，情懷戀戀，願意再進入宮中當直一天，能暫奉望皇太后陛下的顏色，然後退而就死，死無恨矣！」這婦人於是報告她的母親舞陽君，舞陽君入宮報告太后，下詔宦官從新回宮當直。

八月戊辰這一天，何進進入長樂宮，請求太后批准盡誅宦官。宦官張讓、段珪相謂說：「大將軍一直稱病，不參加先帝的喪禮，也不送葬，如今突然入宮，此意何為？竇氏的事情難道竟然要重演嗎？」於是派遣人去偷聽太后兄妹的對話。知悉一切後，乃率領宦官數十人，帶著兵器，埋伏起來，當何進出去時，宦官乃假藉太后詔命，召何進回到省閣。

張讓等詰問何進：「天下憒憒（ㄎㄨㄟˋ kuì），也不是單獨我們的罪啊。先帝曾經與太后有過不愉快之事，幾至成敗，我們涕泣解救，各自獻出家財千萬為禮，使得聖上和悅。我們的目的是想託卿的門戶罷了。如今卿想消滅我們家族，這不是太過分了嗎？」有宦官拔劍斬何進於嘉德殿前，宣布何進謀反伏誅。

何進部將們聽到消息，於是舉兵進攻禁省，袁紹等人勒兵關閉宮門，捕殺宦官，不論老少，見者皆死，大約殺了兩千多人，有些是因為沒有鬍鬚而誤死的。由於張讓等部分宦官挾持皇帝，所以袁紹等促使董卓進兵洛陽，大舉圍攻宦官。

事後董卓與袁紹等人會面，說：「天下之主，宜得賢明，每念靈帝，令人憤毒，董侯（指劉協）似可以當皇帝，如今想擁立他，不知諸位意下如何？」

袁紹說：「漢家君天下四百多年，恩澤深厚，兆民擁戴。如今聖上富於春秋，未有不善宣於天下。公想廢嫡立庶，恐怕大家都不會服從！」

董卓按劍叱罵袁紹：「豎子竟然如此大膽，天下之事豈不在我，我欲為之，誰敢不從！你認為我董卓的刀是不利的嗎！」

袁紹也勃然大怒道：「天下健者豈只有你董公一個人而已！」於是引佩劍橫揖，逕自離去，董卓也對他不敢加害。

九月癸酉這一天，董卓大會百姓，奮首而言：「皇帝闇弱，不可以為天下主，我如今要依照伊尹、霍光的故事，改立陳留王（指劉協），你們有什麼意見？」公卿以下都恐慌不敢回答。

第二天，董卓就廢掉皇帝為弘農王，改立陳留王劉協，這就是漢獻帝；同時董卓又軟禁太后於永安宮，兩天以後就把太后毒死了。

董卓至此已掌握大權，為了取得支持，他為陳蕃、竇武及黨人們翻案，恢復他們原先的爵位，遣使弔祭他們，並擢用他們的子孫。

但是袁紹等人逃亡回鄉，徵召義兵討伐董卓，於是展開了長期的內戰，直到國家三分鼎立而止。漢獻帝首先落到董卓控制之中，後來又落到曹操掌握之下，漢朝政權早已名存實亡，不待曹丕之篡漢了。

宦官、外戚、名士、黃巾道及叛亂集團的大衝突、大混亂，結果雖然是名士與外戚聯合誅滅了宦官，但是漢室也因之滅亡，即使漢朝軍隊能夠鎮壓民變，也不能夠挽救國家衰亡之運，軍隊只落到野心家的手中，造成大混亂的時代。

司馬光對最後的大衝突沒有評論，事實上他對這種政爭也不評論，他只用敘述事實的方式，依照發生時間的先後，條貫陳述，讀者們仔細聽完，必然會了解漢朝衰亡的原因了。

魏紀

一、曹丕篡漢與司馬光的正統論

古時候本來沒有所謂正統之爭。司馬光在《資治通鑑》始皇帝二十六年統一中國的時候，就開始記載正統的問題。他說，當初齊威王與齊宣王的時候，鄒衍提倡終始五德之運。到了秦始皇兼併天下，齊人奏之。於是秦始皇採用其說，以為周朝得到火德，秦朝取代周朝，是周朝所不能勝的，所以應該是屬於水德。始皇為了配合秦朝的水德，於是以十月一日為元旦，衣服、旌（ㄐㄧㄥ jīng）旗等都用黑色，因為水德是用黑色來代表的。

由此可知，五德論乃是東方齊國的流行學說，因為齊人提倡才流行起來。元朝學者胡三省為《資治通鑑》作注解，他說，所謂終始五德之運者，是以伏羲氏代表木德，木生火，所以神農氏以火而得天下；火生土，所以黃帝又以土德取代神農；土生金，所以以少昊（ㄏㄠˋ hào）金德君臨天下；金生水，所以顓頊（ㄓㄨㄢ ㄒㄩˋ zhuān xù）以水德稱王；水生木，所以帝嚳（ㄎㄨˋ kù）又以木德稱王；於是木又生火，帝堯因此以火德為天下主；火又生土，舜代堯為共主，因此以土德王；土又生金，所以夏朝以金德稱王；金又生水，所以商朝以水德為主；水又生木，周朝以木德為王。這就是五德之終而復始的學說。但是鄒衍認為周朝是屬於火德，他們的服飾也以紅色為尚；照此類推，秦朝應該是屬於土德，因為火生土的緣故。胡三省點明如今秦始皇以水勝火，自以水為行，這就是所謂五行相剋的說法；而與從前五行相生的說法頗為差異。漢初以土為行，也是祖述鄒衍之說。

換句話說，周朝的正統是屬火，秦始皇不採用五行相生的學說，而認為秦所以勝周，是因為水滅火的關係。漢朝以土德為王，這仍然是採用五行相生的說法。所以司馬光在《資治通鑑》秦二世皇帝元年九月，就記載了一件事情：

劉邦有一天喝醉了酒，晚上在泥澤之中行走，有大蛇擋住去路，劉邦拔劍斬蛇。不久，有一位老婆婆哭著說：「我的兒子是白帝子，化為蛇擋住道路，如今已被赤帝子殺死了！」忽然，老婆婆就不見了。附近的子弟，聽到這種傳說，於是多歸附於劉邦，所以後來劉邦能夠成就帝業，就是應驗了「赤帝子」的傳說。

根據五行相生之說，周朝屬火，秦朝就應該屬土，因為火生土。但是秦朝既然自稱為水德，漢朝反而得了土德，於是秦朝就不能列入五行相生的系統之中，便成了閏統，而漢朝反而得了正統。不過，漢朝後來有些學者，討論漢朝到底屬於火德還是土德，因為劉邦有赤帝子的傳說，赤是火色，所以漢朝人後來也承認屬於火德。據此，火一定生土，所以王莽篡漢，遂自稱屬土德。

司馬光在王莽始初元（西元八）年十一月戊辰這一天，記載王莽坐在未央宮前殿，下書大意說：我因為是初祖黃帝之後、始祖虞帝之後，所以皇天上帝隆顯大佑，成命統序，屬予以天下兆民。赤帝漢室高皇帝之靈，承天運，傳金策之書，我祇畏天命，敢不接受，於是改國號為新，而即皇帝位。

由此可見，王莽認為是赤帝高皇帝傳位給他，是火生土，加上皇帝與虞帝（舜）都屬於土德王，因此王莽更順理成章屬於土德了。於是他下令改換正朔，命令服色及旗幟都用黃色，表示土德的象徵。

光武帝恢復漢朝政權，當然不承認王莽為正統。所以漢朝仍然屬於火德。漢獻帝延康元（西元二二〇）年冬十月乙卯，曹丕受禪於獻帝。六十天以後，曹丕正式即皇位帝。為了表示魏朝有統，魏統有所承，於是曹丕想改換正朔，變易服色。當時臣子認為天下還未統一，不妨等到統一以後才換正朔。曹丕才打消了改換正朔的主意。不過他將年號改稱為「黃初」，表示曹魏是繼承漢朝，以土德王天下的。也就是表示魏是正統，是屬於火德的炎漢所衍生出來的。九年以後的夏四月（魏明帝太和三年，西元二二九年），吳王孫權即皇帝位，年號也以黃色做代表，號稱「黃龍」。不論曹魏也好，孫吳也好，都想表示自己屬於土德，爭取繼承漢朝的正統地位。當然，建國於蜀的劉備，更是自稱得到正統的地位。

秦朝統一天下以前，雖然六國分立，但是還有一個周朝中央政府名義上的存在，不發生正統的問題。秦統一、漢取秦、王莽篡漢、劉秀復國，大體上都不是分裂的局面，中央仍然只有一個政府，那時，只有正閏之別，而沒有分裂國家互爭正統的問題產生。換句話說，漢否定秦朝而自承周朝，後漢否定新朝而自承西漢，這都是比較簡單的問題；至於同時並爭正統，這則是一個複雜的問題。於是史家們就各有各的見解了。

陳壽撰寫《三國志》，因為他是司馬氏的臣子，所以他不得不以魏為正統。後來有些史家如習鑿齒，就表示劉備應該是漢朝的後裔，理應取得正統的地位。於是正統之辯大起。

曹丕在延康元年冬十月即位，國號稱魏。第二年（魏文帝黃初二年）夏四月丙午，劉備在四川聽到漢帝已遇害，於是發喪舉哀，即皇帝位，國號仍然為漢，改元「章武」。司馬光寫到這裡，引出了一段評論。

這段「臣光曰」很長，大意是說：

上天生民，其勢不能自治，他們必須互相推戴君主來統治。如果能夠禁暴除害以保全其生，賞善罰惡，便不至於亂，這就可以稱之為君子。所以三代以前，海內諸侯何啻萬國，有人民、社稷者，通謂之君。合萬國而統治，立法度、頒號令，而天下不敢違抗的，就稱之為王。五德既衰，強大的國家能率領諸侯尊天子，則稱之為覇。所以自古天下無道，諸侯力爭，或者曠世無王者，例子是很多的。秦朝焚書坑儒，漢朝興起以後，學者才推論五德相生與相剋的學說，以秦朝為閏位，在木、火之間，是覇而不是王，於是正閏之論就興起了。

及至漢朝顛覆，三國鼎立，晉氏失敗，五胡亂華，宋、魏以降，南、北分治，這些國家各有國史，互相排斥對方與貶低對方的地位。南朝的人稱北方為「索虜」（北方人因為辮髮，南朝人鄙稱之為索頭，又稱之為索虜），北朝稱呼南方為「島夷」（南方水鄉澤國，北朝人鄙稱之為島夷，意即島居之夷）。朱全忠取代唐朝，四方分裂，當他定都於汴京，有人將他比做有窮氏后羿之篡夏、王莽之篡漢，朱氏的運曆年紀，都棄而不數，這都是私己的偏辭，非大公的通論了。

臣愚蠢，不足以認識前代的正閏問題，竊以為假如不能使九州統一的人，都空有天子之名而無其實。無論這些國家仁暴、強弱，與時不同，但都與古代的列國沒有差異，豈得獨尊一國謂之正統，而其餘都變成僭位呢？如果以自上者相授受為正統，則陳氏何所受呢？拓跋氏何所受呢？如果以建國於中國的為正邪，則劉、石、慕容、苻、姚、赫連所得的土地，都是五帝、三王的領土呀。如果以有道德者為正統，則蕞（ㄗㄨㄟˋ zuì）爾之國，必有令主，三代之末，宮無僻王！所以正閏之論，自古及今，未有能通其義，確然使人不可移奪者。臣如今所述，只是想記敘國家的興衰，著生民之休戚，使讀者自己決定其善惡得失，以作為勸戒，不是像《春秋》那樣，立褒貶之統，撥亂世而反諸正啊！

正閏之際，不是臣所敢知，但根據他們功業的事實而言之罷了。周、秦、漢、晉、隋、唐，都曾經統一九州傳祚於後代，他們的子孫雖然微弱播遷，仍然還承受祖先的基業，有紹復之望，四方與他們爭衡的，都是他們的舊臣，所以全用天子之制以臨之。其他地醜德齊的，不能統一，名號不異，本非君臣者，都以列國之制來處理，彼此均敵，無所抑揚，庶幾不誣事實，近於至公。

但是天下分裂之際，不可以沒有年號歲月作為記事的先後，根據漢朝傳於魏，而晉朝承受之，晉朝傳於宋，以至於陳，而被隋朝取代，唐朝承接隋朝而傳於梁，以至於周而被大宋所承接，所以不得不取魏、宋、齊、梁、陳、後梁、後唐、後晉、後漢、後周年號，以記載諸國之事。以這種方式來安排，目的不是為了尊此而卑彼，有正閏之辨。

劉備之於漢，雖然他自稱是中山靖王之後，可是家族疏遠，不能記載他的世數名位，就好像宋高祖（劉裕）自稱為楚元王之後，南唐烈祖自稱為吳王恪（ㄎㄜˋ kè）之後一樣，這都是非難辨，所以不敢以光武帝和晉元帝作為例子，使得他紹續漢室的遺統啊。

司馬光這段評論提出了，霸者並不能列為王者，不能取得正統，是正閏之論所由起的原因。但是依照司馬光的看法，列國分立的情況，不論是華夷種族的不同，政治良暴的不同，國家大小的不同；也不論他承受何者，建國在哪裡，有沒有道德，是否蕞爾小國，都不便推崇其中一國為正統，而將其餘貶為僭位。他認為正確的觀念是把這些國家視為列國分立，各自發展，各有統緒。只是因為國家太多，記載事實時沒有統一的時間，就會造成史實的混亂，於是才採用以曹魏繼承漢朝，以劉宋繼承晉朝，齊、梁、陳……一直到五代的後梁、後唐、後晉、後漢、後周，以至於大宋，作為時間記載的標準。他解釋這種安排法是沒有尊此薄彼的意思存在的。

照司馬光這樣的解釋，列國分立的時候，各國都應該書寫年號，稱國主為皇帝才對，但是司馬光取一國的年號作為紀時，稱呼他國的皇帝作為國主，顯然是有意無意地貶低了其他國家的地位，這確實是司馬光的疏忽之處，難怪後代一些史學家根據此而批評司馬光。但是，司馬光解釋正閏的說法，倒是值得採取。

二、從幾段重要談話看三國發展的趨勢

㈠曹、董會談與挾天子都許

自從董卓被王允、呂布所殺，關中諸將相繼為亂，到了建安元（西元一九六）年春正月，眾人遂欲迎天子還洛陽。這年秋七月，漢獻帝的車駕總算回到洛陽了，此時漢獻帝仍然落在軍閥的控制之中；更重要的是洛陽宮室已經銷毀殆盡，臣工被荊棘，依牆壁間，而州郡各携強兵，沒有把補給品輸送過來。群臣飢乏，尚書郎以下都得出去採糧食，甚至有人餓死，也有人被兵士所殺。

曹操在許，想迎天子過來。部屬以為關東還沒有平定，護送獻帝回來的韓暹（ㄒㄧㄢ xiān）、楊奉等，負功驕恣，未可控制。

但是曹操的謀主荀彧（ㄩˋ yù）說：「從前晉文公迎納周襄王而諸侯景從，漢高祖為義帝服喪而天下歸心。自天子蒙難，將軍首揭義兵，但因山東擾亂，所以未能遠迎。現在皇帝輦（ㄋㄧㄢˇ niǎn）駕回來，東京已經成為荊棘之地，如果這時候奉主上以從人望，是大順

之道；秉至公以服天下，是大略的行為；扶弘義以致英俊，是大德的措施。四方雖有逆節，他們有何能為呢？韓暹、楊奉，安足理會呢！將軍如果不馬上決定，使豪傑生心，以後雖然考慮到，但是後悔莫及了。」於是曹操決定西迎天子。漢帝也任命曹操領司隸校尉．錄尚書事。

曹操已來到洛陽，某天引董昭並坐，問道：「如今孤來這裡？應該採取何種辦法？」

董昭說：「將軍興義兵以誅暴亂，入朝天子，轉翼王室，這是五霸之功。但是下面諸將，意見紛紛，未必服從。如果留在此地（洛陽）匡弼王室，事勢不便，惟有把皇帝遷到許昌，比較方便。但是朝廷播越，新還舊京，遠近跂（ㄑㄧˊ qí）望，希望能夠安定，現在再度遷徙聖駕，是不會令眾心滿意的。但是行非常之事，乃有非常之功，希望將軍採行利多而害少的策略。」

曹操說：「這正是我的本志，只是楊奉就在近鄰，聽說他兵精，恐怕會成為我的負累吧！」

董昭回答：「楊奉缺乏支持者，只要安撫他，說首都無糧，想把聖駕遷到魯陽，魯陽靠近許，轉運比較容易，可無糧乏之憂。楊奉為人勇而寡慮，必不會懷疑，所以他不會累將軍的。」

曹操說：「對極了！」於是派遣特使去見楊奉，遂把獻帝遷至許都。獻帝到達曹操大營，也就拜曹操為大將軍，封武平侯，決定在許都建立宗廟社稷。

同年冬十月，漢獻帝下詔拜袁紹為太尉，袁紹以班位在曹操之下而感到羞恥，大怒說：「曹操該死了，我從前常常救他，如今竟敢挾持天子來命令我！」於是推辭不接受，曹操恐懼，於是把大將軍的官職讓給袁紹。漢獻帝另以曹操為司空，行車騎將軍事。

司馬光在這裡記載袁紹的話，就是表示挾持天子以令諸侯這件事，是曹操迎接皇帝的主因，像袁紹這種蠢人，才會明知而不做。董昭鼓勵曹操，「行非常之事，乃有非常之功」，而曹操也回答以「這正是我的本志」。可見曹操早已策訂了日後的發展，也可以說決定了漢朝被曹魏所篡的大勢。

(二)劉、葛隆中三分天下

從建安五（西元二〇〇）年以來，曹操一直與袁紹抗爭。當曹操北伐的時候，劉備這時投奔劉表，勸劉表襲擊許都。劉表不能採用。及至聽到曹操回師，劉表告訴劉備說：「不用君言，所以失去了大好機會！」

劉備說：「如今天下分裂，經常戰爭，機會之來，豈會終極呢？以後應該好好掌握機會，現在不必悔恨。」

這時，諸葛亮居住於襄陽隆中，經常自比為管仲、樂毅；時下沒有多少人知道他，只有徐庶、崔州平相信他的話，劉備在荊州訪求志士協助。某次劉備訪問司馬徽，司馬徽說：「儒生俗士，哪裡了解時勢。了解時勢的人是俊傑。這裡自有伏龍、鳳雛兩人。」劉備請問兩人姓名，司馬徽回答：「諸葛孔明與龐士元是也。」

劉備又與徐庶交好，徐庶告訴他：「諸葛孔明可稱是臥龍，將軍願意見見他嗎？」「請你與他一起來！」劉備說。

「這人可以前去拜訪，不可以召他來見，將軍應該去拜訪他才對。」徐庶回答。

司馬光記載劉備三顧茅廬，文筆簡捷。他只簡單記載說，劉備去了三次方見到諸葛亮，因而摒退他人，私下詢問說：「漢室衰微，孤不度德量力，想昭大義於天下，而智謀淺短，所以一再失敗，至於今天。但是壯志未已，君認為我該怎麼辦？」

諸葛亮回答說：「如今曹操已經擁兵百萬，挾天子以令諸侯，這真是無法與他爭鋒呀。另一方面孫權擁有江東，已經三代，國勢險要而人民信附，賢能都喜歡為他服務，可以作為我們的援助而不能圖謀消滅他。荊州北據漢水、沔（ㄇㄧㄢˇ miǎn）水，可以享有南海之利，東連東南方的都會，西通巴蜀，這是用武之國，而他的主人（劉表）不能據守，這真是上天賜給將軍的好地方。至於益州險塞，沃野千里，是天府之土，但是據守此地的劉璋闇弱，強虜在他的北方，人民眾多、國家富裕卻不知道撫育百姓，有智能的人都想得到有道明君。您既然是漢室後裔，信義之名四海皆知，如果據有荊州、益州之地，利用地形險阻，並且安撫蠻夷，再與孫權結好。對內修明政治，對外觀察時局變化，則可以成就霸業，復興漢室了。」

劉備大喜：「好極了！」於是與諸葛亮友好親密。這段話就是著名的「隆中對」，是諸葛亮預測天下將會出現的新情勢，與劉備將要採取的發展措施，以後政局的變化果然不出他所料。

㈢遙想公瑾當年與東吳西進的政策

建安十三（西元二〇八）年春正月，司馬光記載甘寧投奔孫權，向孫權獻計說：「如今漢朝的氣數日益衰微，曹操終會篡奪漢室政權，荊州南部地方山川形勢險要，夏口是國家的西部重地。我看劉表這個人，智慮不遠，兒子又劣，不是能承業傳基的人。您應該早日圖謀，不可以落後於曹操。圖謀的辦法，應該先消滅黃祖（據有夏口）。黃祖已經衰老，財政貧乏，政治不修，軍備不整。您如今前往攻擊，一定可以攻破他。破黃祖，再向西進軍，據有楚關，勢力擴大，就可以計劃攻取巴、蜀了。」

孫權非常同意他的看法。張昭當時在坐，為難地說：「現在東吳地方兢兢業業，如果大軍向西進攻，恐怕引起內亂。」

甘寧對張昭說：「國家以蕭何的任務託付給您，您負責留守而擔心內亂，怎麼可以效法先賢呢！」

孫權聽了之後，舉起酒杯向甘寧說：「今年大軍西向討伐，就像這杯酒一樣，決定拜託你了。你應當計劃方略，一定要攻破黃祖，這是你的功勞，何必為張昭的話介意呢？」

於是孫權西征，果然消滅了黃祖。

同年秋七月，曹操認為北方已經穩定，決定向南攻打荊州的劉表。劉表剛好去世，其子劉琮迎降於曹操，荊州大勢幾乎已去。劉備率領本部南撤。

這年冬十月，魯肅聽說劉表死了，告訴孫權：「荊州與我國相接，江山險固，沃野萬里，人口眾多，如果我們能夠占據，就是稱帝的資本了。如今劉表剛死，二子不和，軍中的將領意見分歧。劉備是天下的梟雄，與曹操有仇，投靠劉表，劉表忌諱他的才幹而不重視他。如果劉表與劉備同心協力，我們就應該安撫他們，與他們結盟；如果二人不和，我們就應該另作圖謀，以成就大事。我要求您命我去弔問劉表二子，並慰勞他們軍中的當權者，甚至說服劉備使他安撫民眾，同心一意，共同對付曹操，劉備必定欣然從命。如果能夠成功，天下就可以安定了。如今不快點去，恐怕落在曹操之後。」

根據甘寧與魯肅的話，知道孫權西進的政策，如今已經決定了。只是因為劉表、劉備的情況不明，才派魯肅前往試探。

這個月魯肅來到當陽長坂（在今湖北省當陽縣東北），宣達孫權的意旨，致殷勤友好之意。於是劉備派遣諸葛亮與魯肅到達江東，見孫權於柴桑。

諸葛亮對孫權說：「海內大亂，將軍您起兵江東，劉備於漢水南部收服民眾，與曹操共爭天下。如今曹操誅除大敵，差不多已經完成了，於是攻破荊州，威震四海。英雄無用武之地，所以劉備逃亡到這裡，希望將軍能盡力安置他。如果能以吳越之地與中原抗衡，則不如快點與曹操絕交；如果不能，何不按兵陳甲，北面而臣事之。現在將軍外面表示服從，內心卻猶豫不決，事情緊急而不決斷，大禍就要臨頭了！」

孫權問：「如你所說，劉備為什麼不臣事他呢？」

諸葛亮回答：「田橫，是齊國的壯士，還能夠寧死不接受侮辱；何況劉備是漢室貴冑，蓋世英才，眾士仰慕，好像水之歸海。如果事情不成功。這是天意，怎能向曹操稱臣呢？」

孫權勃然大怒：「我不能以全吳之地，十萬之眾，受制於人。我已經決定了！要抵抗曹操非劉備不可，但是劉備剛剛失敗，怎麼抵抗這個大難呢？」

諸葛亮說：「劉備的軍隊雖然敗於長坂，如今歸隊的戰士及關羽率領的水軍共有萬人，劉琦在江夏也有戰士萬人。曹操的士兵遠道而來已經疲倦，聽說他們追趕劉備，快馬一天一夜走了三百多里，這正是所謂『強弩之末勢不能穿魯縞』啊！所以兵法最忌諱這樣，說『必蹶（ㄐㄩㄝˊ jué）上將軍』。而且北方的人，不習水戰；又荊州之民是因為逼於兵勢而臣服於曹操，並不是誠心悅服的。現在將軍如果能夠命一位猛將統兵數萬，與劉備同心協力，一定可以攻破曹軍。曹軍破後，必定北還；如此則荊、吳之勢強，三雄並立的形勢便形成了。成敗的關鍵，就在今天了！」

孫權大悅，與他的臣下商量其事。這時曹操寫了一封信給孫權，大意說：「近來奉天子之命，討伐天下的叛逆，領軍向南，劉琮束手就擒。現在又整頓水軍八十萬之眾，預備與您較量於東吳。」孫權將來信出示群臣，群臣莫不大驚失色。

長史張昭等說：「曹操，像豺豹一樣，挾制天子的名義征伐四方，動輒說代表朝廷；今天拒絕臣服於他，事情更難處理。而且將軍您只能以長江形勢來對抗他，如今曹操得到荊州，整頓劉表的水軍，軍艦便數以千計，曹操如果全部利用，再加上步兵，水陸並進，也就與我們一樣控有長江之險了。敵我之間兵力數目懸殊，我們認為不如迎降才是上計。」

孫權起身更衣，魯肅趕緊追進來，孫權知道他的來意，拉著他的手說：「你想說什麼呢？」

魯肅說：「剛才觀察眾人的意見，正足以害了將軍而不足以成大事。如今我可迎降於曹操，而將軍您卻不可以。這話怎麼講呢？因為我迎降於曹操，大約仍能做到州郡的長官；而您迎降於曹操，會得到什麼結果呢？希望您早日決定迎戰大計，不要採用他們眾人的意見。」孫權嘆息說：「他們的意見我也感到失望。你的計劃正與我的意思一樣。」

剛好周瑜奉召回來，周瑜告訴孫權說：「曹操雖假借漢朝丞相之名，其實是漢賊。您以神武雄才，又繼承了父兄留下的基業，據有江東地方，面積數千里，兵精糧足，英雄都樂於效忠您，應當縱橫天下，為漢朝除去奸賊。更何況曹操反來送死，怎麼可以向他迎降呢？我為將軍籌算：如今北方未平，馬超等人尚在關西，或為曹操後患；而且曹操放棄鞍馬，利用船隻來與吳越爭雄，如今又值寒冬，馬無糧草，這是驅使中原的兵士來到水鄉澤國，不習水土，必然生病。這幾點都是用兵的大忌，而曹操都冒險行之，將軍擒拿曹操，應當就是現在了，我請求率領精兵數萬人，進駐夏口，保證一定為您攻破曹軍！」

孫權說：「老賊想篡漢自立久矣，只是為害怕袁紹、袁術、呂布、劉表與我罷了。如今幾個人都已被他消滅，只有我還在。我與老賊勢不兩立，你說應當出擊，我非常同意，這正是上天將你賜給我呀！」因而拔刀砍面前的桌子說：「諸將吏誰敢再有說要迎降曹操的，就與這桌子一樣！」於是解散大會。

甘寧、魯肅之言，奠定了孫權的西進政策，周瑜之言，則確定了孫權北抗曹操的政策。這兩個政策，後來都成為三國鼎立的因素。如果孫權當初接受張昭等人的建議，中國的局面必會改寫。所以司馬光寫到魏明帝太和三（西元二二九）年夏四月，吳王孫權即皇帝位的時候，百官都來朝賀，孫權歸功於周瑜。這時張昭想上前褒揚功德，話還沒講，孫權就搶先說：「當初如果採用張公的建議，今天我已成為乞丐了。」張昭大為慚愧，伏地流汗。司馬光特地記載孫權諷刺張昭這句話，表示當年孫權猶豫不決，如非周瑜一言決計，哪裡會有二十一年以後的今天？

㈣先抗曹魏，再圖相爭

早在建安十二（西元二〇七）年諸葛亮的〈隆中對〉中，主張劉備握有荊州，西圖巴蜀，然後據有荊、益二州，利用地勢險要，整頓內政，東和孫權，對外觀察時局變化，慢慢圖謀恢復漢室。劉備也很贊成他的看法，依他的設計經營發展。

建安二十二（西元二一七）年劉備已經得到益州，於是法正在這年冬十月建議劉備說：「曹操一舉降服張魯，平定漢中，不因此情勢進攻巴、蜀，而留夏侯淵、張郃屯守，自己立即北還，這是他的智慧不夠而且力量不足呀！一定是內部有問題的緣故。我推測夏侯淵與張郃的方略，比不上我們的將卒，我們發兵往討，必可克服他們。克服他們之後，推廣農業，積聚糧穀，然後等待機會。最好的話可以消滅曹操，保護王室；其次可以進取雍州與涼州，開拓領土；最起碼也可以守住險要，長久支持下去。這是天意所賜，時機不能錯過。」劉備同意，於是出兵漢中。

法正的政策就指示後來蜀漢北伐的政策，諸葛亮不辭辛勞的北伐，就是執行這個政策。

因此，第二年四月，劉備屢攻漢中不克，緊急下令益州增兵。諸葛亮詢問他的幕僚楊洪，楊洪說：「漢中是益州的咽喉，存亡的機會。如果得不到漢中，則蜀也保不住了。這是大禍，應該盡快發兵，還懷疑什麼呢？」於是諸葛亮立即發兵增援劉備。可見北伐漢中，和以後自漢中北伐關中，都是戰略必定的發展。到了建安二十四（西元二一九）年春正月，夏侯淵陣亡於定軍山，劉備才據有漢中。於是在同年秋七月，劉備才敢自稱為漢中王，就是因為國防險要已經控制住了。

不過，到了冬十月，關羽在荊州被孫權部將呂蒙偷襲而死，傷害了漢與吳聯盟的政策。劉備在曹丕篡位後第二年（黃初二年，西元二二一年）三月即位為漢帝，經常想起關羽的喪命，感到很羞恥，於是準備攻擊孫權。司馬光在這年五月記載翊（ㄧˋ yì）軍將軍趙雲的建議：「國賊是曹操，不是孫權。如果先滅曹魏，孫權自然降服。如今曹操雖然身死，但他的兒子曹丕已經篡位，我們應該配合群眾的心理，早日進攻關中，據守黃河、渭水上游以討伐叛逆，關東的義士必定準備糧馬來迎接我們。不應將曹魏放置一邊，而去與東吳交戰。戰事一起，就不能馬上解決，這絕非上策。」

群臣勸諫的也很多，劉備不聽，甚至處罰他們。可以說，劉備因為私人一時的憤怒，違背了諸葛亮與法正已經建立的大戰略。同年秋七月，劉備率軍東出，孫權遣使求和，得不到結果，只好向曹魏稱臣，借用曹魏的力量牽制蜀漢。

黃初三年閏六月，劉備兵敗消息傳回。這時法正已死，諸葛亮感嘆地說：「法正如果還活著，必能勸阻主上東行；即使東行，也必不會兵敗得如此之慘！」

黃初四（西元二二三）年三月，劉備病危，召見諸葛亮說：「你的才幹勝過曹丕十倍，必能安定國家，成就大事。我的兒子如果可以輔助，就請輔助他，如果他才能太差，你可以取而代之。」

諸葛亮涕泣說：「我怎敢不盡全力，效忠於主上，甚至不惜一死！」司馬光記載這段話說，一方面顯示劉備與諸葛亮之間君臣的情誼，另一方面也可以暗示蜀漢不能恢復漢室的原因。第二個月，劉備去世，諸葛亮以丞相的身分，實際統治蜀漢。

諸葛亮掌政以後，最重要的事就是恢復最初的大戰略構想。這年九月，尚書鄧芝向諸葛亮說：「現在主上幼弱（劉禪時年十七歲），初即帝位，應該派遣大使與吳國重修舊好。」

諸葛亮說：「這件事我想了很久，只是找不到適當的人選罷了，今日才算找到了。」

「這人是誰？」鄧芝問。

「就是您！」諸葛亮回答。於是特命鄧芝為大使，到吳國去重修舊好。

冬十月，鄧芝到達東吳，這時吳王還沒有與曹魏絕交，猶豫不決。孫權沒有馬上接見鄧芝。鄧芝就上表請求謁見說：「我現在來貴國，也是為吳國打算，不只是為了漢而已。」

吳王接見他說：「我很願意與漢友好，但是恐怕漢主幼弱，國勢弱小，被魏所乘，無法自保。」

鄧芝回答：「吳、漢小國，擁有四州之地，大王您是蓋世的英才，諸葛亮也是一時的豪傑。漢有重重險阻之固，吳有三江天險之阻，雙方密切合作，進可以統一天下，退可以與魏三雄並立，這是很自然的道理。大王如今要是屈服於魏，魏國必定要求大王入朝，而且要求您的太子成為人質，如果您不從命，則發軍討伐，漢到時也會順流而下進攻吳國。如此，江南之地就不再是大王您的了。」

吳王孫權默默良久，然後說：「你的話不錯。」於是與魏絕交，而與漢聯合。

第二年夏四月，鄧芝再度來到吳國，孫權問他說：「如果天下太平，二主分治，不是很好的事嗎？」

鄧芝回答：「天無二日，土無二王，如果消滅曹魏以後，大王您不能體認天命是將天下歸於漢室，兩國君主各自發揮德性，兩國大臣各自盡其忠誠，屆時兩國才是整頓軍隊，發生戰爭的時候。」

吳王哈哈大笑：「君竟然如此誠實啊！」

也就是說，諸葛亮與孫權結盟的目的，是聯合共同對抗曹魏。等到曹魏亡後，就是兩國相爭的時候。蜀漢的大戰略構想是如此，其實吳國的構想也是如此，只是雙方的共同利益一致，所以才聯合抗曹。七年以後（魏明帝太和三年），吳王即皇帝位，遣使通知漢，漢人認為與他交往，則名義不順，應該顯明正義，與吳斷絕結盟才對。

諸葛亮說：「孫權有僭逆之心已經很久了，我國所以故意忽略這情況，是因為求他與我國互相支援。如果現在與他絕交，吳國必定仇視我國，我們就需要移兵防守東面，與他對抗，必須要等到消滅吳國，然後才能北伐中原。他們賢才很多，將相和睦，還不容易在短時間內平定呢！兩國集兵相對抗，消耗國力，使北賊得利，不是好辦法呀！從前西漢的孝文帝對匈奴卑辭求和，先皇帝（劉備）不計前嫌與吳國結盟，都是通權達變，考慮到長遠的利益，不是匹夫一時的忿怒啊！如今有人認為孫權只要三分天下，不能和我國全力抗魏，而且滿於現狀，沒有北渡大江的打算。這些想法，似是而非。為什麼呢？孫權智力不足，所以才以長江自保；孫權無法渡越長江，就好像魏賊不能渡越漢水一樣，並不是有餘力卻故意不做啊！

如果本朝大軍北伐魏賊，我想孫權一定不會端坐不動，而會整軍經武，準備分享我方成功的利益。就算他不動而與我國和睦，我國北伐就沒有東顧之慮，魏賊河南的軍隊也不能抽調到西線，這個利益就已經很大了。所以孫權僭逆之罪，現在還不能公開聲討啊！」

於是派遣使節到吳國，祝賀孫權。孫權就與漢國結盟，約定將來中分天下。

漢與吳的結盟，是基於共同的戰略利益，所以兩國盟誼也頗為穩定，諸葛亮以後才得以北出漢中，而且也是唯一可行的討伐魏賊的途徑。因為從東面出荊州討伐的路線必定經過吳國領土，勢不可能。由此可見若非諸葛亮、鄧芝等有識之士，重申聯吳的大戰略構想，蜀漢是否能夠立國，誰也不敢預料。及至舊盟重修，則以曹魏力量之強，竟也難在短時間內吞併二國，鼎足三分之勢，至此不可動搖了。

當然，曹魏也知道這種情勢，早在黃初四年三月，劉備還沒去世之前，魏文帝曹丕就曾問過謀臣賈詡（ㄒㄩˇ xǔ）說：「我想討伐不從命的人以統一天下，應該先討伐吳國還是蜀國呢？」

賈詡回答說：「陛下根據天命而得天下，應該以文德服眾，然後靜待時局變化，則平天下並不難。吳、蜀雖然是蕞爾小國，但是依山阻水，劉備有雄才，諸葛亮善治國，孫權識虛實，陸遜懂兵勢；他們據守險要，都很難一時平定。用兵之道，要先有勝的把握方準備開戰，衡量敵人的情勢才調派軍將，這樣才能不失算。臣認為我方群臣中沒有劉備、孫權的對手，雖然以大軍攻打，但沒有必勝的把握，因此目前應採先文德而後武功的戰略。」

晉紀

一、三家歸晉

司馬光在〈魏紀〉記載魏文帝於黃初七（西元二二六）年夏五月病重，乃立曹叡（ㄖㄨㄟˋ rèi）為太子。丙辰這一天，召中軍大將軍曹真、鎮軍大將軍陳群、撫軍大將軍司馬懿入宮，並受遺命輔政。第二天丁巳，文帝去世。曹叡即位以後，由於他很少和朝臣見面，常潛思讀書，所以群臣都沒有見過他的風采，而渴望一見。魏明帝即位後幾天，他只單獨接見過侍中劉曄（ㄧㄝˋ yiè）。劉曄辭出，外面的群臣就問他：「怎樣？」

劉曄說：「他是與秦始皇、漢武帝相似的君主，只是才具稍微比不上他們罷了。」這是司馬懿輔政之始，由於明帝和其他輔政大臣能幹，所以司馬懿無法表現他的野心。

魏明帝太和元（西元二二七）年三月，漢丞相諸葛亮率軍北駐漢中，臨行上表給後主。司馬光認為這道奏表很重要，就將這篇〈出師表〉全文轉錄，這是司馬光寫《資治通鑑》很少有的事。諸葛亮大意說：「先帝創業未半，而中道崩殂，今天下三分，益州疲弊，此誠危急存亡之秋也。臣本布衣，躬耕南陽。苟全性命於亂世，不求聞達於諸侯。先帝不以臣卑鄙，猥（ㄨㄟˇ wěi）自枉屈，三顧臣於茅廬之中，諮臣以當世之事，由是感激，遂許先帝以驅馳。先帝知臣謹慎，故臨崩寄臣以大事。今南方已定，甲兵已足，當獎率三軍，北定中原，攘除姦凶，復興漢室，此臣所以報先帝，而忠陛下之職分也。」從此以後，遂駐軍於漢中，屢屢北伐的事業，至此展開。諸葛亮也開了一個先例。此後凡是蜀漢的執政者，常駐紮漢中，很少在成都理事，這也是造成後來後主亡國的原因。不過，採用以攻為守的戰略，也從此成為蜀漢的國家戰略。

諸葛亮的出師，魏國上下當然為之震恐，但是蜀漢國內群臣也有人不同意諸葛亮的戰略。於是在太和二年冬十月，諸葛亮二度出師，再度上表給漢後主說：「先帝深慮以漢、賊不兩立，王業不偏安，故託臣以討賊。以先帝之明，量臣之才，固當知臣伐賊，才弱敵強；然不伐賊，王業亦亡，惟坐而待亡，孰與伐之！」他又就「故王業不可偏全於蜀都，故冒危難以奉先帝之遺意」，進而分析非戰言論的不對，指出趙雲等人亡後，形勢對北伐不利，愈後效果愈差，所以只好鞠躬盡瘁，死而後已。降至魏明帝青龍二（西元二三四）年八月，諸葛亮病逝於軍中，漢國的國家戰略仍然繼續下去。

諸葛亮病逝的消息傳到吳國，吳人恐怕魏人乘機征服漢國，於是在西線增兵，目的一欲以救援，二欲以事分割。漢人聞之，也在東線增防，漢主派使節至吳，吳主問道：「東之與西，如像一家人，最近聽說你們在東線增防，是為了什麼原因呢？」漢使回答：「臣以為我國在東線增兵，與貴國在西線增兵，都是事勢宜然，都不足以相問啊！」

吳主聽了大笑，嘉許漢使的率直。不過司馬光記載這件事，就表示漢與吳的聯盟，互相都有警惕而不信任的意味，這也是三國後來分別被消滅的原因。

景初三（西元二三九）年春正月，魏明帝病重，司馬懿從外地回到首都洛陽，入見明帝。明帝執著他的手說：「我以後事交託給你，你與曹爽輔助少子。死可以忍，我忍著不死，等待你來，得到相見，我沒有什麼遺憾了！」

於是召齊、秦二王出來拜見司馬懿，指著齊王曹芳告訴司馬懿說：「這就是，你看真確一點，不要錯誤了！」又叫齊王上前，抱著司馬懿的脖子。司馬懿叩頭哭泣。這一天，明帝冊立齊王為皇太子，然後就死了。

司馬光認為明帝算是能幹之主，三十多歲就死了，交由曹爽與司馬懿輔政，就是後來政歸司馬氏的原因。他引用孫盛的評論，指出明帝不思建德垂風，沒有鞏固維誠之基，是使大權旁落的因素。

新任的皇帝年才八歲，曹爽輔政以後，假借天子的命令，將司馬懿轉拜為太傅，外表以名號尊之，內心卻想將他排擠出權力中心。事後，曹爽大量任用他的弟弟們掌政，也起用了一些名士如何晏等人，這些人都有才名，但都是汲汲於富貴，趨時附勢的人。從前魏明帝厭惡他們浮華，所以不起用他們。曹爽素來與他們親善，於是加以提拔，引為心腹。

魏邵陵厲公（曹芳被廢後的爵謚）正始六（西元二四五）年，吳國因為繼承問題，發生了衝突，醞釀成危機。朝廷大臣們，很多人捲進漩渦之中，連名臣陸遜也因而憤怒去世。至於漢國方面，此年冬十一月，漢國第一號執政者大司馬蔣琬病逝，費禕（ㄧ yī）與董允繼承大任。第二個月，尚書令董允也死了，漢國的政治也因此發生問題。宦官黃皓是一個聰慧而奸詐的人，為漢主劉禪所寵愛。董允生前經常責備黃皓，黃皓畏懼，也不敢為非。這時董允去世，黃皓就與陳祇（ㄑㄧˊ qí）互為表裡，開始預政，升遷為中常侍，操弄權威。漢國又重現東漢以來宦官之禍。司馬光就指出黃皓干政是「終以覆國」的原因。

正始八（西元二四七）年五月，司馬懿因受到曹爽集團的排擠，對他們亂改朝政也無法阻止，於是稱病不過問政事。這時魏帝喜歡遊宴，曹爽等人也喜歡相偕出遊，有人勸曹爽掌握機權，不應該全部出遊，萬一有人兵變，關閉首都城門怎麼辦呢？但是曹爽等人認為司馬懿已經生病，不過問政事，哪有人會如此大膽。於是不聽，遊宴如故。這年九月，孫禮因管區的問題，得罪了曹爽，受處罰以後，改任為并州刺史。孫禮往見司馬懿，容色憤怒而默默無言。司馬懿說：「卿嫌并州太小嗎？埋怨管區的事情不公平嗎？」

孫禮說：「您說話怎麼這樣不近情理呀？我雖不德，豈會在意官位及往事呢！本來我以為您能效法伊尹、姜太公，匡復魏室，以報答明帝的囑託，並且建立萬世的勳業。如今社稷將危，天下動盪不安，這才是我不愉快的原因啊！」說罷，涕泣橫流。

司馬懿安慰說：「不要哭了，暫時忍住那不可忍的事吧！」

司馬光記載這段談話，用意明顯地表示司馬懿想以退為進，陰謀對付曹爽。

曹爽集團當然也了解司馬懿存在的危險性。這年冬天，曹爽的人李勝出任荊州刺史，去向司馬懿拜辭。司馬懿命兩名侍女在旁。司馬懿拿著衣服，衣服卻掉落了；指著嘴巴表示口渴，婢女進湯，司馬懿不拿杯而飲，湯都流到嘴外而沾汙了胸膛。李勝見狀，就說：「大家認為您舊病復發，沒有想到尊體如此病重！」

司馬懿假裝氣息衰弱地說：「年老枕疾，死在旦夕。君應該委屈為并州刺史，但是并州靠近胡人，你好好加以防備！我們恐怕不能相見了，所以我想把兒子司馬師及司馬昭兄弟拜託給你了。」

李勝說：「我是被任為荊州刺史，不是并州刺史。」

司馬懿故意錯亂其辭，說：「君才到并州？」

「我是到荊州。」

「年老急荒，不解君言。如今你回到荊州任上，盛德壯烈，好建功勳！」司馬懿說。

李勝告退，報告曹爽：「司馬公尸居餘氣，形神已離，不足為慮了。」第二天，他又向曹爽等垂淚說：「太傅病得很重，無藥可救了。想來令人愴然！」於是曹爽等人就不再防備司馬懿了。

這年十二月，司馬懿遂祕密與他的兩個兒子司馬師、司馬昭共同謀誅曹爽。

翌年春正月，司馬懿父子乘魏帝與曹爽等去拜謁明帝的陵墓，假傳皇太后令，關閉洛陽城門，發動了一次兵變。有人勸告曹爽兄弟，挾著天子到許昌，然後徵召四方部隊討伐司馬懿。曹爽猶疑不決，最後竟然說：「我向司馬懿屈服，也不會失掉做一個富家翁的機會。」於是將皇帝送回洛陽，向司馬懿投降。司馬懿收捕了曹爽等人，從此大政在握。

司馬懿掌政以後的第二年，也就是嘉平二（西元二五〇）年，東吳再因繼承權的糾紛，產生了很大的政潮。吳主把競爭的二子廢掉，牽連了不少臣僚，乃在十一月立另一兒子孫亮為太子。以後魏、吳的政局屢有風潮，也屢有兵變，只有蜀漢政局較為穩定。至於三國之間的交戰，也因政局的波動而常常發生。

司馬懿父子都效法曹操，不便在生前篡位。嘉平三年八月，司馬懿去世，長子司馬師繼續掌政。這時魏國陷於兩面作戰。但是東吳限於內政不良，北伐屢攻無效，蜀漢則因後勤補給困難，作戰也沒辦法成功。司馬師內逢兵變，外遇強敵，竟也應付裕如。到了正元元（西元二五四）年九月，局勢稍微穩定，司馬師乃廢掉魏帝為齊王，另立高貴鄉公曹髦（ㄇㄠˊ máo）為皇帝，曹髦這時才十四歲。同年十月，曹髦即位，他很愛讀書，深思好學，一直對司馬氏有惡感。第二年司馬師病死，其弟司馬昭繼續掌政。直到景元元（西元二六〇）年夏四月，魏帝任命司馬昭為相國，封晉公，加九錫，於是司馬氏的權威就更盛了。

曹髦看見司馬氏威權太重，在同年五月召見心腹臣子說：「司馬昭之心，路人皆知。我不能坐受廢辱。今天要與你們誅討他們。」結果其中有臣子報信給司馬昭，司馬昭的部下就與皇帝的部下大戰，殺死了皇帝曹髦，另立常道鄉公曹奐為皇帝，曹奐這年十五歲，就是魏元帝。這時蜀漢宦官黃皓亂政，吳國則屠殺群臣，兩國均因內政不修，是司馬昭統一的大好機會。

景元四年司馬昭大舉伐漢，漢人求救於吳，吳國動員軍隊，但沒有採取有效的行動。這年冬十月，魏將鄧艾偷襲成功，蜀漢投降，結束了三國鼎立的其中一國。蜀漢投降時，國有二十八萬戶，人口九十四萬，軍隊十萬二千，官吏四萬。人口、兵力不弱，而不戰迎降，可見後主之無能。後主事後被解送到洛陽，封為「安樂公」。這時司馬昭也已經進封為晉王，設宴招待蜀漢後主劉禪，命令歌妓演奏蜀國的音樂舞蹈。劉禪的隨從都為之感傷，只有劉禪喜笑自如。司馬昭告訴賈充說：「人居然有這樣無情的！雖然有諸葛亮在，也不能永遠輔助他啊，何況姜維呢！」

有一天，司馬昭又問劉禪：「你是否思念蜀國呢？」

劉禪說：「此間樂，不思蜀了！」

由此可見，劉禪配上黃皓，就足以成為亡國的直接原因了。

魏元帝咸熙二（西元二六四）年八月辛卯，司馬昭死，太子司馬炎繼承為相國晉王。同年十二月壬戌，曹丕篡漢的故事重演，魏帝禪位於晉；四天以後，司馬炎即皇帝位，是為晉武帝，改元泰始，距蜀漢之亡僅兩年。

晉武帝有滅吳之志，只因建國未久，朝議未定，而吳有大將陸抗扼守前線，所以才延遲統一行動，不過已經祕密進行作戰布署。

吳的內政一直衰亂，降至泰始十（西元二七四）年秋七月，大司馬陸抗病逝，國防上遂出現空隙。兩年以後（晉咸寧二年，西元二七六年）的冬十月，司馬光詳細記述了晉朝前線指揮官羊祜（ㄏㄨˋ hù）伐吳之議。羊祜詳析雙方戰略形勢，料定必可克吳，但為朝中非戰派所阻，事情又再寢壓下來。咸寧四年十一月辛卯，羊祜病死，推薦杜預繼任遺職，統一行動乃逐漸展開。翌年秋天，前線諸將王濬（ㄐㄩㄣˋ jùn）、杜預等先後上表，分析形勢，要求大舉南征；指出吳主孫皓荒亂，應該馬上征伐，否則他一旦死去，吳人另立賢主，眼前形勢頓然會變。就在此年冬十一月，武帝決心全面作戰。

第二年（太康元年，西元二八〇年）三月，吳主出降。晉朝平定江南，接收了四州，四十三郡，五十二萬三千戶，二十三萬兵力；距離蜀漢亡國僅十八年，曹魏被篡僅十六年，中國再度統一。

武帝封孫皓為歸命侯，大會群臣而接見亡吳君臣一行問道：「朕設此座以待卿，等了很久啦！」

孫皓回答：「臣於南方，亦設此座以待陛下！」

「聞君在南方，」宰相賈充在旁詢問孫皓：「挖人的眼睛，剝人的面皮，這是哪一等的刑呀？」

「人臣有弒（ㄕˋ shì）其君及姦回不忠者，就加以此刑！」孫皓前後對答，猶且略無怍（ㄗㄨㄛˋ zuò）色。他與劉禪比較，真是不相稱的一對活寶，即使陸抗不死，大概也不會長保吳國。

二、魏晉風氣

晉太康元（西元二八〇）年，吳亡。吳主孫皓一行北上洛陽歸命。晉武帝對吳地有名望的人，都加以隨才拔用。司馬光在太康三年末，記載北上名士薛瑩死後，有人詢問另一名士陸喜說：「薛瑩在吳士之中，應當是第一號人物嗎？」「薛瑩只能在四、五之間，怎樣可以算為第一！」陸喜繼續辯說：「孫皓無道，吳國之士中，那些沉默潛伏，不出而用世之士才是第一流；避尊位而做卑官，食祿以代耕的人是第二流；侃然體國，執正不懼的人是第三流；斟酌時宜，偶然也貢獻微益的是第四流；溫良修慎，不作諂媚之首的是第五流；過此以往，已經不足評論。所以他們上等之士，多淪沒歸隱而遠避悔吝；中等之士則有聲名位望，而接近禍殃。觀察薛瑩的處身本末，又怎樣可以稱得上第一啊！」

陸喜的評論，不但僅是評論吳國之士，事實上可以視為評論魏晉以降士風的標準。司馬光對此人才風氣的丕變甚為關注，經常提到這方面的問題。他遠在漢獻帝建安四（西元一九九）年十二月，記載了名士華歆葛巾迎降於孫策的事情，尋即引用名史家孫盛的評論，批評華歆無伯夷等高尚的志節，缺乏王臣不屈的操守，橈（ㄋㄠˊ náo）心於邪儒之說，交臂於陵肆之徒，位奪節墮，實有莫大之罪。

華歆、管寧都是名滿天下之士，前者與孔融、楊彪等一干名士，屈辱於曹操之下，尸居餘氣，頂多不過是陸喜口中的第五流人物；像管寧這類第一流之士，早已見機不仕，退而歸隱了。因此，吳亡的士風，實自漢末已經出現。志士喪氣，當然與政治黑暗有關，但是野心家的激揚，例如曹操等，更是造成風氣丕變之因。

司馬光寫到建安十五（西元二一〇）年時，他節錄了曹操所下的十二月〈己亥令〉，大意是自述本非名士，恐怕世人待之如凡愚之人，所以好作政教以立名譽；後因除殘去穢，整頓地方，而為強豪所仇恨，恐怕招致大禍，因此歸隱讀書，欲等二十年，待天下澄清然後才出仕。但事與願違，尋即被朝廷徵為典軍校尉，遂因而改變志向，欲為國家討賊立功；若死後墓碑題為「漢故征西將軍曹侯之墓」，於願已足。

既而興義兵討伐董卓，平定黃巾，討擊袁術，摧破袁紹，復定劉表，遂平天下。貴為宰相，人臣之極，早已超過原來的意望。假如國家沒有孤（曹操自稱），不知幾人稱帝，幾人稱王？有人看到孤強盛，妄說孤有不遜之志，因此耿耿於心，下此命令向天下表白肺腑之言。

但若要孤解除權力，歸回武平侯國（曹操的封邑），實為不可。因為恐怕繳還兵權以後，會被他人所害。為了子孫打算，又考慮到已敗則國家傾危，所以不能解權歸國，做那些慕虛名而處實禍之事！至於兼封四縣，倒可以讓還其中三縣，僅保留武平一國就夠了。希望因此而能塞謗議，使孤減少一些責難。

曹操自述，實為當時野心家們共同的心態，儘管他自述初志可以相信，但是他的言行卻有點不大合一。該年春天，陳壽《三國志》記載了曹操所下的〈求賢令〉，表面上是徵求隱居不名的賢人君子，實際卻欲效法齊桓公的霸政，要求有才之士，不論是否「盜嫂受金」（指違亂道德、貪贓枉法的人），只要出山相助，他都舉而用之。

同一年之中，年頭公開徵求敗德而有才之人，來助他完成霸政；年尾卻一反此言，自述志欲佐漢澄清天下，否認有不遜之志。思想意識，顯然大有問題。觀察此後的發展，曹操顯然是本著〈求賢令〉的目標去實踐的。那麼，司馬光不取《三國志》所載的〈求賢令〉，而節錄魏武故事所載的〈己亥令〉，識見不是有所未到嗎？

司馬光寫到建安十七（西元二一二）年春正月，曹操西征韓遂、馬超而還，天子詔令曹操贊拜不名、入朝不趨、劍履上殿。

同年冬十月，董昭告訴曹操：「自古以來，人臣匡世，未有今日之功；有今日之功的人，也不會久處人臣之勢。如今明公（曹操）恥有慚德，樂保名節；然處大臣之勢，使人以大事懷疑於自己，真是不可不認真考慮啊！」於是，董昭遂與列侯諸將商量，建議丞相

（曹操）應該晉升公爵，如九錫，以表彰殊功。

曹操手下第一謀主荀彧反對，認為曹公本興義兵以匡扶國家，秉忠貞之誠，守退讓之實；君子愛人以德，不應這樣子做。曹操聽後不悅，命令他出去勞軍，中途賜他服毒自殺。

司馬光對此大加評論，大意說齊桓公之行猶如豬狗，管仲不羞而相之，是因為非桓公則生民不得而濟，所以孔子大讚管仲之仁。漢末大亂，生靈塗炭，自非高才不能濟天下，因此荀彧不得不屈事於曹操。漢末四海板蕩，尺土一民皆非漢有，荀彧佐曹操轉弱為強，化亂為治，十分天下而有其八，功勞不低於管仲。管仲不殉身故主之難，而荀彧卻為漢室殉節，其仁更在管仲之上了。有人批評荀彧此舉，無異教盜穴牆，而又不想與盜同汙。司馬光卻認為，假如曹操當了皇帝，荀彧當與蕭何同功；他豈會不利於為佐命元功，而甘願殺身以邀名呢？

司馬光推斷荀彧是殉漢而死，表示一向求賢，內中頗有忠貞於漢室之士，因為感於曹操類似〈已亥令〉自述其志之事，誤認曹操是扶漢英雄，所以屈事於他。司馬光沒有對此再加深入評論，不過就此卻可以了解到幾件重大的意義：

第一，曹操的志向不僅止於掌權，屈居武平侯國一縣而已。荀彧死後七個月，曹操就成為魏公，食封十郡之多，而且加九錫以尊耀殊功。九個月後，曹操納三女為獻帝的貴人，成為外戚；後來弒害伏皇后，讓次女曹節成為新皇后。以後追求的名位官爵，亦愈來愈尊貴了。

第二，曹操自述志向，不論是否提到要做齊桓公，都已經欺騙了不少有尊中央、清天下之大志的名士。這些人後來雖然發現曹操真正的意向，但已受制於人；除非他們想學荀彧，否則誰也不敢表示態度。他們較佳的態度，一就是學徐庶，終身不為曹操策劃；再就是像楊彪，面恭而心不同。至於像華歆之徒，苟且唯諾，安位偷生，但內心之中，卻也未必真正擁戴曹操。曹操所以放慢篡漢步驟，不便及身稱帝，大約就是因此而有所顧忌。

司馬光寫到建安二十四（西元二一九）年十一月，孫權向曹操稱臣，上書請曹操稱帝。曹操公開展示權書，告訴群臣說：「此兒想把我放在爐火上嘛！」陳群認為孫權的意見很對，建議曹操「宜正大位」。

曹操卻婉拒道：「如果天命在我，我當周文王好啦！」曹操為何不願意自己當皇帝，而讓兒子來幹那篡位的勾當呢？司馬光評論認為這是東漢教化風俗成功之處，曹操是為了顧慮世之「名義」，而不敢廢漢自立。

司馬光為此極力推崇東漢的社會風氣，連呼：「教化安可慢，風俗安可忽哉！」是則像〈求賢令〉那樣敗壞人倫風俗的文獻，他當然不願再加轉述；至於像〈已亥令〉那樣可以敗露姦雄言行不一致的文獻，雖然正史不載，他則「義不容辭」地加以節錄。

第三，前述第一點的意義，表示啟發了魏晉南北朝眾姦雄篡弒相仍的行為動機；第二點表示了陸喜所說第一流人才沉默潛伏，第二流以下對黑暗政治的通常反應之根本因素；於是魏晉所用人才，多為「盜嫂受金」（偷嫂嫂，受賄賂，指亂倫貪汙之事）之人。姦雄之主與姦詐之臣，遂造成以下風氣轉移敗壞的原因。

曹操雖然拔用「盜嫂受金」之士，但尚愛惜「名義」；到了其孫魏明帝，則連「名義」也想拋棄。司馬光寫到景初元（西元二三七）年冬十月，說明帝深疾浮華之士，竟然指示吏部尚書（選拔人才的長官）盧毓說：「選舉人才不要錄取有名之士，名如畫地作餅，不可以食啊！」

景初三年春正月，明帝將死，詔令曹爽與司馬懿輔立齊王曹芳，後者即為老奸巨滑之人。曹爽掌政，排忌司馬懿，提拔了一些有才名而急於富貴、趨時附勢的人，如何晏、丁謐（ㄇㄧˋ mì）等。這些人經常宴遊，不大關心政治。翌年改年號為正始。十年以後（正始十年，即嘉平元年，西元二四九年），司馬懿發動兵變，將曹爽集團一舉覆滅。

司馬光批評何晏等人說：「何晏個性自喜，注意美容，粉白不離手，走路也顧影自憐；尤好老、莊之書，與夏侯玄、荀粲及王弼之徒，競為清談，崇尚虛無，竟說六經是聖人的糟粕（ㄆㄛˋ pò）。由於天下士大夫爭慕效法，遂成風氣，不可矯正過來。」這種風氣，可以說是士大夫對黑暗政治的逃避與反響，對人倫教化的反動，歷史上稱為「正始之風」。

降至晉武帝篡位（泰始元年十二月，西元二六五年）的同月，諫官傅玄上疏說：「臣聞先王之御天下，教化隆於上，清議行於下。近者魏武帝（曹操）愛好法術，遂使天下崇尚刑名；魏文帝（曹丕）慕悅通達，遂使天下輕賤守節。其後綱維不整，放誕盈朝，遂使天下無復清議。陛下龍興受禪，弘揚堯舜的教化，惟未舉拔清遠有禮之臣以敦風節，未退虛鄙之士以懲不恪，臣所以猶敢拜表上言。」武帝雖嘉納其言，然亦不能改革，遂種下五胡亂華衰世之因。

晉朝第二任君主惠帝時代，王衍為尚書令（皇帝祕書長），樂廣為河南尹（首都所在州的長官），司馬光於元康七（西元二九七）年九月記載說：王戎（王衍的堂弟，為司徒）這個人與世浮沉，無所匡救，事務都交給僚屬處理，而與樂廣兩人皆善於清談，宅心事外，名重當世，使朝野之人爭相慕效。兩人都喜歡評鑒人物，舉世以為儀範準則。王戎、王澄與阮咸、阮脩（咸姪）、胡毋輔之、謝琨、王夷、畢卓等人，皆以任情放縱為通達，至於醉狂裸體而不以為非。他們都推崇何晏等老、莊之學，由是朝廷大夫都以浮誕為美，弛廢職業，蔚成風氣。

名臣裴頠（ㄨㄟˇ wěi）寫了一篇〈崇有論〉，猛烈地批評他們「立言藉於虛無謂之玄妙，處官不親所職謂之雅遠，奉身散其廉操謂之曠達」的歪風，欲砥礪風氣，復興名教。但以習俗已成，不能挽救了。

除了這種崇尚虛無，做官而不理事，毀敗名教的風氣之外，這時代的權門貴族另有幾種風氣：一是淫逸縱慾，二是窮奢極侈，三是爭權奪利。司馬光在晉代的歷史上，寫不絕書。司馬光在晉懷帝永嘉三（西元三〇九）年三月，藉著追述武帝時代大臣何曾的談話，指出了世變的危機。他說何曾經常侍宴於武帝，某次宴罷，回家預告子弟們說：「主上開創大業，但我屢次宴見，從未聽他討論過經國遠圖，只有說些平生常事，這不是做子孫模範之道；國家變亂之局大概及身不會出現，不過後代一定危險啊！你們或許也看不到了。」指著孫子輩又說：「他們那一輩的必定蒙難。」

司馬光力讚何曾之明，但也力斥他身為宰相，知其君之過而不以告，不是一個忠臣。事實上，這時候晉朝外戚、皇后、宗室之亂早已發生日亟，五胡亂華的形勢也早已形成了。兩年之後，懷帝就被匈奴所俘，洛陽焚燼，創下中國歷史上第一個被邊疆民族毀滅生擒之例。又過了五年，立足於長安的愍帝也被匈奴俘虜北去。此下五胡橫行黃河流域，晉政府只能退保長江流域而已。

司馬光在愍帝蒙難（建興四年冬十一月乙未，西元三一六年）後，詳引《搜神記》作者干寶的評論，指出此時內亂外患、二帝蒙塵的主因，是由於「四維不張而苟且之政多」，為「國之將亡，本必先顛」此語的應驗。

晉室南渡以後，風氣因循不革，不但無力北伐，兼且篡奪屢興，不遑寧處，遂終於為北朝步步進逼，慢慢吞滅了。

三、五胡亂華的背景

漢朝與匈奴長期征戰的結果，匈奴降服，大部分入居塞南，結束了長期的戰爭。東漢中期以後，又長期與西方的羌族作戰，耗損國力很大，種下了亡國之因。

獻帝建安二十一（西元二一六）年夏五月，曹操晉爵為魏王，烏桓（今山西省北部）三部臣服。秋七月，南匈奴南單于呼廚泉入朝於魏。東漢以來北匈奴被擊潰後，南匈奴入居塞內已久，人戶繁盛，地方官府漸難禁制，議論者都提醒朝廷，預先作好防範措施。曹操趁此機會，羈留呼廚泉於鄴都（今河北省縣，這時漢都許都，魏都於鄴），另命匈奴右賢王去卑監國，分南匈奴為五部，居住於并州（今山西省一帶）境內，各立他們的貴人為帥，而選漢人為司馬（約今參謀長）以監督之。

司馬光在魏文帝黃初二（西元二二一）年，記載魏朝設置護鮮卑校尉與護烏桓校尉二官，分別鎮撫此兩族。由於曹操曾征服過烏桓，故烏桓較弱；但鮮卑各部落則較強大，占據塞北地區，中原戰亂，中國人常常逃亡歸附於他們，鮮卑也往往為患邊疆。

降至魏明帝青龍三（西元二三五）年，魏幽州刺史（幽州最高行政長官，今河北省大興縣）王雄，祕密派遣刺客刺殺鮮卑雄主軻比能。自後鮮卑種族部落離散，互相侵伐，強者遠遁，弱者降服，邊陲才安定下來。

到了魏邵陵公嘉平三（西元二五一）年八月，司馬懿死，其子司馬師掌政。城陽太守鄧艾上言，指出朝廷羈留單于在中央，使匈奴部落失去統治，合散無主，與單于的關係日益疏遠。左部於諸部之中最為強大，左部帥是左賢王劉豹，近來有部下叛亂，可趁此將他的部落分割為二。另外要求進行遷徙羌、胡（指匈奴）出塞居住的政策，把華、夷混雜的局面澄清。他的建議，都被司馬師所採納。

過了十年（魏元帝景元二年，西元二六一年），原居於北荒，從未交聘中國的鮮卑索頭部大人拓跋力微，突然遣子入朝，而且南遷於匈奴故地，定居於定襄郡已經荒棄的盛樂縣地帶；由於部眾強盛，塞北各部都畏懼他。

到了晉武帝咸寧元（西元二七五）年夏六月，幽州刺史衛瓘（ㄍㄨㄢˋ guàn）運用金賂外交，收買並離間拓跋氏的諸部大人。這種政策非常有效，於是鮮卑等上下猜疑，部族離散，拓跋力微在兩年後憂鬱而死，享壽高達一百歲，國勢遂衰，北亞政局大致穩定下來。

晉武帝咸寧五年春正月，晉軍在涼州（約今甘肅省河西走廊地區）與羌族樹機能等作戰失利，涼州失陷，司馬光開始記載匈奴雄主劉淵的事蹟。

劉淵是劉豹之子，他們因為祖先是漢朝的外孫，所以改姓劉氏。劉淵幼而雋異，因為父親是部落主的緣故，留居晉京作為人質。他師事名學者崔游，博習經史，兼學武藝，胸懷大志，常恥漢初功臣周勃、陸賈等人不能文武兼資。晉朝宰臣王渾等人器重他，屢次向武帝推薦；武帝召見談話，也非常欣賞他。王濟（王渾之子，亦任要職）建議說：「劉淵有文武長才，陛下任以東南之事，孫吳不足平了！」

孔恂（ㄒㄩㄣˊ xún）、楊珧（ㄧㄠˊ yáo）反對：「非我族類，其心必異。劉淵才器確實少見，但卻不可以委以重任。」

涼州淪沒消息傳至，武帝請李憙（ㄒㄧˇ xǐ）推薦將領。李憙建議說：「陛下如果能夠徵召匈奴五部之眾，給劉淵一個將軍的名義，命他西征，樹機能之首必定指日而梟。」

孔恂又阻止說：「劉淵果真能斬樹機能的頭，則涼州之患正會更加危禍。」於是晉武帝才打消任用劉淵的主意，改派名將馬隆出征。

劉淵常因王渾、李憙以同鄉而稱薦（二人均今山西省人），恐怕為自己招來大禍。齊王司馬攸是晉朝首相，了解劉淵，向武帝建議說：「陛下不除劉淵，臣恐怕并州不能維持長期治安。」

王渾卻道：「大晉才以信用懷柔外族，奈何因無形之疑而殺人的侍子呢？為什麼度量這樣狹小呢！」

武帝說：「是啊，王渾說得對！」剛好劉豹死訊傳至，武帝就任命劉淵繼任左部帥。

太康元（西元二八〇）年，孫吳降服，中國統一，結束了三國鼎立之局。這年政府檔案記載，全國共有十九州，一百七十三郡，二百四十五萬九千八百四十戶。漢、魏以來外族降附者，多安置於塞內諸郡，戶口也不少。他們常與地方人士衝突，殺害官府，漸漸出現危機。侍御史（監察官）郭欽有鑒於此，提出了著名的「驅戎論」，上疏給朝廷說：「戎狄強獷，歷古為患。魏初安置他們於西北邊郡，至今已普及於內郡腹地。現在他們雖然服從，若百年之後，一旦有所風塵之警，胡騎不三日即能使太行山以西變為虜庭。當今之計，應該趁平吳之威，把內郡雜胡遷回邊疆，嚴格限制夷狄的往來，這才是萬世的長策。」武帝不接受。匈奴陸續自塞北來降者，仍然安置於塞內各郡。

太康十（西元二八九）年夏四月，遼東鮮卑因混戰，慕容氏遣使請降。五月，晉朝冊拜其領袖慕容廆（ㄏㄨㄟˋ huì）為鮮卑都督，慕容氏自此遷徙至遼西。同年，晉朝改匈奴五部帥為五部都尉，以劉淵為北部都尉。劉淵輕財好施，傾心接物，河北名儒多往歸之。翌年（永熙元年）三月，武帝駕崩，自此至惠帝永興元（西元三〇四）年劉淵回歸北部，十四年之間，晉朝歷經皇后干政、外戚專權、八王之亂的局面，成為中國政治上最黑暗的時代之一。司馬光對此動亂，均加以詳細記述；五胡事蹟，亦多注意。他記載較重大的事件說：

永熙元（西元二九〇）年冬十月辛酉，以劉淵為建威將軍、匈奴五部大都督。這是劉淵成為五部最高領袖之始。

元康四（西元二九四）年十二月，鮮卑拓跋氏分其國為三部，晉朝避難至其國的人頗有增加，拓跋氏任以國政，國家日益強大。

元康七年秋九月，關中因氐（ㄉㄧ dī）族叛亂而飢荒，六郡流民湧至巴蜀，氐族豪傑李特等人救援賑濟，甚得眾心。李特至劍閣，感嘆太息說：「劉禪有這樣的地方，竟然面縛投降，豈不是庸才嗎！」為氐人建立成漢於四川的張本。

由於匈奴、鮮卑、羯（ㄐㄧㄝˊ jié，匈奴別種）、羌、氐常有亂子發生，元康九（西元二九九）年春正月，晉軍平服關中氐亂時，太子洗馬（太子的侍從官）江統寫了一篇〈徙戎論〉以警告朝廷，聲言戎狄終必亂華，應乘兵威以徙戎，杜絕危機的淵源。文中列舉事實，指出當時關中人口百餘萬，而戎狄居其半；并州的匈奴由一部分成三部，再因人口增加，遂分為五部，人口之盛過於西戎，驍勇善戰倍於氐羌云云。但是朝廷仍然不注意其建議。

降至永寧元（西元三〇一）年，武帝死後第十一年，李特首先興起，六郡流民擁護他為鎮北大將軍，與蜀民約法三章，經略巴蜀。兩年以後，改元為「建初」，但尋被晉軍襲殺，部眾由其弟李流統領，繼續乃兄未竟的事業。同年，李流病死，眾人共推李特的幼子李雄為大都督、大將軍、益州牧，此即成漢的奠基者。

永興元（西元三〇四）年，晉朝諸王混戰，尤以皇太弟成都王司馬穎及東海王司馬越敵對為甚。匈奴右賢王劉宣告訴族人說：「自漢亡以來，我單于徒有虛號，尺土也沒有，其餘王侯，降到與民戶毫無差異。如今我們雖然衰落，但戶仍不少於二萬，為何向人低首服役，虛度百年哩！左賢王英武超世，上天如果不願看見匈奴復興，必不會白白降生此人給我們。現在司馬氏骨肉相殘，四海鼎沸，復興呼韓邪（ㄧㄝˊ yé）（入降漢朝的匈奴名主）的事業，就在此時啦！」遂相謀推戴左賢王劉淵為「大單于」，派人至鄴密告於他。

劉淵這時被司馬穎表為冠軍將軍、監五部軍事，在司馬穎的大本營鄴城帶兵，不讓他回到匈奴。劉淵一再請求，司馬穎均不同意。於是密令來使先回，傳令召集五部兵馬及其他雜胡，聲言助穎攻越。不久，趁著兵機危急，努力遊說司馬穎准他回部召兵以赴國難。穎悅而批准，八月，乃拜劉淵為北單于。參丞相（司馬穎的官職）軍事，讓他回到左國城（今山西省離石縣東北）。

劉淵既至，劉宣等上大單于之號，集結五萬兵力。這時司馬穎為司馬越與烏桓、鮮卑的聯軍擊敗，離鄴奔亡。劉淵得報，嘆息說：「不用我的建議，讓自己崩潰，司馬穎真是奴才啊！但我對他有言在先，不可以不救。」遂準備發兵攻打鮮卑、烏桓。劉宣等反對說：「晉人奴隸般地控制我們，如今他們骨肉相殘，是天棄他們而使我們復興呼韓邪的事業啊！鮮卑、烏桓，都與我們氣類相同，可以互相援助，為何要攻擊他們呢？」

劉淵道：「好！大丈夫當為漢高祖（劉邦）與魏武帝（曹操），呼韓邪何足效法哩！」

此年冬十月，劉淵遷都於左國城，召納胡人、晉人，聲勢日大，於是劉淵對群臣說：「從前漢朝長久統治天下，恩結於民。我，是漢朝的女婿之國，曾約為兄弟之邦；兄亡弟繼，不是很合理嗎？」遂建國號為「漢」，依照劉邦故事，即漢王之位；並追尊劉禪為「孝懷皇帝」，建立漢朝三祖（漢高祖、世祖及照烈帝劉備）、五宗（太宗、世宗、中宗、顯宗、肅宗）的神主而祭祀。

司馬光細心傳述劉淵的言行，顯示他刻意表示劉淵的國家目標及戰略構想：㈠劉淵利用漢朝的舊有聲威恩澤，希望做中國的皇帝，而不願恢復匈奴舊業。㈡他想聯絡其他外族，聯合摧毀晉朝。

同一個月，李雄也在巴蜀即「成都王」之位。氐人除去晉法，與民約法七章，也有效法漢高祖的意圖。

綜合司馬光的記述，五胡亂華的各領袖，大多曾受中國的教化。他們各有建國目標及戰略構想，互相激盪衝突，終於釀成大亂之局。但是，儘管領袖們受過中國文化的教育，他們的部族卻大多未受教育，摧殘毀滅乃是戰爭的特色，兩者相合，遂使黃河流域化成鬼墟，中原元氣大傷。

降至惠帝光熙元（西元三〇六）年六月，李雄首先在蜀稱皇帝，正式建立「大成」王朝，這是五胡中第一個出現的皇帝。氐人治蜀頗為成功，因此四川的政治也較為安定。第二年（晉懷帝永嘉元年）秋七月十一日己未，晉朝任命琅邪（ㄌㄤˊ ㄧㄝˊ láng yié）王司馬睿（ㄖㄨㄟˋ rèi）為安東將軍，都督揚州、江南諸軍事，坐鎮建業（今南京），乃是東晉立國的張本。

這時八王之亂未止，同年十二月，遼西的慕容廆自稱為「鮮卑大單于」，這是鮮卑慕容氏建立燕朝的張本。

永嘉二（西元三〇八）年冬十月甲戌，劉淵稱帝，正式建立漢朝，逐漸統有匈奴、羯、羌、氐諸族，聲勢最大。兩年後，劉淵死去，輾轉由其子劉聰繼位，漢朝才發生分裂內亂。但是，劉淵死後第二年，匈奴終於攻破洛陽，生俘懷帝北還，創下中國皇帝第一個被俘北遷的紀錄。懷帝死後第六年，匈奴再滅建朝於長安的愍帝，正式結束了歷史上的西晉時代。自後局勢，更呈混亂黑暗了。

司馬光對西晉二帝的蒙難，分別借用荀崧、干寶的評論，大力批評西晉的政治黑暗及社會風氣的敗壞，指出二帝承敗壞之餘而被俘，最是冤枉之事。西晉「國之將亡，本必先顛」，二帝雖非昏亂之主，但也非命世之才，當然不能力挽既倒之勢了。

我們今日看來，西晉永嘉、建興之亂，懷、愍二帝之被俘，確實為大勢之使然，不是二帝所能挽救。若以之比較司馬光死後五十一年所發生的「靖康恥」，則晉之二帝，誠值讓人掬下同情的眼淚，而覺得「靖康恥」真是咎由自取的，徽、欽二帝活該被捉。

四、由群雄角逐至南北對峙之局

晉愍帝建興四（西元三一六）年冬十一月乙未，天子肉袒輿櫬迎降於匈奴劉曜。二十天以後，亦即十二月一日乙卯，司馬光記載晉丞相、大都督、督中外諸事、琅邪王司馬睿的反應，說他聞知長安失守，乃下令軍隊出宿野外，親擐（ㄏㄨㄢˋ huàn）甲胄，移檄（ㄒㄧˊ xí）四方，刻日北征。

翌年二月辛已，弘農太守宋哲逃至建康，聲稱受愍帝詔，命令丞相司馬睿統攝萬機。三月，司馬睿素服舉哀三日，他的官屬共上尊號給他，他不許。官屬堅持固請，睿慨然流涕說：「孤是罪人啊，諸賢見逼不已，孤只好回到琅邪去好了！」遂傳呼奴僕，備駕將歸琅邪國。官屬不得已，請他依援魏、晉故事稱晉王，他才允許而留下來；尋即晉王之位，大赦，改元建武，設立百官、宗廟、社稷。

建武元（西元三一七）年十二月，愍帝為漢主劉聰所害。翌年三月，凶問傳至建康，晉王睿為之服喪，百官再度請上尊號，反覆請求，晉王均不許。周嵩見狀，於是上疏說：「如今梓宮（指晉帝棺槨）未還，舊京未清，義夫泣血，士女遑遑。正應開延嘉謀，訓卒厲兵，先雪社稷大恥，副四海之心，則神器（指皇帝名位）還會落到誰的手上哩！」結果他的言論因此違忤了司馬睿的意旨，被外放為地方官；後來又被控心懷怨望，坐咎抵罪。

凶問傳至後第三天——三月丙辰，晉王即皇帝位，改元為太興，賞賜文武，賜投刺勸進的群吏加位一等，投刺的人民都一律任用為吏，凡二十餘萬人。

司馬光對東晉諸帝均不加以評論，可能認為乏善可陳，無足可觀。他對晉元帝司馬睿稱帝之事，書寫頗為用心，顯然頗有意思突出元帝見死不救，擁兵自重，天子自為的私心。事實上，西京淪亡之際，晉朝方面大臣，如司馬睿的人多的是，孤忠救危的忠義之士如劉琨等人，屈指可數，晉室不亡，實違天理。東晉野心家頗多，篡弒頻仍，固然是時代風氣使然，其實元帝率身為榜樣也難辭其咎。晉朝宗室、大臣猶且如此，五胡窺覬神器之事就無足深責。司馬光身處君尊臣卑的時代，當然不敢輕易發揮這種評論，但是我們讀《資治通鑑》，則不能不體會此弦外之意。司馬光留心這些事情，而將之記載下來，顯然認為此事有「善可為法，惡可為戒」的價值，我們不能因為他沒有評論就忽略過去了。

元帝即位前後，中原仍有一些晉朝大臣擁兵保境，他們或有自重的野心，或為欲效力王室的忠義之士。根據司馬光太興元年三月庚午記載，鮮卑慕容氏遣使來，朝廷拜慕容廆為龍驤（ㄒㄧㄤ xiāng）將軍、大單于、昌黎公。於是慕容廆任用來附晉人，擊取附近弱小部落，頗有意乘亂逐鹿中原。

同年五月，司馬光又記載本來與鮮卑段氏結盟伐匈奴的名臣劉琨，為段匹磾（ㄉㄧ dī）所害，晉室遂痛失一忠勇努力之士。劉琨在并州時頗得夷狄之心，被害後，夷人與晉人皆不附於段氏；然而元帝朝廷認為匹磾尚強，希望利用他平定河朔，不但不為劉琨舉哀，而且抑壓群臣為劉琨訟冤的奏章，數年以後才追贈劉琨為太尉、侍中。這種行為，實令中原效忠晉室的豪傑喪氣，華、夷為之心寒。後來晉朝北伐，中原響應不踴躍，大概與這些事情有關。

同年秋七月，司馬光又記載鮮卑拓跋氏西取烏孫故地，東兼勿吉以西，士馬精強，雄於北方。拓跋氏此時對中原較無野心，但地廣兵精，成為後來南下建立北魏的張本。

同年同月癸亥，漢主劉聰病逝，國內大亂。八月，坐鎮長安的劉曜揮兵回京平亂，冬十月亂平，即位為皇帝，拜擁兵統治河北一帶的羯人石勒為大司馬、大將軍、趙公（相當於最高統帥）。自後匈奴所建之漢，名為統一，內實分裂為兩大部分。石勒之封趙公，是他建立趙朝的張本。這時由於戰亂及強迫遷徙，黃河流域人民普遍大遷徙，五胡部族橫行於河朔，但大體臣服於漢朝之下。

第二年（太興二年，西元三一九年）三月，漢主殺害石勒的使臣，石勒大怒說：「孤事劉氏，早已超過人臣所應遵守的職分了。他的基業，都是我所建立的，現在已經得志，就想回頭圖謀於我。趙王（這時石勒已進爵為趙王）、趙帝，孤自為之，何必要他來封我！」於是劉、石兩大集團決裂，戰亂方興未艾。

同月，漢主劉曜西還關中，定都長安。六月，建立宗廟、社稷，下詔說：「我的祖先，興起於北方。高祖（指劉淵）建立漢的宗廟，目的是為了收取民望。如今應該改國號，以單于為祖才是。」於是改國號為「趙」，以匈奴雄主冒頓配天，恢復匈奴政權的面貌，放棄以漢朝作為號召，歷史上稱為「前趙」。

趙王石勒雖統治華夷各民族，但他原是羯族人，見劉曜恢復匈奴事業，他也在官屬勸進之下，於同年十一月自稱為大將軍、大單于、領冀州牧、趙王，以襄國（今河北省邢臺縣西南）為大本營，依照劉備在蜀、曹操在鄴的故事，粗創「後趙」的政權。他以大單于的名義統治胡人，以趙王的名義統治華人；胡人稱為「國人」，嚴厲禁止胡人欺侮衣冠華族。

鮮卑各族散在長城沿邊，這時候的局面，大體上是劉趙、石趙以太行山為界，東、西對峙，而又南與晉朝鼎足三分的形勢。石勒的優先選擇是消滅晉朝遺留於黃河流域的藩鎮，劉曜則是以武力平服關隴的羯、羌、氐諸族，戰亂仍不得稍止。

五胡在河朔橫行，晉室在江南處境也不順利。元帝太興三（西元三一〇）年冬十月，司馬光記載說，元帝當初鎮江東時，王敦與其從弟王導同心翼戴，所以元帝也推心任之，由王敦總征伐，王導專機政，王氏子弟布列要津，至有「王與馬（司馬氏），共天下」之語。稍後王敦自恃有功，而且宗族強盛，於是變得驕恣起來。元帝對他畏懼而痛惡，卻又不敢公開指責他，乃引劉隗（ㄨㄟˇ wěi）、刁協等人為腹心，稍抑王氏之權，連王導也漸見疏遠。王敦為此益懷不平，遂生嫌隙。元帝後來知道王導忠心，仍加重用，但對王敦則刻意防範。

翌年七月，朝廷任命戴淵出鎮合肥，劉隗出鎮淮陰，名為討胡，實在防備王敦。江北前線名將、素為石勒所畏懼的豫州刺史祖逖（ㄊㄧˋ tì），認為自己披荊斬棘地收復河南之地，準備作為北伐的基礎，如今朝廷派毫無弘致遠識的戴淵來作為都督，成為自己的頂頭上司，心裡快快不樂。又聞王敦與劉、刁等構隙，將有內難，心知北伐大業無法完成，因此憤激發病，延到九月而去世。祖逖之死，使石勒除去後顧之憂；王敦久懷異志，只是害怕祖逖，故祖逖死後，王敦益無忌憚了。

第二年（永昌元年，西元三二二年）春正月戊辰這天，王敦舉兵於武昌，上疏聲討劉隗、刁協之罪，聲明「隗首朝懸，諸軍夕退」（白天若斬劉隗的頭懸掛起來，晚上立即退兵）；並以伊尹放太甲之事自況。元帝大怒，下詔說：「王敦膽敢狂逆，把朕比作太甲，想把朕幽囚起來，是可忍也，孰不可忍！如今朕親帥六軍以誅大逆，有人能殺死王敦，封五千戶的侯爵。」同時急徵戴淵、劉隗兩部入衛首都。

三月，王師大敗，元帝遣使告訴王敦：「公如果不忘本朝，就此息兵，則天下尚可共安；如果不然，朕當回歸琅邪以避賢路！」王敦遂息兵駐紮。

辛未這天，元帝拜王敦為丞相、都督中外諸軍事（全國諸軍統帥）、錄尚書事（地位相當於皇帝祕書長，但權力則等於宰相的職位）、江州牧，封武昌郡公。王敦推讓不受，但任意遷黜群臣，改易制度，掌握實權。後來雖回藩鎮，然而留下心腹人員在京，遙遙控制朝政。同年閏十一月，元帝憂憤成疾而死，由太子明帝即位，遺命王導輔政。自後王敦屢謀篡位，晉室風雨飄搖，直至太寧二（西元三二四）年秋七月，王敦病死，仍靠戰爭，才把王敦集團清除。此年年初，北方的二趙亦正式交兵打仗，民不聊生。

太寧三年閏七月，明帝死於二十七歲英年，五歲的太子即位，是為成帝，由王導、庾亮、卞壼（ㄎㄨㄣˇ kǔn）輔政，大事皆決於庾亮。根據司馬光在元帝太興元年三月庚午記載，庾亮風格峻整，善談老、莊學說，是則此人頗好清談玄學的風氣。由於他是庾太后的哥哥，新皇帝的舅舅，故掌握大權。此後王導常稱疾不朝，以避事權；卞壼則是一個廉潔實幹之人，為名士們所輕視。當時貴游子弟多慕王澄、謝鯤為放達，卞壼曾厲色於朝批評此風說：「悖禮傷教，罪莫大焉！中朝（指西晉）傾覆，實由於此。」他想整頓風氣，推究放達之士，結果為王導、庾亮所阻。由此看來，東晉朝廷有政治衝突，社會仍然流行西晉亡國之風氣，欲想北伐復國，真是萬難之事。

庾亮本來也不是姦詐之人，只是專權急切，不惜排斥異己罷了。第二年（咸和元年，西元三二六年）冬十月，庾亮想誅除有力的宗室南頓王司馬宗，並想進而廢黜其他執政，於是引起司馬宗武力反抗。司馬宗失敗被殺後，被逼改姓為「馬」氏，其他有名望的王室近屬，庾亮也多加貶黜，這些行動連成帝也不知道。過了很久，成帝奇怪地詢問庾亮：「平常每天看到的白頭公（指司馬宗）哪裡去了？」庾亮告以謀反伏誅。

成帝泣著說：「舅舅說人作賊，就得以隨便殺人；人家說舅舅作賊，那該當如何？」由於庾亮想盡斥司馬宗的朋友，於是力排眾議，要除去歷陽太守蘇峻。同年年底，蘇峻起兵反抗，直攻建康。翌年春正月，首都淪沒於兵劫，庾亮出走，太后憂死。直至夏四月，眾鎮推征西將軍陶侃為盟主，聯兵指向建康，持久戰至九月，才把蘇峻之亂平定。

就在此年（咸和三年，西元三二八年）秋七月，趙主劉曜親統大兵打敗石虎（石勒從子），乘勢進攻洛陽。冬十一月，石勒急統大兵赴救。劉曜兵敗被執，不久被殺，他的關中地盤聞訊大亂。翌年八月，石虎攻入關中，俘虜趙太子及王公卿校三千餘人，實行大屠殺、大移民，前趙遂亡。降至晉成帝咸和五（西元三三〇）年二月，石勒自稱「大趙天王．行皇帝事」（代理皇帝），大封子弟百官。同年九月，在群臣一再勸進下，石勒乃正式即皇帝位，不久遷都於鄴。至此，除了一些割據勢力外，中國政局，大體上是（後）趙、晉南北對峙的形勢。

成帝咸和八（西元三三三）年秋七月，趙主石勒病死，北方再度陷入大戰亂，各族蜂起交爭，一度由氐人苻堅所統一，建立秦朝。降至晉孝武帝太元八（西元三八三）年淝水之戰後，苻堅崩亡，各族又起而蜂爭，混戰五十餘年，再度由鮮卑拓跋氏統一。拓跋氏建立魏朝，與南方的宋、齊、梁、陳對抗了一個半世紀，南、北雙方終為隋朝所統一。這一個半世紀的對峙，歷史上稱為「南北朝」時代，但是南、北對峙的形態，應早在石勒稱帝時代就已經奠定了。

五、民族的同化融合

五胡各族在當時看來，與中華文化培育的華人，大異其趣，所以胡、華對稱，華人視他們為異族。晉人說「胡」，廣義的是泛指各異族；狹義則指匈奴族而言。至於「雜胡」，則往往指異族的混血兒而言。五胡之中，匈奴與中國交往時間最長，漢化也較深；他們在漢代，即往往遣送子弟來華留學。

司馬光寫到晉武帝咸寧五（西元二七九）年春正月時，首次記述匈奴劉淵的事蹟，即交代劉淵是匈奴左部帥，左賢王劉豹之子，質押於中國為侍子（外國君長降附，中國政府往往徵求他派遣一子來作人質，稱為侍子）。劉淵在中國，師事學者崔游，博習經史，曾告訴同學朱紀、范隆說：「隨何、陸賈無武，灌嬰、周勃無文，我常為他們感到羞恥。隨、陸兩人遇到漢高祖而不能立功封侯，灌、周兩將遇到漢文帝而不能復興文教，豈不是太可惜嗎？」所以他兼學武事，成為文武兼備的人，晉朝宰相大臣多人，對他都器重及加以推薦。從他說的話，可見他確實了解中國的歷史文化。

司馬光介紹鮮卑族的雄主慕容廆，寫到晉武帝太康十（西元二八九）年五月，晉朝拜廆為「鮮卑都督」時，司馬光記述說，慕容廆謁見何龕（ㄎㄢ kān），以士大夫之禮，巾衣到門。何龕命令晉軍陳列戒嚴以延見，慕容廆於是改穿軍服而入。有人問其原故，廆道：「主人不以禮待客，客人又能怎樣呢！」何龕聞知，甚覺慚愧，自此對慕容廆深加敬異。如此看來，鮮卑慕容氏也有懂中國文化的人。

同年底，司馬光記載劉淵為匈奴北部都尉，五部豪傑及幽、冀名儒，多往歸之。胡三省為此作注說：「這是劉淵得眾以移晉祚的張本。」值得重視的是，若非劉淵的學問才幹很好，中國的名儒人才，絕不會在此時投靠他的。

無獨有偶，六年以後（晉惠帝元康五年，西元二九五年）的十二月，鮮卑拓跋氏分其國為三部，代郡人衛操及其姪衛雄，與同郡人箕澹往依之，勸其部主猗㐌（一　一ˋ yī yì）招納晉人。猗㐌大為高興，任以國事，晉人來靠附者稍增。是則拓跋氏任用晉人，了解中國文化，不待後來建立北魏才開始。

匈奴、鮮卑都在中國北方，中國西南方的氐族，是最早建立政權的一族。晉惠帝永寧元（西元三〇一）年冬十月，氐族豪傑李特兄弟等，為關中六郡流民及巴氐所推，自稱「行鎮北大將軍」。他設置官僚採用晉朝制度，並不以少數民族的部落政權面貌出現，而且推行的措施，有點像漢王劉邦當年。李特在兩年後被殺，其弟李流、其子李雄相繼成為領袖，建立成朝以後，特別注重採用漢、晉的體制。

司馬光在晉惠帝永興元（西元三〇四）年八月，介述劉淵之子劉聰，說他驍勇過人，博涉經史，善於屬文，能彎三百斤之弓；二十歲遊於洛陽，名士莫不與他相交，所以皇太弟、丞相司馬穎拜他為積弩將軍。其父當時官拜冠軍將軍，因此父子皆為晉官，而且都在名士學者之中具有名望。

劉淵似乎漢化甚深，他鄙視本族的名主呼韓邪單于（西漢時來降，漢帝贈以王昭君的人），聲言大丈夫當為漢高祖與魏武帝（曹操），因而建立「漢朝」，自稱漢王。至於他接受「大單于」的尊號，只是為了安撫族人要求復興呼韓邪事業的心理而已。「漢朝」的制度，亦遵行中國的體制。

建立後趙的羯族人石勒，在晉懷帝永嘉三（西元三〇九）年，官拜「漢朝」的安東大將軍，此年三月，他進攻鉅鹿等地，眾至十餘萬，於是選擇衣冠人物另成一營，號稱「君子營」。其部以匈奴及羯族為多，但重要謀臣卻是晉人張賓。張賓好讀書，闊達有大志，常自比張子房（張良）。當石勒來攻時，張賓告訴親友：「我歷觀諸將，無人能比得上此胡將軍（指石勒），我可與他共成大業！」於是提劍至軍門求見，後為石勒所奇，終生對他敬重聽從，終成帝王之業。

石勒、石虎（石勒從子）兩人，乃是最喜歡殺人的胡人。但在司馬光的筆下，也介紹了他們聰明理智的一面。

晉懷帝永嘉五（西三一一）年三月，晉朝的實際統治者東海王司馬越病逝，部眾共推以清談玄學著名的大臣王衍等，十餘萬人護送他的靈柩回歸東海國。夏四月，石勒率輕騎追之，大敗晉兵，縱令騎兵圍困晉軍而射，十餘萬人相踐如山，無一人得免。他俘虜了王衍等大臣，坐之幕下，問晉情故。

王衍具陳禍敗之由，推卸責任，自謂計不在己，自少無宦情，不預聞世事；兼且勸石勒稱尊號自立，希望免於被殺。石勒怒斥他：「君少壯登朝，名蓋四海，身居重任，怎說得上無宦情哩！破壞天下，不是君還有誰?!」下令扶王衍出去。餘俘見狀畏死，多自陳不是。只有襄陽王司馬範神色儼然，顧視同伴而呵斥道：「今日之事，何必如此紛紜！」

石勒對大將孔萇說：「我縱橫天下多了，從未見過這種人，可以留他一命嗎？」

「他們都是晉朝王公，終不為我所用。」孔萇答。

「雖然這樣，」石勒道：「總要不可加以鋒刃才好！」於是乘夜使人推倒牆壁，把他壓死。

石勒又剖破司馬越的靈柩，焚毀其屍，說：「亂天下的就是此人，我為天下向他報仇，所以焚其骨以禱告於天地。」

東晉元帝太興二（西元三一九）年十一月，官屬勸石勒脫離匈奴所建之漢自立。他自稱為大將軍、大單于、趙王，以趙王身分統治華人及州郡，朝會時則採用中國式的天子禮樂、衣冠、儀物等，也遣使勸課農桑。對於胡人，他則以大單于名義統治之，另成一系統，重禁胡人欺負華人。這種二元政治及制度，由劉淵創始，他族也頗採用。例如愍帝建興二（西元三一四）年，由於中原混戰，中國流民數萬家投奔遼西慕容廆。廆以冀州人為冀陽郡，豫州人為成周郡，青州人為營丘郡，并州人為唐國郡，分別以中國郡縣方式治理，另成一系統。所以三年以後（元帝建武元年，西元三一七年），元帝拜他為「都督遼左雜夷流民諸軍事、龍驤將軍、大單于、昌黎公」。雜夷指遼西各族，流民指晉朝人民，各以大單于及晉朝官職分別治理。

石勒與慕容廆都是著名的胡族領袖，性格不一樣，但敬重中國士大夫則無大異。太興二年十二月，慕容廆擒獲高瞻，欲用他為將軍。高瞻稱疾不就職。廆多次臨候，撫著他的胸膛說：「君的疾病在這裡，不在其他地方呀！如今晉室喪亂，孤欲與諸君共清世難，翼戴帝室。君是中州望族子弟，應該和我的志願相同，為何因華、夷之異，介於疏遠我呢？立功立事的大業，惟問平生志略如何罷了，何足斤斤計較華、夷之別呢？」雖然高瞻始終不應命做官，但慕容廆也沒有因此加害於他。

翌年春正月，另一與晉朝友好的鮮卑段氏內戰，段末杯打敗段匹磾。匹磾向邵續說：「我本夷狄，因慕義而破家（他是親晉的段氏大領袖）。君如果不忘舊好，請相與共擊末杯如何？」邵續出兵助攻大捷，乘勢欲光復段匹磾被石虎所攻沒的地盤。二月，石虎俘虜了邵續，要他至城下勸降。邵續向守城的姪子邵竺高呼：「我志欲報國，不幸至此。你們努力奉匹磾為主，勿有貳心！」

石虎將他解送給石勒。石勒以為忠，釋放而禮遇他，用他為官；並因而下令說：「從今以後，攻克敵軍，俘獲士人，不得擅殺，必須生擒送來。」

司馬光對這些事情均不加評論，事實上，當時諸族君長敬重中國文化，起用中國讀書人幫助統治，已經頗有漢化的傾向。有些部族華、夷相處良好，如成朝氐族的李氏、鮮卑段氏等；有些則華、夷之間頗有介心，有民族主義意識，如匈奴的劉漢、羯族的石趙等。通常來說，諸族君長多傾向漢化，民族意識較淡；但其族民多未受過中國文化教育，民族意識較濃。

黃河流域所建的胡族政權，在戰亂之中，較江南的晉朝更早注意到文化教育的推行。晉元帝太興三（西元三二〇）年六月，前趙主劉曜下詔挑選神志可教的人民一千五百人，選擇儒臣以教育他們。根據司馬光在惠帝永興元年（西元三〇四年）的記載，劉曜是劉淵的族子，此時已儀表魁偉，性格拓落高亮，與群不同；他好讀書，善屬文，常自比為樂毅及蕭何、曹參。劉淵對他甚為器重，竟誇獎說：「永明（劉曜）這孩子，即使比於漢光武帝及魏武帝之流，那幾個人又何足道哉！」是則他成為五胡中第一個興辦教育的君主，也非偶然之事。

劉曜在長安興辦教育後兩個月，後趙主石勒也在襄國下令張賓主理選舉事宜，初定五品等級，後改為九品，乃是摹仿晉朝的九品中正制度；命令公卿及州郡每年舉秀才、至孝、廉潔、賢良、直言、武勇之士各一人。

降至晉成帝咸和元（西元三二六）年，石勒又命令王波典定九流，創立秀才、孝廉等科考試經義的制度。兩年之後，石勒消滅前趙，晉朝也因王峻之亂而宮闕灰燼、民物凋殘，元氣大傷。此時考選制度，以後趙推行最力。

咸和五年秋九月，石勒正式稱帝。司馬光在咸和七年春正月記載說，石勒雖然不學，但喜歡命令諸生讀書給他聽，時以其意評論古今得失，聞者莫不悅服。辛未那天大宴群臣，石勒問徐光道：「朕可以與古代何等君主比較？」「陛下神武謀略過於漢高祖，後世無人能比。」「人豈不自知，卿講得太過分了！」石勒笑道：「朕如果遇上漢高祖，當北面事之，與韓信、彭越比肩稱臣罷了。如果遇上光武帝，朕當可與他並驅中原，未知鹿死誰手？大丈夫行事應該光明磊落，像日月一樣皎然，絕不能學曹孟德（曹操）、司馬仲達（司馬懿）欺人孤兒寡婦，狐媚以取天下啊！」

光武帝乃是中國提倡文教氣節的名君，觀石勒的志氣與目的，真令人有感於此羯族虎狼之君。第二年秋七月，石勒病逝，壯志未展，他用武力締造的政權，自後亦陷於武力變亂之中，終至亡國。

胡族在北方推動文教，南方的晉朝在庾亮領導下，清談之風甚盛。根據司馬光在石勒死後一年（咸和九年，西元三三四年）的六月辛未日記載，庾亮坐鎮武昌，辟殷浩為記室（祕書）。殷浩與褚裒（ㄔㄨˇ ㄆㄡˊ chǔ póu）、杜乂（ㄧˋ yì）等人，皆以識度清遠，善談《老子》和《易經》，擅名江東，其中尤以殷浩最為風流所宗。降至成帝咸康三（西元三三七）年春正月，國子祭酒（相當於教育部長）袁瓌（ㄍㄨㄟ guī）與太常（相當於文化部長）馮懷兩人，才以江左漸安為理由，請求興建學校。成帝批准，於是才正式建立太學，徵集生徒（學生）。然而士大夫習尚老、莊學術，儒術始終不振。

數年以後，王導、庾亮相繼死去。降至成帝咸康七（西元三四一）年，鮮卑燕王慕容皝（慕容廆之子。皝，音ㄏㄨㄤˇ huǎng）因屢次約晉進攻中原，晉朝反應不佳，乃派劉翔為特使，赴建康聯絡。二月，劉翔抵晉京，痛恨江南士大夫的驕奢酣縱風尚，在某次朝貴大宴時，質詢宰相何充說：「四海板蕩已經超過三十年，宗社為墟，黎民塗炭，這真是朝廷焦慮之時，忠臣畢命之秋啊！然而諸君宴安江左，肆情縱欲，以奢靡為榮，以傲誕為賢；沒有聞說謇諤（ㄐㄧㄢˇ ㄜˋ jiǎn è）之言，沒有看到征伐之功，你們準備用什麼辦法來尊顯主上，救濟生民呀？」晉朝貴臣為之甚慚。

晉朝貴臣之中，庾翼（庚亮弟）、桓溫都是實幹雄才、主張北伐之士，何充及會稽王司馬昱，則是清淡玄學的名人。談玄之風以殷浩、杜乂才名最盛。成帝咸和九（康帝建元元，西元三四三）年二月，司馬光記載庾翼批評談玄之士說：「這些人應該束之高閣，等到天下太平，然後再慢慢商量他們應該擔任什麼官職！」庾翼的言論，招致何充、司馬昱一派的反感及抵制，這是後來不斷政爭，桓溫廢帝的張本。

江東談玄風盛，軟弱奢靡；北方石虎篡位後，則以屠殺為喜。不過，此時有兩種發展值得重視：一為石趙的信佛，一為慕容燕倡導文教。

司馬光在晉成帝咸康七年九月，追述石勒生前信佛，敬事天竺（印度）僧人佛圖澄。石虎受他感染，即位後事奉尤謹，賜佛圖澄穿綾錦、乘雕輦；朝會之日，由太子、諸公扶他上殿，當司儀呼唱：「大和尚到。」滿朝文武均為之起立致敬。上有所好，下有甚焉，所以國人率多事佛；他們爭造寺廟，削髮出家。石虎認為真假雜糅（ㄖㄡˇ rǒu），有些人是為了逃避賦役的，於是下詔諮詢中書：「佛，國家所尊奉，鄉里小人沒有官爵，他們應該事奉佛教嗎？」

王度呈奏建議書說：「王者祭祀什麼神，典禮已經記載得很清楚。佛是外國之神，不應為天子、華人所應祠奉的。漢朝佛教初傳入時，只讓西域人（中亞人）在都邑立寺以事奉，漢人皆不得出家，魏世也是這樣。如今應該禁止公卿以下，不得詣廟燒香、禮拜；趙國人已出家為沙門的，都必須還俗。」

石虎知悉後，又下詔決定說：「朕生自邊疆，忝為中國之主，至於饗祀，理應遵從本俗。至於夷、趙（指漢人）百姓樂事佛教的人，特許他們信奉。」

石氏信佛，使黃河流域華夷群起信奉，後來江南也極為流行。佛教在這時流行起來，有調和民族信仰意識、緩和民族衝突屠殺之功；對兩百多年以後，民族融合、政治統一兩大事業，均有甚大貢獻。佛、老兩大思想學說，並馳而又相激，對於日後中國學術文化的發展，也有極大影響。可惜司馬光對此不加評論，無由了解他的認識。

鮮卑慕容氏擁有遼河流域，中國人歸附甚眾，慕容廆甚重用中國士大夫。慕容皝繼承父志，與晉保持良好關係，咸康七年派劉翔南來，為皝求得「使持節、大將軍、都督河北諸軍事、幽州牧、大單于、燕王」的官爵，燕之基礎大定。

慕容皝南攻石趙，東兼高句麗，北取鮮卑宇文氏，拓地三千里；惟雅好文學，常親臨學校講授，考選學生至千餘之多，頗有妄濫的情況。晉穆帝永和元（西元三四五）年春正月，記室封裕上書諫他，建議學生三年無成，則應淘汰，回鄉為農，以免阻塞其他英才上進之路。由此可見，文教功能，也早已被鮮卑所重視，他們設立學校，培養人才，盛況可觀。慕容皝聽從封裕的建議，下令裁擇學生，嚴加考試。

由於自己能培養人才，加上與江東懸隔萬里，政治及風氣均不受晉朝影響，所以同年十二月，慕容皝另建年號，開始不用晉朝的正朔。石虎死後，華人與諸胡再度在中原混戰，晉穆帝永和八（西元三五二）年九月，當殷浩準備乘亂北伐，而藉口軍費浩大，因此罷遣太學生徒之時，燕人即布署自立。這年十一月丁卯，創定百官制度；第二天戊辰，慕容儁（皝子，皝已死。儁，音ㄐㄩㄣˋ jùn）正式即皇帝位。當時剛好有晉使來到，燕主儁告訴晉使說：「你回去稟告你的天子，說我承人乏，為中國所推，已經稱為皇帝了！」所謂「為中國所推」，意思就是表示他自己才是中國人所推戴的天子。觀司馬光寫殷浩廢學校，竟說「學校由此遂廢」；反觀燕朝多年來興學的努力，就可以知道燕主自謂中國之主，確實不嫌誇張。

五十年以後，二度統一北方的氐族苻氏權（前秦），因淝水之戰而崩毀，中原第三度爆發大混戰。原已亡國的鮮卑拓跋氏，在拓跋珪領導下，於晉孝武帝太元十一（西元三八六）年復興代國。拓跋氏（原在綏遠一帶）較晚接觸中國文化，至此亦因捲入中原政局而日漸受到薰陶。翌年夏四月，代王珪改稱魏王，成為建立拓跋魏（北魏、元魏），統一北方的張本。降至晉安帝元興二（西元四〇三）年，魏主拓跋珪始命有關機關制定冠服，草創法度。創制雖然多不稽古，卻顯示拓跋氏政權自此匯入中國的文化圈。這年十二月，正是楚王桓玄篡晉，江東政局變動不安的一年；而拓跋珪則早已在五年前正式稱帝，遷都於平城。

自建魏號八十四年以後（宋明帝泰始七年，西元四七一年），魏獻文帝（珪五代孫）由於愛好黃、老、佛之學，經常引見朝士及沙門共談玄理，淡薄富貴，有遺世之心，乃於此年八月，禪位給五歲大的兒子——著名的孝文帝。從此，北魏統治下的胡族，漢化的速度就有計劃地加快了。北魏孝文帝太和十八年（齊明帝建武元年，西元四九四年），魏都遷至洛陽，希望取得中原正統的地位；他努力推行漢化的最後工作，禁止胡服胡語，改定氏族姓氏，強化文教功能，使魏朝儼然變成華夏王朝。

由於民族文化的大融合，政治社會的大整頓，終於孕育出即將來臨的隋唐盛世。司馬光對此大變動惜墨如金，評論闕如；反而對南方政權（晉、宋、齊、梁、陳）重要性不及此事的事情，往往加以評論。這種重華輕夷的態度，似乎受到時代風氣的薰陶；因為宋朝一直為遼、夏所欺淩，士大夫多有仇夷尊華的思想意識。司馬光大概也有這種「當代意識」吧。不過，司馬光曾評論孝文帝赦免三個違法軍人的死罪，他一方面批評孝文帝屈法赦免是細微之仁，非人君之體；另一方面則惋惜孝文帝為「魏之賢君」，猶且如此隨便屈法。是則，孝文帝實為對胡族漢化事業貢獻最大的賢君，司馬光對此，似乎也予以肯定。

隋紀

一、最後一次的欺人孤兒寡婦及南北統一

陳宣帝太建十二（西元五八〇）年五月，（北）周「天元皇帝」（即周宣帝）崩殂，鮮卑宇文氏所建的北朝政權，充滿了風雨欲來之勢。「天元皇帝」宇文贇（ㄩㄣ yūn）年才二十二歲，卻於去年讓皇帝位給太子，自己退為太上皇，以遊心佛、道宗教。太子闡即北周靜帝，年才七歲。「天元皇帝」死後，楊堅——他五個皇后之一楊后的父親——祕密布署，控制了軍權，成為左大丞相，將百官總己以聽，切實掌握朝政，並進行奪權篡位的陰

謀。

翌年（陳宣帝太建十三年，周靜帝大象三年）二月甲寅（三日），楊堅的篡位工作已經完成，遂晉位為相國、隋王。他的幕僚庾季才等人，勸他在此月甲子（十三日）「應天受命」，於是周主下詔遜位，出居別宮。十三日，楊堅即位，此即隋文帝，改國號為隋，改元為「開皇」。儘管文帝為頗染胡風的漢人，但經歷五胡亂華大動亂、大分裂二百七十八年以來，黃河流域至此才出現了一個較像樣的漢族政權。

當一些朝臣偽造聖旨命令楊堅輔政時，楊后雖然沒有參與計劃，但也因為靜帝幼沖，恐怕大權落在他人手中；及至聽說由其父輔政，內心甚喜。後來知道其父密有異圖，意頗不平，至形於言色。及至楊堅受禪，楊后憤惋更甚，隋主內心甚為慚愧，改封她為樂平公主。過了一段日子，更想要她改嫁，因為公主堅決不答允而止。

大臣竇毅之女，聽說楊堅受禪，遂自投堂下，撫膺嘆息說：「恨我不是男子，拯救舅家（竇氏與周室有姻戚關係）之難！」

竇毅與其妻襄陽公主急掩其口說：「妳不要妄言，使我們招致滅族大禍！」但是竇毅由此器重這女兒，待她長大後，將她嫁給唐公李淵。司馬光在許多大事之中，記載了一段這樣的小事，用意似在一方面用以表示部分周朝臣子對楊堅篡周的反應；一方面則介紹唐高祖李淵夫婦，及其後來廢隋建唐心理發展的張本。事實上，司馬光在此介述李淵夫婦，確實是別出心裁的。

隋主楊堅即位之後，一面整頓內政，一面早在翌月（開皇元年三月），分別任命名將賀若弼為吳州總管坐鎮廣陵，韓擒虎為廬州總管坐鎮廬江。司馬光記載說，隋主有吞併江南之志，問將帥人選於宰相高熲。高熲推薦此兩人，所以把他們任用於南方前線，命令他們祕密籌備經略江東的軍事。是則楊堅想統一中國，消滅南朝陳的政權，其意志及行動很早就已決定。

宰相虞慶則勸隋主盡滅北周宇文氏，高熲等大臣亦依違從之，不敢反對。另一宰相內史令（中書省長官）李德林固爭，以為不可。隋主作色說：「君是書生，不足與議決此事！」於是北周王族，先後被殺，而李德林也因此十多年不再升遷。五月，隋主祕密害死周靜帝，才認為大事已定。他的做法，比曹操篡漢與司馬氏篡魏，顯得更不磊落光明，更為卑鄙黑暗。

誅滅宇文氏以後，隋朝已無後患之憂，乃於同年九月，派遣長孫覽、元景山並為行軍元帥，「發兵入寇」，而由宰相高熲為最高指揮官。司馬光所說的「入寇」，是指進攻陳朝而言。他用「入寇」兩字來描述此事，顯示了司馬光有濃厚的正統觀念；這種觀念與他前面論述三國正統的說法頗不一致。因為如果平等的兩國相爭，照例只能用攻戰等字眼，不能說誰寇誰，誰征誰。司馬光慣例寫北朝南攻為寇侵，南朝北攻為征伐；又稱南朝天子為帝，稱北朝天子為主。例如隋是正統王朝之一，一統天下前，司馬光僅稱楊堅為隋主，滅陳後始稱之為帝；反過來，一統之前稱陳朝天子為帝，滅亡後稱之為陳主。他在前面曾一再強調沒有輕視分裂之國，認為正統之爭無甚意義；事實上，他在實際撰述時，卻分別得很清楚，理論與實際不一致的。宋朝知識分子特重夷、夏之辨與正統主義觀念，司馬光顯然已在有意無意之間，借用撰述《資治通鑑》，把此兩大道理表現出來了。

陳朝太建十四（隋開皇二，西元五八二）年春正月，宣帝崩殂，陳朝發生兵變；後來兵變被敉（ㄇㄧˇ mǐ）平，陳後主叔寶即位，稍後遣使請和於隋。高熲依照「禮不伐喪」的慣例，奏請罷兵休戰。二月，隋主詔令高熲等班師回朝，使統一行動延遲下來。此後隋朝專力對抗北方的突厥，採取先北後南的策略。

司馬光介述了不少征伐突厥的戰略家與名將，特別詳述長孫晟的分化政策，是導致突厥內亂、隋朝成功的原因。他更介述了若干隋軍的英勇事蹟：例如至德元（隋開皇三，西元五八三）年六月，突厥入寇幽州，總管李崇率領步騎三千迎戰。轉戰十餘天，將士傷亡頗多，遂退保砂城。突厥圍攻此城。此城荒頽，不可防守，隋軍全天候作戰，軍糧缺乏，於是每夜突襲敵營，搶得六畜作為軍糧。敵軍畏懼，嚴加防備，反過來每夜結陣以待隋軍。隋軍苦於飢困，出擊動輒遇敵，死亡略盡，奔還者亦多因重傷，不堪再戰。突厥意欲隋軍投降，遣使向李崇說降。李崇自知不能免於難，下令於士卒說：「我使軍隊傷亡慘重，罪當萬死，今日效命以謝國家。你們待我死後，可以偽降於賊軍，待機逃亡，努力還鄉。將來有機會看見至尊（指隋文帝），請把我的心意表白給他。」於是挺刃衝鋒，為突厥亂箭所殺。

又如太建十四（西元五八二）年十二月記載說，達奚長儒領二千兵與突厥沙缽略可汗在周槃遭遇。沙缽略部眾十餘萬，眾寡相差過懸，隋軍大懼。長儒神色慷慨，且戰且行，多次為敵所衝，散而復聚，四面抗拒。三天轉鬥下來，日夜凡十四戰，武器裝備用盡，士卒至以拳頭奮戰，手皆骨見，殺傷萬計。突厥為之氣奪，隋軍終於解圍而去。通計是役，達奚長儒身上五處受傷，通中者有兩處，死亡戰士高達十之八九。

隋軍如此忠勇驍悍的特寫頗多，這樣的軍隊，正是克勝突厥、滅亡南朝的基礎。

至德二（隋開皇四，西元五八四）年，二月，突厥達頭可汗（西突厥元首）請降於隋。九月，沙缽略可汗（東突厥元首）也因屢敗而請求和親，竟致送國書給隋主說：「從天生大突厥天下賢聖天子．伊利居盧設莫何沙缽略可汗致書大隋皇帝……自今子子孫，乃至萬世，親好不絕。上天為證，終不違負！此國羊馬，皆皇帝（指隋主）之畜；彼（指隋）之繒綵，皆此國之物。」並向隋稱臣。

同年，司馬光也敘述陳朝的政治。他說這時陳後主內寵甚多，江總等十餘個文人狎客，日夕與天子及後宮宴樂，荒怠政事。由於大事營建宮苑，國庫空虛，於是增加關市之稅，廣事聚斂，士民為之嗟怨。孔範這些文人，又自謂文武才能舉朝莫及，經常處罰諸將，並剝奪將領的兵權分配給文吏。由是文武解體，以致覆滅。司馬光在記述東、西兩突厥請和之同年，對南朝政局作了這樣的綜述，誠如胡三省注所說：「《通鑑》具敘陳氏亡國之由。」讓人對南、北朝的發展，興衰的軌跡，可以作一次明白的比較。

禎明元（隋開皇七，西元五八七）年八月，隋主廢掉偏居漢水、長江中游的梁朝，應是南征的先期行動。自從隋朝建立以來，隋、陳兩國的邦交大體篤好，隋朝對來附的陳朝官員，大都拒絕其庇護的要求；對陳朝的間諜，逮捕後也能禮遣他們回江南，以免影響邦交。但是國書來往，陳朝往往文辭驕慢，這是激發隋主加速南征行動的原因之一。司馬光在此年記載，隋主某次讀陳朝國書而不高興，交給朝臣們看。大臣楊素認為主辱臣死，於是再拜請罪。隋主向高熲討論取陳之策，高熲策劃游擊戰術，沿邊突擊破壞陳朝的社會經濟，陳朝從此困阨。

當隋朝將相大臣爭獻平陳之計，並進行公開的布署時，陳朝君臣還在醉生夢死。章華不滿朝政，曾上書極諫，大意說：「陛下（指陳後主）即任，於今五年，不思先帝之艱難，不知天命之可畏；溺於嬖（ㄅㄧˋ bì）寵，惑於酒色……老臣宿將，棄之草莽；諂佞讒邪，升之朝廷。今疆埸（ㄧˋ yì）日蹙（ㄘㄨˋ cù），隋軍壓境，陛下如不改弦易張，臣見麋鹿復遊於姑蘇矣！」後主大怒，即日將章華斬首。

翌年三月戊寅，隋主下詔出師江南，以璽書揭露陳後主二十惡，散寫為三十萬份，遍諭江南，發動了政治作戰。冬十月，隋主在壽春設立淮南行省，以次子晉王楊廣為尚書令，統籌大局。五日以後，發表以晉王廣、秦王俊、清河公楊素為行軍元帥，分三線南征，而以晉王廣為最高指揮官；動員部隊凡九十軍，五十一萬八千兵力，旌旗舟楫橫亙數千里。

隨朝大軍臨江壓境，陳朝君臣猶欲陳兵舉行郊祀祭天之禮，不調兵戒嚴。隋朝收買江總等，每次議論國防布署，群臣均議論紛紛，久不能決。

陳後主曾從容告訴侍臣說：「王氣在此。從前齊（指北齊）兵三次來寇，周（指北周）師兩度南下，都無不摧敗。他（指隋主）又有何作為呢！」

都官尚書（相當於法務部長）孔範奉承說：「長江天塹（ㄑㄧㄢˋ qiàn），自古就是南北的限隔，今日虜軍（指隋軍，江南人稱北人為虜）豈能飛渡呢！邊防將領想取功勞，妄言事急。臣每患自己官職低卑，虜如渡江，臣一定可以立功作太尉（百官之首的官職）公哩！」陳後主笑以為然，故不為深備，仍然奏伎、縱酒、賦詩不輟。

開皇九（西元五八九）年，由於隋朝統一陳朝，所以司馬光自此採用隋文帝的年號，稱他為帝。此年春正月乙丑朔日（初一），隋軍乘大霧掩護，飛越長江天塹。兩天以後，陳後主才召集公卿商議軍事，並徵調僧尼與道士執役。七日辛未，隋軍進據鍾山，當時建康城尚有部隊十餘萬；但陳主怯懦，只知日夜啼泣，政事交由文人施文慶等指揮。施文慶等猶且排斥將領，將領凡有建議，率皆批駁不許。當最重要的將領蕭摩訶（ㄏㄜ hē）與任忠，分別向賀若弼和韓擒虎投降後，城內文武百官都逃遁一空，後主身邊只有袁憲。後主感慨地向袁憲說：「我一向對卿的禮遇比不上他人，今日但覺後悔萬分。如今亡國，不單是朕的無德，亦是江東衣冠道盡啊！」

韓擒虎揮軍入建康，在宮苑井中搜獲後主與張麗華貴妃等人。隋朝於是分命臣工至江南各地招撫，南北分裂兩百餘年，至此終告復合。

二、開皇之治

楊堅以后父身分，偽稱受到北周「天元皇帝」要他輔政的遺詔，切實控制了軍隊，並將百官總己以聽，於是由左大丞相、都督中外諸軍事、丞相、相國等名義，專制朝政。司馬光在陳宣帝太建十二（周靜帝大象二，西元五八〇）年八月戊辰日，記載了奉使周朝而回的梁朝（後梁）特使柳莊，向梁主提出的建議。這時上距「天元皇帝」之死僅僅三個月，周朝有些方面大員舉兵反對楊堅專政，梁朝諸將也紛紛提議舉兵聯盟周朝起兵的大員，認為進可共圖關中，退可席捲山南（指華山以南漢、沔流域）。柳莊反對說：「周朝起兵諸大員，都屬昏老庸下的人，缺乏匡合之才。在中央（長安）的將相，則多為自己打算，競效節於楊氏。以臣的預料推之，起兵大員終會失敗覆滅，隨（楊堅稱帝後才改稱為隋）公必會篡位成功。本朝不如保境安民，以觀其變。」梁主採納，眾議遂止。

柳莊的建議，反映了楊堅政權的特質及北周中央的政情，這是漢末以來，最後一次挾天子以令諸侯，曹操與司馬懿形式篡權成功的事例。

太建十三年二月十三日，楊堅稱帝建隋，改元開皇。司馬光即日記述了隋主改革周朝官制，採用漢、魏舊制的大事。隋朝建立三師（太師、太傅、太保）、三公（太尉、司徒、司空）、五省（尚書、門下、內史、祕書、內侍）、二臺（御史、都水）、十一寺（太常等）、十二府（左、右衛等）的新體制，不單用以達成開皇之治，而且也開創了唐代優良的官制基礎。司馬光不只注意到此致治的基礎，而且也注意宰相的人選與才幹，他們大多是一時之選，為政治的原動力。

高熲出任尚書左僕射（尚書省長官，相當於首相），固屬允當之選。高熲推薦的另一宰相蘇威，亦是極有才幹的第一流人物。同年三月，隋主任命太子少保蘇威兼任納言（門下省長官）及度支尚書（相當於財政部長）。蘇威之父蘇綽在西魏（為北周所篡的關中王朝）時代，曾因國用不足，制定頗重的徵稅法，既而感嘆說：「今天所為，就像張開弓箭一樣，不是太平盛世的法規啊。後之君子，誰能夠改革過來！」蘇威聞言，遂以寬弛稅政為自己的責任，故他視事後，尋即奏減賦役，務從輕簡，隋主完全批准他的改革計畫。

由於漸見親重，蘇威遂得與高熲參掌朝政，兩人乃成隋史上最好的宰相。開皇初，蘇威身兼五職，御史梁毗（ㄆㄧˊ pí）認為他貪戀權位，抗表彈劾。

隋主對他說：「蘇威朝夕孜孜，志存遠大，為什麼突然向他施加壓力！」因而又告訴朝臣：「蘇威若果不是遇到我，他將無以策動各種計劃；若果我得不到蘇威，又怎樣可以行其道呢？楊素才辯無雙，至於斟酌古今，助我宣化，哪裡可以比得上蘇威哩！」

高熲、蘇威同心協力襄助文帝。事無大小，文帝也都與此二相謀議，然後才頒詔施行。所以革命（指隋受周禪）數年之間，天下稱平。

太建十三年九月以後，司馬光記述了幾件與政治有關的事情：該月，朝廷推行貨幣改革措施，將北朝歷來流行通用的民間私鑄錢及古錢禁止使用，更鑄良好的五銖錢作為統一貨幣。這種五銖錢，每一千個規定重四斤二兩，民間運用方便，為社會經濟奠下良基。

冬十月，隋主下詔廢削雜格嚴科（格為隋唐法令的一種，科即法令條文，這裡指廢削雜亂嚴苛的法令條文），頒行新律。建國之初，隋主鑒於北周律令比北齊煩雜，於是詔命高熲、裴政等人更加修定。修定者決定採擇魏、晉、宋、齊、梁南朝一系的舊律，酌情審定，對北朝混雜的胡族法律加以澄汰。於是制定死、流、徒、杖、笞（ㄔ chī）五刑，廢除了前代的梟首、轘（ㄏㄨㄢˋ huàn）裂等酷刑；規定百姓得依照司法程序，可以向縣、郡或州提出控訴，地方政府若仍不受理，甚至得詣闕申訴（向皇帝申訴）。這種理性而又人道的法律及司法體制，遂為後世多所遵用。

隋主夫婦都是善於猜疑別人的人，但是他們卻頗能自制，而且甚為節儉，司馬光也加以記述。某次，隋主對一郎官生氣，於殿前笞之。諫官劉行本上前說：「此人素清，其過又小，希望稍加寬貸。」隋主不理會。行本於是正當帝前，正色說：「陛下不以臣不肖，置臣於左右。臣說的話如果對了，陛下怎能不聽！若果錯了，就應該依法處罰。」因而把朝笏（ㄏㄨˋ hù）放在地上而退下。隋主見狀，斂容謝罪，就原諒那郎官了。

獨孤皇后家世貴盛，而能謙恭，雅好讀書（隋主不好讀書），言事多與隋主意見相合；帝對她極為寵愛與忌憚，宮中稱為「二聖」。隋主每次臨朝，皇后輒與他並輦而進，至殿閣乃止；又使宦官伺候隋主，政有所失，隨即匡諫；及至退朝，她又與隋主同返寢殿。某次，她的表兄弟崔長仁犯死罪，隋主因皇后的緣故，想加赦免。皇后竟說：「國家之事，焉可顧私！」長仁終處死刑。

獨孤皇后素來儉約，某次隋主要配瀉藥，須用胡粉一兩。宮內因為不用，竟求之不得。某次想賜劉嵩妻織成的衣領，宮中也沒有。

隋主非常注意吏治，對地方長官嚴加考核及獎勵。新豐縣令房恭懿的政績為三輔（京兆、扶風、馮翊為首都附近三郡，稱為三輔）之冠，隋主賜以粟帛。雍州（首都所在州）

各縣縣令朝謁，隋主見恭懿，必定呼至榻前，諮以治民之術。某次，隋主召見各地至京匯報政情的特使，告訴他們說：「房恭懿志存體國，愛養我民，此乃上天宗廟之所祐。朕如果將他忽視而不賞，上天宗廟必當責我。卿等應該拿他作榜樣。」因而擢升恭懿為海州刺史（州長）。由是地方官吏多稱職，百姓富庶。

降至至德元（隋開皇三，西元五八三）年三月，朝廷遷都至新落成的大興城（即唐之長安），隋主同時下令，命令人民以二十一歲成年，不但把服役年齡延後三年，而且改革每年服役三十六天為二十天，每戶出調由一匹絹減為二丈；北周官賣、官營的酒與鹽制度，至此也併加取消，由人民自由經營。在文化方面，君臣鑒於屢經喪亂之後，官藏書籍合計不過一萬五千卷而已，於是下詔購求遺書，民間每獻一卷則酬以縑（ㄐㄧㄢ jiān）絹一匹。

同年十一月，河南道行臺兵部尚書（相當於行政院分遣國防部長）楊尚希啟奏：「竊見當今郡縣比古代倍增，有些地方不滿百里，卻同時設置諸縣來管轄；有些地方戶數不到一千，卻分由二郡來統領。官員已眾，政費日多；吏卒增倍，租調歲減；民少官多，十羊九牧。當今的急務，應該是存要去閒，併小為大，使國家歲用不虧，易於選舉賢能。」蘇威亦請精簡地方行政組織。隋主同意，遂撤消郡級建制，使地方行政變為州、縣兩級制度，對政治發揮重要影響。

翌月，隋主親閱刑部奏案，發現訟案猶至萬宗，認為是法律嚴密所造成，於是命令蘇威、牛弘大量刪改法律，只簡留五百條文，使刑網簡要，疏而不失。同時又在大理寺創置律博士與弟子員，講授律學，培養法治人才。

御史柳彧見隋主勤於聽政受事，百官奏請也流於煩碎，於是上疏諫諍，闡析堯舜垂拱而治的道理，並說：「近來見到陛下留心治道，不憚疲勞，這也是由於群官懼怕負責，不能自行裁決，動輒取判於天旨之故。這麼多的呈奏，甚至連營造細小之事，出納輕微之物，陛下也要在一日之內，酬答百官；因而至於日旰（ㄍㄢˋ gàn）忘食，夜分未寢，聖躬憂勞於文簿。伏願察臣至言，減少煩務，若經國大事，不應由臣下裁決的，伏願陛下詳決；其餘細務，則應責成有關機關決行。」

隋主覽而嘉之，稱讚說：「柳彧直士，真是國之瑰寶！」不過司馬光借柳彧之言，似是為了表示開皇之治，與隋文帝的勤政憂民有關。

開皇之治的基礎，大都在隋朝建國初期即已奠定。開皇九（西元五八九）年平陳統一後，隋朝又推行了若干良好措施。

開皇九年二月，平陳後一個月，蘇威奏請建立鄉里自治制度。文帝接納，詔令五百家為鄉，百家為里；鄉置鄉正，里置里長，付予自治權。三月，文帝又下詔，除必要的國防措施與布署外，裁汰武人，禁止私藏武器，推行偃武修文的政策。

翌年五月，下詔軍人改隸州縣管轄，墾田、籍帳一與民同，裁汰了不少軍事基地，推行兵、農合一政策。翌月又將庸役（勞動役）年限降低，人民年滿五十歲即可免役收庸。十二年八月，文帝認為官員援用法律多所乖錯，往往罪同而罰異，人民生命缺乏安全保障，於是下詔各地死罪不能逕行議決，必須移送大理寺覆審；覆判完畢，尚須送呈尚書省及皇帝奏裁。

根據司馬光記載，截至此年為止，由於施政得法，國庫皆滿，很多財物都充積於廊廡（ㄨˇ wǔ）之間。文帝得報，問有關官員說：「朕減稅薄賦，又大經賞賜，怎麼還會這樣呢？」官員報告由於每年國庫收入常多於支出所致。文帝一面下令另建左藏院以作貯藏，一面下詔說：「寧積於人，無藏府庫。河北、河東（今山西省一帶）今年田租三分減一，兵減半功，調全免。」於是發使均天下之田，徹底推行租庸調的為民制產及藏富於民政策。終於締造了歷史上政治的奇蹟。

不過，司馬光也不忽略隋文帝的缺點，總結他的缺點，計有不喜文學詞華，喜歡專政而不責成各級官員處理政事；個性猜忌而不悅學，既以智詐奪權而又喜以嚴刑馭下，經常揭發群臣過失，甚至當廷杖打或殺死他們。

上述的缺失都非常嚴重，文帝統治下的盛世，是一個法律嚴肅、社會經濟良好的時代，而不是一個文經飛躍，禮法整然的時代，這是後來唐朝「貞觀之治」與「開元之治」名氣超過他的原因。

文帝不學無術，善於猜忌而好惡任情，於是宗室子弟、名臣元勳，屢遭懲罰甚至捨身族滅之禍。開皇二十（西元六〇〇）年冬十月，竟至猜忌及厭恨太子楊勇，遂廢太子而另立虛偽狡猾的晉王楊廣為繼承人，此即著名的暴君隋煬帝。這年是「開皇」年號最後的一年，也是隋朝亡國禍根種下的一年。四年之後，文帝終亦死於太子楊廣的兵變大禍之中，結束了頗富傳奇的一生。

司馬光沒有對開皇之治或文帝一生加以評論，他對隋朝的唯一評論，是針對文帝父子之間的猜忌關係而發。隋文帝由於畏懼而又敬愛獨孤皇后，所生五子皆由皇后誕育，因而引為自豪，曾向群臣誇言：「前世天子，溺於嬖幸，嫡庶分爭，遂有廢立，或至亡國。朕旁無姬侍，五子同母，可謂真兄弟，豈有此憂邪！」於是使諸子分據大鎮，專制方面，權侔（ㄇㄡˊ móu）帝室。結果卻造成父子互相猜忌迫害，兄弟互相競爭殘殺的慘況。

司馬光評論此事說：「從前辛伯告訴周桓公說：『內寵並立為皇后，外寵政出貳門，嬖子勢位匹敵於嫡子，諸侯勢力抗衡於上國，都是致亂之本。』人主真能慎於此四者，亂從哪裡產生呢？隋高祖（文帝廟號）徒知嫡、庶之多爭，孤弱之易搖，曾不知勢鈞位逼，雖同產至親，不能無相傾奪。考辛伯之言，高祖真是得其一而失其三吧！」司馬光之言，可謂一針見血，能掌握重點了。

唐紀

一、唐初繼承問題

隋恭帝（楊侑，煬帝孫。侑，音ㄧㄡˋ yòu）義寧元（煬帝大業十三，西元六一七）年夏四月，司馬光開始介述李淵家屬的事業。他說唐公李淵當初娶竇毅之女，生四男一女，兒子依次為建成、世民、玄霸、元吉。其他三子司馬光不再介述，僅專力介述次子李世民，此即後來的唐太宗，這是發生偏差的主因。

世民聰明勇決，識量過人，見隋室方亂，暗中有安天下之志；於是傾身下士，散財結客，大家都很愛戴他。依照中國計算法，世民這年剛好二十歲。

晉陽宮監裴寂，某日與其友晉陽縣令（晉陽縣即今太原，晉陽宮則在猗氏縣）劉文靜同宿，見城上烽火，因而感嘆萬分：「貧賤如此，又逢亂世，將有什麼好辦法可以自存下去？」

文靜笑道：「時事可知，我倆感情相得，何必憂慮貧賤哩！」他看見李世民後，對他有特別印象，想辦法深自結納，同時也告訴裴寂說：「這是非常之人，豁達像漢高祖，神武像魏太祖（曹操），年紀雖少，真是命世之才啊！」

劉文靜與起兵反隋的李密是姻戚，因而連坐下獄。世民赴獄探視，文靜說：「天下大亂，非漢高祖、光武帝之才，不能平定。」

世民說：「怎麼知道沒有這種人，只是大家都不認識他罷了。我來探望你，不是為了兒女之情，而是想與君共議大事呀，有什麼好辦法沒有？」

「如今主上（煬帝）巡幸江淮（揚州一帶），李密圍逼東都（洛陽），群盜殆以萬數。當此之際，有天命真主能驅駕而用之，取天下簡直易如反掌。」劉文靜分析道：「太原百姓皆入城躲避強盜，我做縣令數年，知道哪些人是豪傑，一旦動員，可得十萬人；尊公（指李淵）又統兵數萬，一言出口，誰敢不從！運用這些力量乘虛攻入關中，號令天下，不過半年，帝業就可以成功了。」

「君言正合吾意。」世民笑道，於是祕密布署賓客，連李淵也不知道此事。

司馬光作上述記載，顯示太原起義的策動，實以李世民為主，劉文靜是首謀，李淵則是後而知之的被動者。這是世民兵變即位後，唐朝的官方歷史說法，真實性頗堪懷疑。司馬光撰述《資治通鑑》，遇到值得懷疑的異說異證，他都加以研討分析，另外編成《資治通鑑考異》一書。司馬光對多條史料記載李世民說服其父起義一事，存有保留態度，在《考異》中即指出「恐此亦非太宗之謀也，今皆不取」；唯獨對太原起義首議一事，似深信而不置疑。

六月，李淵自稱大將軍，任命長子建成為隴西公、左領軍大都督；次子世民為敦煌公、右領軍大都督，全部起義部隊分為三軍，父子三人各帶一軍；少子李元吉則充當太原留守，坐鎮根據地太原。三軍十三萬人旋即出發，西攻長安。

九月，在西攻途中，將佐們共推李淵為太尉。十一月即攻克首都長安，劫持京城留守，年才十三歲的代王侑為皇帝，此即恭帝，並遙遵煬帝為太上皇；李淵則假恭帝的詔命，自為假黃鉞、使持節、大都督內外諸軍事、尚書令、大丞相、唐王（相當於行政院院長兼軍事委員會委員長），建成為唐國世子，世民為京兆尹、秦公。翌年春正月，唐王以建成為左元帥，世民為右元帥，督師救東都。不久，江都兵變消息傳至，煬帝被弒，遂在同年五月受恭帝之禪，建立唐朝，改元武德，尋任其子世民為尚書令。翌月，立建成為皇太子，世民為秦王，元吉為齊王。

司馬光的記載，最起碼含有兩種意義：

第一，李淵由起義至稱帝，頗曾效法其姨父隋文帝的故智，不同的地方主要在公開起義，及劫持天子時恭帝尚未算是孤兒寡婦之局面而已。換句話說，李淵的廢隋建唐，手段並未完全的黑暗；但是他運用匡扶帝室做表面的理由，粉飾其篡位奪權的實際行為，對於隨侍在身邊的李世民，影響不可謂不大。

第二，從太原起義的發展軌跡看，建成、世民、元吉三子（玄霸早死），均是李淵的左、右手，建成的皇位繼承權在建國時即已確定。

根據慣例，皇太子不實際處分朝政，而且常在京居守，很少帶兵作戰的。唐朝建國初年，群雄割裂並爭，於是在朝則處理政務，在外則帶兵作戰，其責任遂落在首相（唐朝的尚書令相當於首相）李世民身上。武德四（西元六二一）年冬十月，唐高祖因秦王世民一舉平定王世充及竇建德，功勳極大，前代的官職都不足以表彰其功，於是特創「天策上將」一官來酬庸他。「天策上將」是實際的最高統帥，位在王公之上，可以說是超級將軍。這還不重要，更重要的是，世民當時也兼領若干地位崇高或握有實權的官職。照他當時的權力與地位看，他其實僅居一人之下而已，皇太子的聲勢也比不上他。如果世民日後再立大功，要就是讓帝位給他，要就是壓抑著不晉封，因為世民官位至此，已無可再加的了。

這種情況，世民父兄是了解的，所以同年年底，劉黑闥（ㄊㄚˋ tà）復興竇建德的勢力，高祖即同時任命秦王世民與齊王元吉兩兄弟前往征伐，後又命太子親征，使世民沒有專功的機會。此後每當突厥入寇，高祖常分命太子與秦王統兵北上防禦，一方面為培植太子的聲望，另一方面則讓太子分擔秦王之功。司馬光雖然沒有闡明此意義，但他透過史實的撰述，就可觀察到高祖此政策性的決定。

寫到武德五（西元六二二）年，司馬光追述一件祕密。他說，當初高祖起義於太原，都由秦王世民所策動。高祖告訴世民說：「如果事成，則天下都是因為你而得到的，當以你為太子。」世民拜且辭。及至攻入長安為唐王，將佐亦請以世民為世子（諸侯的繼承人），李淵將立之，因為世民堅決推辭而止。他又記述說，太子建成個性寬簡，喜好酒色及遊獵；齊王元吉則多過失，高祖對此兩人都不寵愛。由於世民功名日盛，高祖常有意以他取代建成為太子；建成內心不安，乃與元吉協謀，共同對付世民，於是各樹朋黨相競爭。這種在太宗即位後的官方實錄，司馬光倒是深信不疑，不再慎思考異了。

不過，司馬光雖然不疑李世民首謀起義與高祖欲易太子二說，卻也保留了一些對世民不利，讓後人能夠考證翻案的史實。例如同年同段，他又記載說，李世民平定洛陽後，部屬但遵秦王教令，而不接受皇帝的詔勑（ㄔˋ chì）。唐高祖曾因此發怒，責備世民說：「我的手勅比不上你的教令嗎？」他日，又告訴宰相裴寂說：「這個兒子長期典兵在外，為書生所教，不再是從前的兒子了！」

這段事實，顯示出此時唐高祖與秦王世民父子之間，早已有磨擦存在。加上秦王與高祖的嬪妃相處不好，嬪妃們因而先後投訴於高祖說：「皇太子（建成）仁孝，陛下把妾母子託付給他，必能保全我們。」由是高祖打消改換太子的心意，對待建成、元吉日親，對待世民日疏。既然如此，以後又記載高祖答應立世民為太子之事，顯然極為可疑。

李元吉及魏徵等，都了解秦王世民的政治優勢及野心，力勸太子建成早日誅之，但屢次為仁厚的建成所否決。這種事實，司馬光也加記述，沒有偏袒之意。反過來，秦王世民等欲據洛陽反叛，並又策動在京兵變，司馬光也條縷分明。不過，在司馬光的筆下，是建成與元吉先爭取主動，加害世民，而世民則定被逼自衛反抗，而且在部屬的教唆下，終於爆發武德九（西元六二六）年六月四日的玄武門兵變。

世民在玄武門弒掉太子、齊王兩兄弟，連帶把兩人兒子、家屬及左右百餘人殺害，斷絕親屬關係，抄沒其家。兵變發生後，世民命令尉（ㄩˋ yù）遲敬德擐甲持矛，帶兵保衛高祖。

高祖見敬德帶兵前來保護，竟然大驚道：「今日是誰發動叛亂？卿來這裡有何目的？」敬德報告奉秦王命令前來保衛。高祖無奈地詢問隨侍的裴寂：「想不到今天看見此事，應該怎麼辦才好？」

宰相蕭瑀與陳叔達答道：「建成、元吉本來沒有參與起義的策劃，又無功於天下，妬忌秦王功高望重，共為姦謀。如今秦王已討而誅之。秦王功蓋宇宙，全民歸心，陛下如果將他立為太子，委以國事，就沒有問題啦！」

蕭、陳二相之言，顯然都是違心怕事之論。高祖對此弒兄逼父的事，司馬光居然寫道：「高祖說：『好！這正是我一向的心願！』」高祖對此事再不追究，即日冊立秦王為皇太子，交出統治權，也不挽救他的孫子們（建成與元吉諸子）；到了八月九日，更下詔讓位給世民。這些反應實是大違人情的行為，裡面黑幕重重，司馬光不但泰然不疑，而且還下了對唐朝的第一個評論。

他說，禮的正常規範是立嫡以長，但是唐高祖之所以有天下，皆因太宗之功而成；隱太子（建成後來的封謚）以庸劣的才德居於太宗之上，地位嫌疑，權勢逼近，兩人必不相容。假使從前高祖能夠選賢而立，隱太子能夠讓位於弟，太宗也能夠有讓國的風節，則禍亂從何而生呢？既然不能這樣做，太宗當初本想等建成先動手，然後自己才反擊他，如此的話，尚屬事非得已，不過還是過分了。既而太宗為屬下所迫，遂至喋（ㄉㄧㄝˊ dié）血禁門，推刃於同氣，貽笑千古，真可惜呀！身為創業垂統之君的人，必為子孫所摹仿效法，後來中宗、玄宗、肅宗、代宗的繼承事件，豈不都有所援例以作為口實嗎？

現代已經有學者考證此事，認為玄武門兵變的主因，在秦王世民自恃功高，想奪取太子的地位。當他的意圖與行動一再被太子建成打消以後，世民最後遂運用兵變之非常手段來達到目的。姑且無論太宗如何篡改歷史，司馬光又如何深信不疑，要之司馬光的評論，實有欠當之處。

宗法上的繼承制度，規定必以妻之長子為嫡子，是第一繼承人，其目的著眼於社會的和平與安全。既然「立嫡以長」是「禮之正也」，則顯然表示不論他子如何聖賢，均不得越次而奪嫡。如此，則司馬光怎麼可以批評唐高祖不選賢而立，李建成不謙讓於弟呢？從這種角度看，唐高祖與李建成兩人，都是守法的人啊。何況建成從起義至被弒，軍事與政治方面都有所表現，實在未至「庸劣」的地步，起碼司馬光的筆下記述，並未顯示出這種情勢，反而一再稱述建成的「仁厚」。這樣看來，司馬光抨擊唐高祖無「文王之明」，太子建成「庸劣」而無「泰伯之賢」，目的似在表示太宗理應繼位，顯然有偏袒曲護之意。這種暗示，假如是司馬光誤信《唐史》而來，則表示他治學未明辨，是無意之失；假如他確實有意如此陳述及評論的，則表示他態度不中正。這兩種錯誤都是史家的大忌。

弒兄弟、逼父親與害儲君、劫天子兩種行為，再怎麼說，都為人倫所不容。司馬光在儒學昌明之世，當亦不好過分為唐太宗辯護；但他對太宗的行為，僅責以「貽譏」與「惜哉」而已，並未對此大唐著名君主嚴加貶謫，是則史家所標榜的「貶天子、退諸侯」之

《春秋》精神，至此已隱晦不明。

史家要就不評論，評論則必須中肯、中正。秦王世民即使功勳再大，斷斷不能成為可以篡弒的理由。唐朝以後諸君主，多以兵變即位為常，非但是子孫在效法太宗此「創業垂統之君」；其實此動亂的大根源，更是在高祖與建成守法合理、太宗則是亂臣賊子的大道理，已經隱沒不明。若說歷史有教訓功能，可以為後人的借鑑，是則必須先有中正平允的史義與史評才成。

無獨有偶，唐太宗自以「周公誅管、蔡」的理由來粉飾其弒兄逼父、奪嫡犯君的勾當後十七（貞觀十七，西元六四三）年，他的兒子也來一次依樣畫葫蘆，幾乎把太宗攀了下來。

長孫皇后為太宗生了李承乾、李泰、李治三個兒子。太宗即位後，就冊立了八歲大的承乾為皇太子。承乾長大後，為人活躍奔放，身體頗有缺憾，故太宗並不喜愛他，但也不至於厭惡他。太宗最愛的是長孫氏所生的次子，在所有兒子中排行第四的李泰。李泰由於頗有文學名氣，又最為父皇所寵，因此蘊有奪嫡之心。對於此事，不少臣子已曾上章論諫警告，太宗自然更為了解。

貞觀十七年春正月，司馬光記載太宗對群臣說：「聽說外面士人以為太子有足疾，魏王（李泰）穎悟而多從遊幸，遂生異議，有些徼（ㄐㄧㄠˇ jiǎo）幸之徒，已經開始附會巴結。

你們需知道，太子雖有足疾，但並不妨礙他的行動；而且依照禮制規定，嫡子死則立嫡孫。太子的兒子已經有五歲大了，朕終不會以孽子來取代宗子，開啟窺窬（ㄩˊ yú）皇位的淵源啊！」

太宗講終歸講，既然仍是如此寵異魏王，別人是否了解他維持繼承法的決心，顯然已是另外一回事。同年二月，皇三子齊州都督．齊王李祐兵變，他對皇位也有野心，但在翌月即被李世勣（ㄐㄧ jī）統兵敉平，逮至京師賜死。然而李祐這位兄弟的兵變，對原已緊張的太子與魏王之關係，刺激誘導甚大，太子遂有兵變的計劃。

根據司馬光在三月記載，太子密養刺客、壯士百餘人，只是畏懼魏王之逼，想刺殺魏王而已。使太子把武力對象移向唐太宗的，厥為侯君集、皇弟元昌、李安儼、駙馬杜荷等人，這些人之中，侯君集是太宗發動玄武門兵變的第一功臣，李安儼則是隱太子李建成的死黨，杜荷則是玄武門兵變另一功臣杜如晦之子。

反過來，幫忙魏王的要人韋挺則是隱太子建成的心腹，杜楚客則是太宗心腹杜如晦之弟。他們以金錢賄賂權貴，聲言魏王聰明，理應成為太子。

雙方幹部，都有太宗與建成兩人原先主要幹部或其子弟，而且當時多已位居衝要。幸好在四月有人告密，兵變才被預先撲滅。從各人的身分、背景及其行事看來，唐太宗以唐皇的理由來粉飾黑暗的勾當，泯（ㄇㄧㄣˇ mǐn）滅大是大非，正是造成這次不成功兵變的重要原因；也是魏王想奪嫡的主因。

太子承乾既被幽廢為庶人，魏王泰每日入宮侍奉，太宗允許立他為太子。元舅（指天子嫡親舅舅）長孫無忌則請立晉王李治。司馬光對此沒有分析，其實依照繼承法，應當是要立魏王泰的，太宗所以煩惱到要自殺，可能就是為此。因為太宗曾親自面責李承乾，承乾辯道：「臣貴為太子，還要希求什麼！只因為被李泰所圖，時常和朝臣謀求自安之術，遂被那些不逞之人教壞罷了！如今李泰假如當了太子，臣可以說是落到他的陷阱裡面去了。」因此太宗一再與大臣商量，決心越次冊立李治為太子，遂召集百官宣布，指出承乾悖逆，李泰也凶險，皆不可以立為太子。

議定後，太宗又向侍臣說：「我如果立李泰，則是太子之位，可以經營而得。自今太子失道，藩王窺伺者，皆兩棄之，傳諸子孫，永為後法。而且，李泰得立，承乾與李治都不安全；李治得立，則承乾與李泰都會安全無恙了。」

寫到這裡，司馬光評論說：「唐太宗不以天下大器私其所愛，以杜禍亂之原，可謂能遠謀矣！」寥寥數字的評論，可以看出司馬光對此實是史識不很高。

因為根據司馬光所述太宗告訴侍臣的話，太宗捨李泰而立李治，是基於下面的考慮：第一，要杜絕太子之位可以經營而得的歪風。第二，冊立李治可以保全承乾與李泰；冊立李泰則承乾與李治俱危。他要「傳諸子孫，永為後法」的久安之道，不是正面確立及肯定嫡長子的繼承制度。

所謂「太子失道，藩王窺伺者，皆兩棄之」，含有如下的意義：第一，太子必須賢，不賢而失道者則可以廢之。第二，藩王不可以經營太子之位，否則也得廢之。

唐太宗兵變即位，是誣賴太子建成不肖，高祖早有立他之心。是則他必須保留「太子失道」可得而廢之的理由，而把重點放在父皇沒有冊立之心，而藩王窺伺經營此一行為上。但是，「太子失道」可以廢，正是刺激「藩王窺伺」的根本原因啊，魏王泰集團散播太子承乾不肖，想取而代之，不正是這樣子的嗎？唐太宗何曾杜絕了禍亂之源呢？而且他哪裡能夠否定自己得位的意義，有正本清源的遠謀呢？

遠的不說，安史之亂前後，廢弒兵變乃是常事；就以玄宗以前為例，此七十年之間，唐太宗的嫡長孫、皇太子李弘，死得不明不白；嫡次孫皇太子李賢，被母后武則天所廢所弒。另二嫡孫中宗、睿宗分別被廢，終使武則天兵變代唐。稍後中宗兵變復位，又死於韋后的事變，太子更早就被廢殺。睿宗兵變復位，皇太子則以選賢的原則，交給了李隆基（玄宗）。隆基地位幾乎被姑姑太平公主所推翻，靠冒險兵變而穩固下來。不過他晚年失政，也為兒子肅宗的不流血兵變所推翻。是則司馬光稱讚太宗所謂「能謀遠矣」，顯然未能把握重心要點，可以斷言。他的偏頗早在評論玄武門兵變就注定了。從另一方面看，唐太宗對兩次奪嫡兵變的態度，實已產生偏差及不良的教訓效果，唐朝以後中央政局的動

亂，應即造端乎此。

二、武則天的篡位

貞觀十一（西元六三七）年，此年記事截至十一月止，此後記載武則天入宮事。依照《資治通鑑》編修義例，一年中，最後一個月記事完畢，而另又有事附記，即表示此事不知月日，只知在此年發生。司馬光寫道：「故荊州都督武士彠（ㄏㄨㄛˋ huò）女，年十四，上聞其美，召入後宮為才人。」胡三省注引用《資治通鑑考異》，指出關於武則天年壽及入宮時間，有多條不同的記載，《考異》最後選擇說：「據武氏入宮年十四，今從吳兢《則天實錄》為八十二（歲），故置此年。」本書上編介紹《資治通鑑考異》此書，就是這種研判鑑別，解釋選擇史料理由之書。

吳兢是盛唐著名史學家，他修撰官方的《則天實錄》，理應有所根據。據此，推知武則天是大臣之女，生於唐高祖武德七（西元六二四）年，少女時代即以美麗見稱，因而被太宗召入宮為才人。才人是皇帝中級媵妾的一種官稱，可見她入宮不是做宮女。

唐高宗永徽五（西元六五四）年三月庚申，詔令加贈武德（高祖）功臣十三人的官爵，武士彠亦在名單之內。司馬光追記加贈功臣的理由說，當初王皇后（高宗妻）無子，蕭淑妃（高宗妃）有寵，王皇后妒忌她。皇上（指高宗）當太子時，入宮伺候太宗，見才人武氏而悅之。太宗崩逝，武氏隨眾妃妾的慣例，入感業寺為尼。忌日，皇上赴寺行香，看到武氏，武氏泣，皇上亦泣。王皇后聞之，祕密命令武氏重新長頭髮，勸皇上納她為後宮，想利用她分散淑妃之寵。武氏為人巧慧、多權術，入宮之初，卑辭屈禮以事奉皇后。皇后對她喜愛，多次在皇上面前稱美武氏。不久，武氏大為皇上寵愛，拜為昭儀（僅次於妃的媵妾），皇后與淑妃均失寵，於是兩人共同讒毀武昭儀，皇上都不聽從。武昭儀想追贈其父，但事出無名，其父是開國功臣之一，於是藉口褒賞功臣，追贈其父及另外十二名功臣之官。

從貞觀十一年至此，已經中隔十七年，司馬光二度記述武則天事蹟時，她已經是三十一歲的成熟婦人，高宗則比她小四歲。武則天的家庭背景、生活片段、與高宗及王皇后的關係等問題，歷史均乏記載，司馬光除了根據官方的實錄之外，似亦乏善可陳。武則天的早期發展既然無可奉告，司馬光只能介述此年她成為昭儀得寵後，竟然能夠使高宗追贈其父的官職之事。

同年六月，王皇后之舅、宰相柳奭（ㄕˋ shì），因王皇后失寵而內心不安，請求辭掉宰相，高宗核准他，罷為吏部尚書。是歲，武昭儀傾心結納宮人，監視王皇后、蕭淑妃等人。武昭儀生女，皇后憐而逗弄，事後離去，昭儀遂祕密扼殺此親生女兒，誣告皇后下毒手。皇后無以自明，高宗遂有廢后之心。武昭儀亦爭取首相長孫無忌（高宗親舅）等大臣的支持，但遭拒絕。

永徽六年九月，退朝後，高宗多次召請宰相團入內商議廢立皇后之事，長孫無忌、褚遂良、韓瑗、來濟四相堅決反對，于志寧不表態度，李勣則聲言：「這是陛下家事，何必更問外人！」

武昭儀的心腹禮部尚書（相當於教育部長）許敬宗，也宣言於朝說：「鄉巴佬收入增加了十斛（ㄏㄨˊ hú）麥子，尚且想換一個媳婦，何況天子要立皇后，關大家什麼事，而妄敢表示異議！」昭儀命令左右將此宣言報告高宗。同月，反對最力的褚遂良首先被貶。

冬十月十二日己酉，高宗下詔廢黜王皇后、蕭淑妃為庶人，家屬皆褫（ㄔˇ chǐ）奪官爵，流放嶺南。十八日乙卯，百官上表請立中宮，高宗下詔說：「武氏出身高差，門華族，先帝將她賜給了我，可以立為皇后。」於是在十一月一日，由李勣主持典禮，正式冊封武昭儀為皇后。

根據高宗的「立武氏為皇后詔」，顯示高宗與武氏均欲掩飾他們通姦亂倫的勾當，諉稱太宗早已把武氏賜予高宗。父親再糊塗，怎會把自己的媵妾賜給親生兒子呢？高宗的皇帝詔令，僅是掩耳盜鈴的行為而已，《則天實錄》根據這些資料來修撰，可靠性也是令人懷疑的。司馬光沒有對此事加以考異，忠實地錄用官方文獻，大概是要讓讀者自己去研判吧？

廢后王氏、廢妃蕭氏同囚於別院，高宗舊情未斷，曾祕密行至囚所，見密室深閉，只有牆壁開鑿一孔以通食物，內心惻然傷感，呼喚道：「皇后、淑妃在哪裡？」「妾等得罪為宮婢，怎能再有此尊稱！」廢后泣說：「至尊若念舊情，使妾等重見天日，乞求賜此院為『回心院』吧！」

高宗安慰地答道：「朕即有處置！」

武后接到報告，大怒，遣人各杖王、蕭二氏一百，砍去手足，丟到酒甕中，並聲言道：「讓她們骨頭也醉吧！」數日之後，二人死去，武后又下令斬之。

這件事在武氏冊封為皇后不久後發生，司馬光記載下來，目的是讓讀者了解武后的性格心態，高宗的軟弱屈服，及武后情報系統的運用。後來高宗大權旁落，反對派群臣紛遭整肅，太子諸王迭受迫害，無人能夠控馭武后，此事件可說是具體而微的例子。

到了顯慶四（西元六五九）年，長孫無忌等反對派大臣陸續被奪職、流放、殺害，連依違中立的于志寧也罷官還第，武后心腹許敬宗、李義府等拜相執政，橫行朝廷。降至麟德三（西元六六四）年十二月，宦官王伏勝密告武后為厭勝之術，想詛咒皇帝。高宗當初因武后能屈身忍辱以奉順他，故立她為后；但武后立為皇后後，即專威作福，動輒控馭高宗，使高宗不勝忿怨。遂因密告，密令宰相上官儀起草廢后詔書。左右奔告於武后，武后逕見高宗，高宗畏羞，復和好如初；他還恐怕武后怨怒，因此自我卸罪說：「我最初沒有此心，都是上官儀教我的！」

上官儀與王伏勝都曾侍奉過陳王李忠（高宗長子、廢太子），於是武后指使許敬宗誣告三人謀大逆，均賜死抄家。宰相劉祥道坐與上官儀親善，亦罷相職；與上官儀結交的朝臣，也連坐貶黜了很多人。

從這事件發生後，自是高宗每上朝聽政，武后都垂簾坐於其後，政無大小都加參與，大權悉歸中宮；群臣的黜陟、生殺，均由武后一言而定，天子拱手擺樣子而已。因此，全國稱呼高宗、武后兩人為「二聖」。

利用誣告方式迫害情敵，武后未成為皇后以前，已能純熟運用；運用同一方式整肅百官，她當了皇后以後即已大肆進行。皇后寵妃、元舅首相、顧命元老（先帝遺命輔政的宰相），都抵抗不了武后的勢力，先後身死命喪。高宗軟弱，受制於武后，坐視他們一一赴死而不能救。實則在上官儀案以前，武后已隱然是幕後天子，自此則正式步上幕前罷了。這年她才四十一歲。直到八十二歲而死，她實際在幕前當真君主，前後總共是四十二年。

上元元（西元六七四）年秋八月，全國進一步尊稱高宗「天皇」，武后為「天后」，武后的權威又拓升了一級。翌年三月，高宗生病，準備委託天后單獨攝政，幸虧宰相郝處俊反對才止。這時，天后多引用文學之士，為她撰寫書文如《列女傳》、《臣軌》、《百僚新戒》等書，這是一種「聖訓」，她利用文字來塑造意識形態，鞏固個人的權威；同時，這些文士時稱「北門學士」，天后密令他們參決朝政，以分削宰相之權。

弘道元（西元六八三）年十二月，高宗崩逝，遺命宰相裴炎輔政，尊天后為皇太后，臨朝聽政。

第二年（中宗嗣聖元年，睿宗文明元年，皇太后光宅元年），即位才一個多月的中宗，想拜他的岳父韋玄貞為宰相，裴炎固爭。中宗怒說：「我把天下讓給韋玄貞有何不可！難道還吝惜這個宰相的官職嗎？」

裴炎大懼，稟奏太后。太后本就不想還政給中宗，於是以此為藉口，在二月命令裴炎等帶兵入宮，宣讀太后令，廢中宗為廬陵王，強扶下殿。中宗質問太后：「我有何罪？」「你想把天下讓與韋玄貞，何得無罪！」太后說完，命令將廢帝幽禁於別處。

第二天，另立幼子豫王李旦為帝，但太后不還政，睿宗只能居於別殿，不得干預政事。

同年，李勣之子英國公徐敬業（李勣原姓徐，賜姓李氏）舉兵討武，駱賓王作〈討武曌（ㄓㄠˋ zhào）檄〉，公開指責武后「人非溫順」、「穢亂春宮」（指與高宗通姦），又揭露她「包藏禍心，竊窺神器」，要求唐皇舊臣起而伐罪。裴炎這時也了解武后野心，利用徐敬業起事來要脅還政。結果不久，徐敬業被平定，裴炎被殺，誅連文武甚眾。

司馬光寫到這裡，認定有一條資料敘述不妥，而加以刪棄。在《資治通鑑考異》此書中，他則全錄這條重要資料，加以評鑑。《考異》說，根據《唐統紀》此書記載，太后解決徐敬業、裴炎等對抗行為後，仍然極為震怒，遂召集群臣質問：「朕（臨朝太后皆自稱朕）於天下無負，群臣都知道嗎？」

「是！」群臣答。

「朕事奉先帝（高宗）二十幾年，最憂慮天下啊！」太后說：「公卿富貴，都是朕賞與的；天下安樂，是朕長期培養出來的。及至先帝捨棄群臣，以天下託顧於朕，朕不愛自己而愛百姓。如今兵變的領袖都出於將相群臣，為什麼負朕這樣深啊！你們有顧命元老、倔強難制超過裴炎的人嗎？有將門貴種、能糾合亡命勝過徐敬業的人嗎？有握兵宿將、攻戰必勝優於程務挺（支持裴炎的名將）的人嗎？這三人都是一時人望，不利於朕，朕能戮（ㄌㄨˋ lù）之。你們有人能夠勝過此三人，則應當趁早反對朕；不然，必須革心事朕，不要為天下所笑！」

群臣聞言，頓首不敢仰視，都說：「聽從太后指揮。」

司馬光不錄用這條極能表現武后專制獨裁意識的資料，唯一的理由是：「恐武后亦不至輕淺如此。」事實上，武后一生，輕淺超過此事的，尚有很多，司馬光的理由不能算是理由。這大概是司馬光的道德史觀作祟，使他的論斷有所偏差吧？這種情況，類似的尚不少見。

武后利用《臣軌》、《百僚新戒》等書教導群臣，此時又公開嚴厲警告，聲明百官必須「革心事朕」，然後她會賞予富貴；否則，「不利於朕，朕能戮之」。那一群輕佻無賴、諂媚附勢之徒，於是紛紛獻力交心，幫助武后完成「革命」，掀起天翻地覆的政潮。

兩年後（垂拱二年，西元六八六年）春正月，太后假裝還政，下詔復政於睿宗。睿宗知太后不是誠心，堅決推辭。太后核可，復臨朝聽政。同年三月即建立匭（ㄍㄨㄟˇ guǐ）檢制度，公開鼓勵臣民告密言事，投函於匭（銅箱子）中。於是情報特務系統建立，告密之風大熾，政治案屢屢發生，整肅行動肆意展開；反對者，或不支持者，紛紛遭到迫害。

垂拱四年五月，假借神道迷信，自認上承天意，稱為「聖母神皇」。載初二（西元六九〇）年又假借佛教，宣言神皇受命之事，在九月九日壬午，革唐命為周，改元「天授」，加號「聖神皇帝」；把睿宗降為皇嗣（皇位繼承人），改姓武氏，與其兒子、姪子們，分別被幽禁起來。

司馬光對此史無前例的變局，中國唯一的女皇帝，沒有加以任何評論。不過，他不承認武則天所建立的周朝，也不承認她是皇帝，只是援用她的正朔（即正月一日。古代朝代交變，有改換正朔之事，故正朔是政權的象徵）年號，俾人知道此一變局而已。因此，《資治通鑑．唐紀》之中，沒有雜以「周紀」的名稱，筆法寫成：「唐紀若干（卷數）、則天順聖皇后若干」，僅稱則天為皇后，而不稱她為皇帝，顯然在此含有《春秋》的褒貶精神，發揮「貶天子」與「正名分」的意義。這種筆法，是援用王莽之例而來。

三、從開元之治至藩鎮之亂

睿宗景雲元（西元七一〇）年冬十月丁酉，《資治通鑑》記載說，以幽州鎮守、經略、節度大使薛訥為左武衛大將軍兼幽州都督。節度使之名自訥始。

節度使一職，相當於今之軍區司令官，其指揮管轄的範圍就是節度區。由於邊疆駐有重兵，所以設立此一區域性最高指揮部，統籌指揮管轄區內的軍事。因為節度使初設，數目不多，任之者多非宰相元老，所以不構成嚴重的問題。

先天二（西元七一三）年秋七月，已即帝位的玄宗，發動了一場類似政變的行動，肅清了武則天以來動亂政局的餘波，年底改元「開元」，遂得以展開復辟唐太宗時代的政治活動，召回曾兩次拜相的姚元之（崇），讓他重為宰相，主政中央。

開元初期政局，幾由姚崇與盧懷慎兩相主持。當時有人視姚崇為「救時之相」，姚崇也以天下為己任。事實上，司馬光在開元三（西元七一五）年春正月曾寫道，盧懷慎清謹儉素，不營產業，不善於處理政事，曾因姚崇喪子請假十餘日，竟使政事堆積而不能裁決。懷慎惶恐入宮向玄宗謝罪，玄宗說：「朕把天下委託給姚崇，以卿坐鎮雅俗罷了！」因此，這時的政局，實際上由姚崇一人主持。

懷慎得知玄宗真正的心意，也自以為才幹不及姚崇，所以每有政事，都推給姚崇裁決，時人笑他為「伴食宰相」。

司馬光對此看法不同，他評論說，以前鮑叔之於管仲，子皮之於子產，都位居其上，能知賢而委屈自己，將權力交給他們，所以得到孔子的讚美。曹參自謂比不上蕭何，乃能一遵蕭何制定之法，終成漢朝大業。對著用事的不肖之人，同僚若愛身自保而屈服，不顧國家的安危，這才真是罪人啊！賢智之人用事，同僚若愚惑以擾亂其治，專固以分削其權，妒忌以讒毀其功，愎戾以竊取其名，這也是罪人。姚崇是唐的賢相，懷慎與他同心努力，以濟玄宗太平之政，哪有罪過呢？〈泰誓〉說：「人之有技，若己有之，人之彥聖，其心好之，不啻如自其口出，是能容之，以保我子孫黎民，亦職有利哉！」就是指盧懷慎這種人啊！

是則司馬光認為「開元之治」，是因為玄宗能專委姚崇，姚崇以能天下自任，而盧懷慎能虛懷以助人之美，開創出來的。開元四年閏十二月，姚崇罷相，宋璟、蘇頲（ㄊㄧㄥˇ tǐng）

同日拜相。宋璟作風類似姚崇，蘇頲作風則略似懷慎，應皆出於玄宗的特意安排。於是儘管姚、宋兩人志操不同，但均能協心治國，使賦役寬平，刑罰清省，百姓富庶，締創出至治之世。以後接任諸相，雖才性各不同，但大體上均是一時人才，與姚崇、宋璟相比，不會過分失色。

開元中期以後，邊防駐軍司令官往往入升為宰相，宰相亦往往外調為司令官，甚至在開元九（西元七二一）年九月，天兵軍（駐太原一帶）節度大使張說（ㄩㄝˋ yuè），再度入拜為兵部尚書、同中書門下三品（以國防部長本官為宰相）；翌年夏四月加兼知朔方軍（駐今陝西省北部）節度使。是則出現了司令官入為宰相，再以宰相本職兼邊防駐軍司令官的現象。節度使地位的提高，權力隨之加強，這是造成安史之亂與藩鎮割據的原因之一。

根據開元十年秋八月記載，宰相兼朔方軍節度使張說巡視邊防回京，把全國六十餘萬邊防駐兵裁減為四十萬左右，被裁汰的二十餘萬人解甲歸農。同時，由於府兵制已破壞，張說採用募兵制，招募了十三萬人為中央軍，兵、農自此分開。募來的中央軍素質日下，戰力甚差，數量亦少；反過來，邊防軍數量超過中央軍，戰力亦強，於是遂形成內輕外重之局。這種局勢的發展，也是促使安史之亂與藩鎮割據的原因之一。

天寶元（西元七四二）年春正月，安祿山遷為平盧節度使。全國至此一共有十個節度使，鎮兵凡四十九萬人，平盧節度區（約今河北省東北部分）鎮兵有三萬七千五百人。翌年三月，祿山兼任范陽節度使，節度區（約今河北省北部）兵力有九萬一千四百人。是則安祿山身兼兩鎮，掌握兵力達十二萬餘，占全國鎮兵約三分之一。不單安祿山如此，王忠嗣等也常身兼兩三鎮，兵力優於中央軍。

天寶六（西元七四七）年，司馬光記述說，自唐興以來，邊帥皆用忠厚名臣，不久任、不遙領、不兼統，功名著者往往入為宰相。及至開元中，天子有吞併四夷之志，十餘年不易邊將，開始久任的現象；同時由皇子、宰相遙領，鎮帥兼統等情況也陸續出現。宰相李林甫想杜絕邊帥入相之路，以胡人不知書、驍勇善戰、孤立無黨為藉口，盡用胡人為節度使，精兵多駐在北邊，產生偏重之勢，終使安祿山傾覆天下。至天寶十（西元七五一）年二月，祿山又兼任河東節度使（駐太原一帶），控制兵力近二十萬，部下將領多是蕃將，於是在十四年十一月，起兵造反，玄宗倉皇西撤入蜀。

肅宗即位反攻，來降的安祿山、史思明將領，也多授以節度使之職，以作安撫姑息。經八年征戰之後，安史之亂雖平，但節度藩鎮轉多；他們多不奉朝廷命令，等於割地自立狀態。

肅宗乾元元（西元七五八）年十二月，已歸附的平盧節度使王玄志死，肅宗派遣中使前往安撫將士，且視察軍士想立何人為帥，然後授以旌節，正式冊拜此人為節度使。裨（ㄆㄧˊ pí）將高麗人李懷玉，殺玄志之子，推玄志的大將侯希逸為平盧軍使（平盧節度區原有平盧與盧龍兩軍，軍使即軍長），朝廷因而遂拜希逸為節度副使。司馬光說，節度使由軍士廢立，自此開始。

朝廷無力改換藩鎮，藩鎮常由軍區內的將士廢立，割據之勢，隨此風氣的盛熾，更形根深柢固，不可動搖，終至造成五代十國之局。司馬光對此歷史改變的契機極為注意，故在此事之後，加以長篇評論。

司馬光認為，民生有欲，無主則亂，所以才有聖人出現，制定禮法以為治理，從天子至諸侯、卿、大夫、士、庶人，尊卑有分，大小有倫，好像綱條般相維，好像臂指之相使，因此人民服事其君上，而臣下無覬覦之心。大凡人君所以能控制其臣民的原因，是因為他掌握了八種權柄（即控制臣民的爵、祿、予、置、生、奪、廢、誅八種刑賞）罷了。如果人君捨棄此八柄，則彼此勢均，用什麼來指揮他的臣下哩！

肅宗遭逢中衰之局，幸而復國，這時正宜端正上下之禮以整頓四方；怎會反而偷取一時之安，不思永久之患。任命統帥以統兵作藩維，是國家的大事啊，竟輕率到委派一介之使，徇從行伍之情，不問賢或不肖，只要是將士所欲擁立的人，就加以正式的任命。從此以後，積習為常，君臣因循遵用，以為得策，其實應稱為姑息才對。積習的惡化，乃至於偏將士卒，動輒殺逐主帥，亦不治他們應得的罪，反而正式授以統帥之位。那麼，爵、祿、廢、置、殺、生、予、奪此八種權柄，皆不出於上而出於下，大亂之生，哪裡會有終極啊？

而且，統治國家的人，賞善而誅惡，所以使為善者得到鼓舞，為惡者得到懲罰。在下位的人而殺逐其上官，惡孰大焉！竟然使之正式為帥，統理一方，這是獎賞啊。用獎賞來鼓舞為惡，為惡當然無所不至了。由是在下位者常常針對其上官，若有機會則攻而誅滅他；在上位者常常畏懼他的屬下，內心惴惴（ㄓㄨㄟˋ zhuì），一有機會則掩而屠殺他們；上、下皆爭取先發制權以逞其志，缺乏相互保養、共謀利益而長久共存的計策，像這樣子而想求天下安定，可以求得嗎？跡其厲階，即肇因於此。

古代治軍必本於禮。如今唐朝治軍而不顧禮，使士卒得以欺凌裨將，裨將得以欺凌主帥，是則將帥之欺凌天子，實為自然之勢呀！

由此，禍亂繼起，兵革不息，民生塗炭，無所控訴，凡二百餘年，然後使大宋受命。太祖（宋太祖）開始制定軍法，使以階級相承，上下有敘，稍有違犯，就加誅殺，於是將士守法，秩序整然，用之以統一中國，以至於今（宋神宗朝）。這都是治軍以禮的緣故，豈非詒（ㄧˊ yí）謀之遠。

換句話說，司馬光認為肅宗推行姑息之政，允許軍士推翻將帥，是則將帥欺凌皇帝，實為一定的「自然之勢」，非到宋朝建立後大事整頓，局面是無法改善的。

後周紀

一、馮道——五代十國的一個典型官僚

唐昭宣帝天祐四（西元九〇七）年，汴州（開封）節度使朱全忠弒昭宣帝，建立梁朝，結束唐朝二百九十年國祚，開啟五代十國紛爭之局。

梁滅唐，唐朝原來呈半獨立狀態的節度使，多不承認其政權，起而與之爭衡。他們或者仍然遵奉唐朝的正朔，或者也稱王稱帝，自己偏霸一方。可以說，五代十國的局面，仍為唐代藩鎮之禍的延續局勢罷了。司馬光為了《資治通鑑》的繫年，遂以（後）梁、（後）

唐、（後）晉、（後）漢、（後）周為主宰，史稱之為五代；其餘均列屬偏霸一方之國，待遇則與三國時代的（蜀）漢、吳兩國相當。

梁朝龍德三（西元九二三）年，唐河東節度使（今太原）李存勗（ㄒㄩˋ xù）滅梁，結束梁朝政權，並建立唐的國號。這群突厥人所建的政權，政變頻仍，四年後，李克用（存勗父）的養子李嗣源乘亂兵變，奪得政權，是為唐明宗，改元天成。

明宗是夷狄，目不知書，四方奏事皆令心腹重臣安重誨讀之。安重誨亦不能盡通，於是在天成元（西元九二六）年五月，建議說：「臣只靠忠實之心為陛下做事，得以掌管樞機（時任樞密使，相當於國家安全主管）。現在對事粗能曉知，但是至於古事，則非臣所能及。希望照前朝侍講、侍讀，近代值崇政院（梁樞密院稱崇政院）、樞密院的制度，選文學之臣以備諮議。」於是創設端明殿學士之職，任命翰林學士馮道、趙鳳為之。

馮道原是晚唐幽州節度使劉守光的參軍，守光失敗，乃投奔河東李克用，因有文學，逐漸升為河東節度使掌書記（書記官）。莊宗李存勗即位，用為戶部侍郎（財政部副部長）充翰林學士。此時擢為端明殿學士，進入權力高層為顧問，這是他發跡之始。

翌年春正月，朝廷討論宰相人選，競爭激烈，安重誨推薦崔協，任圜（ㄏㄨㄢˊ huán）推薦李琪，爭持不下。明宗說：「宰相是重任，你們應當另加審議。我在河東時見馮書記，此人博學多才，不會與人衝突，可以做宰相吧？」安、任兩相私下協調數天，雙方仍各不讓步，最後竟以馮道及崔協兩人為宰相（中書侍郎、同平章事）；至於任圜，稍後被排擠退休，不久賜死。

馮道頗盡心輔助明宗，司馬光在天成四年九月，記載君臣一段對話：明宗與馮道曾從容談及五穀屢年豐登，四方無事。馮道說：「臣常常記得在先皇（指李克用）幕府時，曾奉命出使，途經井陘（ㄒㄧㄥˊ xíng）之險，臣憂慮坐騎會失足，小心地執轡控馭，幸而無失。及至到得平路，放馬自逸，剎時就跌倒了。凡是治國的人，都應該了解這個道理啊！」

明宗深表同意，又問：「今年雖然豐收，百姓贍（ㄕㄢˋ shàn）足嗎？」

「農家遇到凶年則死於流殍（ㄆㄧㄠˇ piǎo），遇到豐年則傷於穀賤，只有農家才會不論凶年、豐年，都會產生弊病。」馮道繼續說：「臣記得進士聶夷中的詩句說：『二月賞新絲，五月糶（ㄊㄧㄠˋ tiào）新穀。醫得眼下瘡，剜（ㄨㄢ wān）卻心頭肉。』用字雖然鄙俚，卻能道出田家的情實，農於士農工商四民之中最為勤苦，人主不可以不知道啊！」

明宗大悅，命令左右錄下此詩，常加諷誦。

是則馮道為人，也絕非庸才可比。不過，馮道對朝廷政事，常不表示意見，坐視後唐政亂兵變，導致國亡。後唐亡後，又做晉的宰相大臣。

晉為契丹所滅，耶律德光入汴京開封府稱帝，馮道以節度使身分入朝。契丹主素聞其名，拜他為太傅，於樞密院做顧問。晉高祖石敬瑭本向契丹自稱「兒皇帝」，臣事甚謹。其子重貴繼位後，少壯派軍人極力反對臣事契丹，兩國遂交惡交戰。及至契丹主進入汴京，責備晉朝主戰的將領劉繼勳，當時馮道也在殿上，繼勳急指馮道說：「馮道是首相，他才是與景延廣（主戰派領袖）實際主持此策略的人，臣官位低卑，何敢發言！」

「這個老頭不是多事之人，你不要誣妄牽累他！」契丹主也熟知馮道不與人爭的性格，主動為馮道洗罪。

未幾，契丹北還，河東節度使劉知遠乘亂稱帝，國號為漢，天福十二（西元九四七）年，入據汴京。當時，耶律德光病死，馮道等人輾轉南逃，回到漢朝，漢帝沒有委以事權，僅拜他為太師。

四年之後，漢朝政變、兵變，隱帝（知遠子）為郭威擊敗被弒。太師馮道與郭威有舊，率百官謁見郭威。郭威看到馮道，仍然拜見他，馮道亦受拜如常，徐徐說：「侍中（指郭威）此行不易啊！」

郭威入京，與漢太后議立河東節度使劉崇（知遠弟）之子劉贇，奏請派馮道等至徐州迎駕。同年（乾祐三年，西元九五〇年）底，邊防有契丹入寇警報；十二月一日，太后敕郭威統兵北征。二十日清早，將士突然發難，裂黃旗以被郭威之身，高呼萬歲，擁簇南還。劉贇、馮道等一行，已行至宋州，準備赴京即位，突見郭威部屬來到，不久又接到郭威召還馮道的信函，均大驚。馮道向劉贇辭行，劉贇說：「寡人此來所恃的人就是公，因為公是三十年舊相，所以才毫不猜疑地進京。如今我的衛兵正被郭威的部隊繳械，事危了，公要怎麼辦？」

馮道默然。劉贇的客將數瞪馮道，想把他殺了。劉贇又說：「你們不要魯莽，這不關馮公的事！」

二十六日，太后誥令廢劉贇為湘陰公；翌日命令郭威監國。百官向郭威勸進，郭威遂在翌年（廣順元年，西元九五一年）春正月即位，改國號周，改元廣順。同月，郭威殺劉贇於宋州，其父劉崇即日在太原稱帝，是為北漢。

後周建國，馮道兼為中書令，成為首相，直至顯德元（西元九五四）年夏四月去世為止。他自後唐以來，累朝不離將、相、三公、三師之位，為人清儉寬弘，人莫測其喜怒；個性滑（ㄍㄨˇ gǔ）稽多智，浮沉取容，曾撰《長樂老敘》，自述歷朝榮遇的情況，時人往往推崇他的德量。

寫到這裡，司馬光發表了他在《資治通鑑》裡倒數第二篇「臣光曰」，用以發揮「善可為法，惡可為戒」的大義。

他首先引用歐陽脩的評論說：禮義廉恥，國之四維；四維不張，國乃滅亡。禮義是治人之大法，廉恥為立人之大節。何況為大臣而無所廉恥，天下哪有不亂，國家哪有不亡之理。歐陽脩讀《長樂老敘》，直斥馮道無廉恥；認為以這種人做宰相，天下國家可從而知也。因此，歐陽脩修撰《新五代史》，特重全節之士及死事之人。結果前者搜得三人，後者搜得十五人，都是武夫戰卒，一個讀書人也沒有，為此無限感嘆，痛斥士大夫不自愛而忍恥偷生的風氣。

司馬光所引用的歐陽脩評論，見於《新五代史．馮道傳》。不過，司馬光除了同意歐陽脩的意見外，他自己也另有看法。

他說：聖人效法天地而創立禮法，內有夫婦，外有君臣。婦人從夫，終身不改；臣子事君，有死無貳；這是人道之大倫。如果此大倫崩廢了，就會發生莫大之亂。

范質（後周及宋初宰相，宋太祖的老長官）稱讚馮道厚德稽古，宏才偉量，雖然朝代改換，人家對他也無閒言，地位屹立如大山一樣，轉而不可動。臣的意見不敢苟同，認為貞正之女不從二夫，忠心之臣不事二主。如果女不貞正，雖再有華色之美，織紝之巧，都不足以稱賢了；人臣不忠，雖有更多的才智，行為縱優，也不足以可貴了。為什麼？因為大節已虧了啊！馮道為相，經歷五個朝代、八個不同姓的君主，就像逆旅之視過客，朝為仇敵，暮為君臣，改換面孔、改變辭色，曾不感到慚愧；大節如此，雖有小善，又何足以稱呢？

有些人認為那時世局動亂，國家興滅得很快，雖是忠智之士，能有什麼辦法？又認為當時失節之士不只馮道一人，怎麼可以獨罪馮道哩！

臣愚蠢，認為忠臣憂公如私，見危致命；人主有過則強諫力爭，國家敗亡則竭節效死。才智之士，在國家有道時則出仕，無道時則歸隱，或者滅跡於山林，或者優遊於下僚。但是馮道寵遇則冠為三師（太師、太傅、太保）之官，權任則高居群相之首，國家存在時則依違拱默，尸位素餐；國家滅亡時則希圖苟免於禍，對新主迎謁勸進。人君興亡接踵，馮道卻富貴自如，真是奸臣之尤，怎能與他人比較呢？

或者又有人說，馮道能在亂世中全身遠害，這也難得啊？臣則認為，君子有殺生以成仁，無求生以害仁；怎能以全身遠害，就認為是賢能？那麼，盜跖（ㄓˊ zhí）病死而子路菹醢（ㄐㄩ ㄏㄞˇ jū hǎi，剁成肉醬），到底是誰賢了？

但是，這也不單是馮道的罪過，當時的人君也有責任。為什麼？不正之女，中等以下的人都羞於娶她；不忠之人，中材的君主也羞於用他為臣。馮道為前朝宰相，說他忠嗎？他則反君事仇，說他智嗎？他則不能挽救社稷崩頹；後來之君，對他不加誅罰，也不加遺棄，仍用為相。這樣一來，他又安肯盡忠於我而能獲其效用哩?!所以說，不單是馮道之罪，時君也要負責啊！

歐陽脩的評論，是單方面嚴厲批評於人臣。司馬光雖也批評人臣之節，卻同時又批評人君之失於用人，作為後世君臣的炯戒。歐陽與司馬兩君子，既然深深了解此治亂之機，故兩人立朝事君，都是「強諫力爭」、「有死無貳」的人，大體上都能做到知行合一。

二、陳橋兵變的空白——《資治通鑑》的結束

後漢立國僅四年而亡，是五代為時最短、政局最動盪、統治最恐怖的朝代。郭威引兵北拒契丹入侵，於澶（chán）州發生軍士裂黃旗加身，遂被擁護為帝。藩鎮擁兵自重，將士廢立主帥，乃是唐朝自安史之亂以來，近兩個世紀的動亂無法的風氣。不過，黃旗加身，卻是首先出現的紀錄，這對九年後趙匡胤的黃袍加身，應有示範作用。

周太祖任用范質、李穀等人為相，皆一時才幹之士，國政漸上軌道。他緩和了與南唐的敵對意識，專力對付契丹與北漢的軍事同盟，採取先北後南的方針。

廣順二（西元九五二）年六月，太祖至曲阜謁孔子祠。既奠，將拜，左右勸說：「孔子不過是陪臣（諸侯之臣是天子的陪臣）罷了，陛下不當以天子之尊而拜之。」「孔子是百世帝王之師，敢不尊敬嗎？」說完便拜。

此舉表示經長期喪亂之後，第一次出現尊孔尊師，提倡文教的趨向，這對結束五代藩鎮武力戰爭之局，實具重大的意義。翌年六月，宰相馮道等努力多年，雕板印行九經，這

是中國儒家經典首次雕印發行，雖在亂世，但九經傳布甚廣，對恢復文治極具貢獻。

當苛法廢除，財經、國防、文教漸上軌道之際，太祖卻在顯德元年（西元九五四年）春正月病逝，由義子柴榮繼位，是為世宗。

北漢聞喪，大喜，與契丹聯兵大舉入寇。世宗年輕有為，由於不是太祖親子，想親征建威，恢弘聲望。群臣認為即位未久，國逢大喪，人心易搖，不宜輕動為諫。世宗說：「劉崇（北漢皇帝）幸我大喪，輕視朕年少新立，有乘機吞併天下之心。這次他必定親自領軍而來，朕不可不親自迎戰。」

馮道力爭，世宗說：「從前唐太宗定天下，未嘗不是親自征伐，朕何敢偷安！」

馮道說：「不知陛下能為唐太宗否？」

世宗又說：「以我兵力之強，破劉崇必如泰山壓卵！」馮道又說：「不知陛下能為泰山否？」世宗大為不悅，但仍決意親征。

三月，雙方會戰於高平（山西省高平縣），周軍右翼潰敗投降，世宗眼見不利，自引親軍冒險督戰。「太祖皇帝」時為禁軍將領，告訴同僚說：「主上如此危險，我們何不效死！」與張永德各引二千人進戰。「太祖皇帝」身先士卒，衝鋒陷陣，士卒無不以一當百死戰，於是全軍振奮，大敗漢軍。

所謂「太祖皇帝」，就是宋太祖趙匡胤。司馬光首次記載趙匡胤的功勳，不敢直稱他的姓名，只好稱他為「太祖皇帝」。這場戰爭有幾種意義：第一，北漢自此不敢輕易南犯，使世宗得以用武於南方。第二，鼓舞了世宗統一中國的意志，後來為宋太祖所遵行。第三，此戰是趙匡胤發跡之始。第四，世宗鑒於右翼將士的潰敗投降，事後加以論罪嚴處，精選將士，一改姑息之政，締建了統一中國的武力。

戰後，殿前都指揮使（殿前部隊總司令）張永德，盛稱太祖皇帝的智勇，世宗特擢太祖皇帝為殿前虞侯（殿前部隊總監），趙匡胤才得躋身於大將之林。

寫到該年五月，司馬光注意到一件有關盛衰的發展：世宗力排眾議大破北漢後，自是不聽信群臣，政無大小皆親自裁決，百官只能奉命行事而已。高錫上書諫道：「四海之廣，萬機之眾，雖堯、舜不能獨自處理，必須選拔人才付以責任。如今陛下一身親理，天下不會說陛下聰明睿智到足以身兼百官之任，而會說陛下褊（ㄅㄧㄢˇ biǎn）迫疑忌不信任群臣。不如選能知人而公正者為宰相，能愛民聽訟者為地方長官，能豐財足食者使掌財經，能原情守法者使掌司法，陛下只要垂拱考核，天下何憂不治！何必降尊而代臣職，屈貴而親賤事，這無疑是不懂為政之本呀！」世宗不從。

司馬光介述此事，可以解釋何以世宗死後，趙匡胤能夠欺負孤兒寡婦，兵不衄（ㄋㄩˋ nù）血地推翻北周的原因吧！

另一件發展就是，同年冬十月，世宗鑒於歷朝姑息，使老弱殘兵服役，不敢淘汰；

然而這種軍隊既然長食俸祿，於是也就驕蹇不用命，每逢大敵，不走即降，前代亡國主因即在於此。世宗下詔大加簡汰，改編精銳為上軍，羸弱者皆斥去之；又徵選各藩鎮的驍勇之士，改編為殿前諸班，加以訓練，命令太祖皇帝主持其事。自後中央兵力強勁，所向皆捷。

趙匡胤奉詔主持殿前諸班（各部隊）整訓，正是他建立勢力的好機會。中央軍力強盛，相對的藩鎮自此衰弱，也正是「強幹弱枝」，消弭（ㄇㄧˊ mí）五代割據抗命的契機。

顯德二（西元九五五）年三月，世宗憤恨唐僖宗以來，中國日蹙；及至高平大捷後，信心大增，遂慨然有削平天下的大志。夏四月，告訴宰相說：「朕每思致治的方法，未得其要，寢食不忘。從唐以來，四方割裂，未能統一，理應命令近臣撰寫〈為君難、為臣不易論〉及〈開邊策〉各一篇，讓朕覽讀學習。」

郎中（相當於司長）王朴獻策，分析割裂的原由，提出用兵的戰略與戰術構想。他主張先打其易，再取其難；先騷擾疲敵，然後乘勢攻滅。整個大戰略的構想是：高平之敗後，北漢、契丹都不會再南犯，此間可先南後北，先取盤踞於江北與江南的南唐，然後嶺南（南漢）、巴蜀（後蜀）可傳檄而定。南方既定，則燕地（今河北省一帶）必望風內附；若其不附，再移兵攻之，席捲可平。最後才是統一北漢（今山西省一帶）。

這種戰略構想，世宗欣然採納，後來也是宋朝統一中國的基本方針。不過，用兵頻繁，終究釀出禁軍將領勢力日大之禍。趙匡胤的力量日漸在軍中興起，正坐此因。

顯德六（西元九五九）年六月，世宗病重而逝，是年才三十九歲，由七歲大的柴宗訓繼位。司馬光在此月評論說，有人問臣：「五代帝王之中，唐莊宗（李存勗）、周世宗皆稱英武，二主孰賢？」臣認為莊宗善戰，故能以弱晉（克用父子初為晉王）勝強梁（後梁）。既得天下，不數年即內外離叛，至於身死，那是由於不懂治天下之道的緣故。世宗以信令駕御群臣，以正義責備諸國，宏規大度，豈得與莊宗同日而語呢?!《書經》說：「無偏無黨，王道蕩蕩。」又說：「大邦畏其力，小邦懷其德。」世宗接近這種標準了。

世宗死前，調太祖皇帝兼殿前都點檢。恭帝柴宗訓繼立後翌月，調遷太祖皇帝領歸德軍節度使，仍兼殿前都點檢，截至此年完畢，司馬光不再介述北周的政治情況；《資治通鑑》記述也至此完畢，以下不再撰寫。

本書上編介述司馬光上不續《春秋》經，下不寫大宋開國。前者的原因是避聖（孔子），後者的原因當在避嫌，因為宋太祖欺人孤兒寡婦，效法周太祖郭威黃袍加身，篡奪一個沒有罪過的政權，總是不光彩，而且是難以究明之事。因此，不寫則無過，多寫則觸犯時諱，劉恕極力建議撰寫宋太祖至宋英宗五朝之事，司馬光堅決不接納，原因在此。

結語

或許有人會問，《資治通鑑》既是集體完成的結果，為何僅由司馬光單獨領編著頭銜？它的體例、筆法等是否前後一致？關於這兩個問題，其實只有一個答案。

參與編著《資治通鑑》工作的，事實上不僅只有本書上篇所述的司馬光、劉攽、劉恕、范祖禹四人。元豐七年上〈進《資治通鑑》表〉中，司馬光以「編集」職銜署名，副署者另有四人，即「同修」劉攽、劉恕、范祖禹，和「檢閱文字」司馬康。五人聯名進表，表示均為完成編著《資治通鑑》的主持人，其他尚應有若干實作人員沒有資格聯署上表。

表起首即以「臣光言」為開端，末句又以「臣光誠惶誠懼，頓首、頓首，謹言」為結束。稍後神宗所頒獎諭詔書，亦逕以司馬光為敕示對象，是則司馬光實為最高實際主持人無異。援引官修歷史的慣例，由司馬光領銜應屬合理。

唐代以來，官修歷史慣例由宰相大臣監修，書成後即以監修者領銜押名，不論監修者是否曾實際主持工作。及至歐陽脩等人編修《新唐書》，覺得宋祁所撰〈列傳〉部分甚佳，乃謙虛為懷，以兩人名字分別領銜。司馬光等編著《資治通鑑》，與上述情況不同。《通鑑》若分為搜集史料及研究、編寫長篇、完成定稿三階段的話，則劉恕等人僅參與了第一和第二階段的工作，第三階段工作誠由司馬光獨力完成。亦即劉攽等人為司馬光鋪好了路基即止，最後是由司馬光來完成的。

由此看來，不論從主持及實作兩方面看，司馬光都是最高的主持者及最後的完成者。《資治通鑑》一書由他掛名編著，應為實至名歸。劉恕、范祖禹諸人，即使選擇史料、敘述史實、評論觀點等，與司馬光有所不同，但也不能逕自抒發己見於《資治通鑑》中。他們表示一己之見的方式，就是私下另行選述一書，如劉恕的修撰《資治通鑑外紀》，范祖禹的自著《唐鑑》，均為其例。因此，若說《資治通鑑》是司馬光的著作，顯然也不算是太過分之事。

《資治通鑑》的選材、敘述和評論，既然都代表司馬光一家之見，是則有一個重大問題，這裡不妨略作解釋，此即司馬光是否在《通鑑》中發揮了《春秋》精神？

什麼是《春秋》精神呢？孔子作《春秋》，門生弟子都說《春秋》貫穿了某種精神意思，使亂臣賊子恐懼；這種精神意思就是正名褒貶。漢代大史學家司馬遷，在《史記》的自序中即曾申論過這種精神，筆者借用他的說法，於此稍加解釋。

有一位名叫壺遂的上大夫問司馬遷：「從前孔子為什麼而作《春秋》呢？」司馬遷：「我聽董先生（仲舒）說：『周道衰廢，孔子當魯國司寇之官，諸侯、大夫對他加以迫害壓抑。孔子知道其言不用，其道不行，於是透過《春秋》這部史書，批判二百四十二年的人事，以作為天下的儀表；貶天子，退諸侯，討伐大夫，目的在達到王事罷了。』孔子說過，我想空泛地議論事理，不及透過史實敘述那樣來得深切著明。所以《春秋》是上明三王之道，下辨人事之紀，分別嫌疑，明辨是非，判定猶豫，表揚善者，貶黜惡者，讚美賢人，鄙視不肖之人，保存亡國，延續絕世，拯救弊壞，復興廢頽，弘大王道之書。《春秋》作用在辯論是非，所以特點是長於處理人事；《春秋》又以闡揚義理為主，撥亂世，反之正，其他經典的功能沒有更像《春秋》一經的功能了。因此，《春秋》一經，實為維繫禮義的大宗啊。」

司馬光的這位同宗前輩史學家，對《春秋》精神的解釋，可以說代表了中國後代史學家的一般認識。與司馬光同時代而輩分較老的著名史學家歐陽脩，撰史時所力倡的《春秋》精神，也就是這種精神。中國史學既有《春秋》精神此命脈，歐陽脩又振臂倡導於當時，所以身為純儒的司馬光具有《春秋》精神的意識，也是很自然的事情。

中國史學往往有兩種極端，一是過分強調某些主義精神，一是過分偏重客觀歷史的尋求。前者往往流於主觀，排他的意識甚濃；後者則接近客觀，但卻幾如呆板的流水帳，讀來了無生趣。司馬光的《資治通鑑》，大體能調和於兩端，正文則傾向於後者，評論與構思則傾向於前者。

司馬光在進呈《通鑑》之表中，提到他的構想只欲編集「歷代君臣事跡」之書，撰作的原則為「專取關國家盛衰，繫生民休戚，善可為法，惡可為戒」。「關國家盛衰，繫生民休戚」乃是他述事的原則；「善可為法，惡可為戒」則是他議論的基礎。前者在求內容的客觀可信，後者則為發揮《春秋》精神的訓誨作用，以便有助於治道。但是最初他與劉恕提到他的構想時，即表示這部史書要遵從《左傳》的編年體裁，摹仿荀悅《漢紀》的簡要筆法，網羅眾說，以成一家之言。換句話說，司馬光最初的構想，不是想學歐陽脩的《新五代史》般，極力強調《春秋》精神的。劉恕就曾為此提出相反的意見，鼓勵他貶姦黜惡，上繼孔子的《春秋》。

劉恕的意見不為司馬光所認可，這是司馬光避開讀經僭聖之嫌，從三家分晉寫起的原因；也是《通鑑》不論正文和評論均傾向客觀，與歐陽脩的《新五代史》突出精神意識，主觀意味濃烈的情況不同。大體上說，司馬光是重視客觀的史學家，在《通鑑》中，若非必要，他不加以稍帶主觀的評論；而他以「臣光曰」作為開始的評議，往往也力求客觀，特別強調《春秋》精神的意識之處，不多也不濃。當然，這種意識不是沒有，仔細閱讀與思考，還是可以發現的，筆者在下篇某些章節，亦對此特別剔出，讓讀者知悉。不過必須知道，司馬光撰述的原則之一既為「善可為法，惡可為戒」，《春秋》的這種正名褒貶意識，可以在《通鑑》中找到，應是意料中之事。所以宋神宗在所頒的獎諭詔書中，亦特讚《資治通鑑》「褒貶去取，有所依據」。

世稱「文章兩司馬」，均指西漢的兩位大文豪而言，其一即是大史學家司馬遷，另一位則是大文學家司馬相如。事實上，司馬光也擅長文章。他與司馬遷可以稱得上是「史學兩司馬」。司馬光是編年體的大家，司馬遷則是紀傳體的祖師，兩人均欲「通古今之變」，致力於通史的撰述。然而，《資治通鑑》與《史記》這兩部通史有若干差異之處，其中即為決定斷限的差異，由此亦可比較出「史學兩司馬」的精神和識見有所不同。

司馬遷的《史記》，溯源起自五帝，終結止於「今上」（當今皇上，指漢武帝），從中國文化可知的開始，一直寫到自己生活的當代，約計共有二千六百年歷史。他不因孔子曾作《春秋》，就拘束地避免讀經僭聖之嫌，反而有繼承孔子作《春秋》之志，聲言要「厥協六經異傳，整齊百家雜語」（即整理古代一切著作之意）。

《資治通鑑》與《史記》比較，實是一部不完整的通史。司馬光因為東周以來的歷史，孔子的《春秋》已經撰寫了，孔子之經又不可以增刪，所以他把五帝以來至春秋結束的史事，一筆勾消而不述了。甚至恐怕有瀆經之嫌，他也不敢從《春秋》結束那年的第二年寫起，而決定以三家分晉那年作為開端。由此看來，《通鑑》有「缺頭」之憾，是由於司馬光的拘迂而造成。兩司馬於此即可較出高下。

寫當代史而不流於諂諛政府當局，這是大識見與大勇氣的表現。《資治通鑑》於五代結束，司馬光連宋太祖陳橋兵變也不寫，更遑論寫到他的當代（宋神宗時代）了。劉恕建議司馬光把宋太祖至英宗等五朝也列入計劃之內，真是白費氣力，不了解司馬光的心意。連本朝怎樣開國也不敢寫，司馬光避免觸犯時諱的心理可知。《資治通鑑》有「缺尾」之憾，自應不必驚詫。兩司馬的高下，於此亦可觀察出來。

總括而言，《資治通鑑》在當時不能成為一部完整的通史，有缺頭缺尾之憾，不應是參與修史者的過錯，而應由司馬光來獨負其責；這也是良深可惜的地方。

《通鑑》共有二百九十四卷。若以卷數計算，〈秦紀〉僅三卷，占比例最少；〈唐紀〉有八十一卷，占比例最多。但是我介述本書，挑選內容並不依此比例，原因是因為：第一，有些朝代不一定曾經發生過極具歷史意義的事情，或者很少發生過這類事情。第二，為了遷就閱讀對象，我必須選擇富有故事性的事情來介述。第三，後代的事情與前代類似，不必再度介述強調，如唐代宦官之禍，因在漢代已特立題目，讀者對宦官問題已略有認識，故不必再介述。第四，本叢書限定了篇幅，筆者不便有所超逾，故某些問題不得不割愛。本書以〈晉紀〉涵蓋南北朝各代，以後〈周紀〉涵蓋五代各朝，原因亦在此。基於這些原因，筆者在本書下篇僅介述了二十八個事件及其發展，但相信已足以讓讀者略窺《資治通鑑》於一斑。

介述一本書，理應首先注意其開始。《資治通鑑》既是極有意義之書，其開始與結束都不能隨便忽略了。前面所提到的缺頭缺尾之憾，即已代表了司馬光的人格學識，於此昭然無隱。筆者特為三家分晉的唯一一句話，別立為一節，實因這句話的意義及其隨後的長篇評論，均極為重要。三家分晉只此一句話，即已看出司馬光對歷史與世變的認識。周室名義上的承認韓、趙、魏，無異承認了禮教名分的破產，舊時代、舊秩序已告結束，新時代、新秩序正將來臨。尤須注意的是，這句話的隨後評論，顯然表示司馬光在告訴讀者，他要強調的「關國家盛衰，繫生民休戚，善可為法，惡可為戒」的原則，其根本即植於禮教名分，這也是全書最重要的中心問題。

「才德論」是司馬光知人論人的理論基礎，與上述的「名分論」，構成司馬光知人論世的兩大根基，讀者應加注意。司馬光的評論你儘管可以反對，但不能不知道他的知人論世的理論基礎，否則你也會陷於主觀的泥濘之中，而不明白司馬光的心意。

知道這兩種道理，你會對《資治通鑑》的選材、筆法、評論等許多問題，豁然而解。例如《通鑑》為何沒有「新紀」（王莽所建王朝）與「周紀」（武則天王朝）？司馬光對此似乎不是純粹本著正統的原則來加以處理的。他主要的處理根據，實與上述兩種基礎理論有莫大關繫。換句話說，司馬光不承認新、周兩朝，不讓兩者在《通鑑》中占一席位，是發揮了貶天子的精神，認為王莽與武則天乃是冒名犯分的有才無德者，理應予以貶退。《資治通鑑》全書中，類此例子尚不少見，本書下篇二十八個章節，大都可以發現類此例證。

總而言之，《資治通鑑》確是一部上乘好書，它幫助你了解中國文化各問題，認識中國歷史的發展，提供了統治中國的學識，也協助你明白做人處世之道，從而可以使你發現自我，與及完成自我。司馬光在〈進《資治通鑑》表〉中，自詡地要求神宗皇帝說：「希望陛下您時賜省閱，監前世之興衰，考當今之得失，嘉善矜惡，取是捨非，足以懋稽古之盛德，躋無前之至治，俾四海群生，咸蒙其福！」

撇開政治管理的角度來看，事實上，你要認識中國，做一個地道的中國人，在中國生存及發展，這真是一部好的參考書，可惜篇幅龐大，常令人有難以卒讀的感慨！筆者承乏介述此書，目的只是幫助讀者了解此書的大概，及其精要的地方。這只是入門的途徑，概略的描述，有志者何不因此而進讀原典，獲取更多的收益？當你有朝一日讀完原典後，恐怕我這本介述性的小書，已經不足以入你法眼了。屆時，你所蒙受《資治通鑑》的福賜，大概也會比我強多了。

附錄　原典精選

《資治通鑑》卷第一

朝散大夫權御史中丞充理檢使上護軍賜紫金魚袋臣 **司馬光** 奉敕編集

後學 天臺 **胡三省** 音注

周紀一

起著雍攝提格（戊寅），盡玄切黓（ㄧˋ yì）困頓（壬子），凡三十五年。

威烈王二十三年

初命晉大夫魏斯、趙籍、韓虔為諸侯。

臣光曰：臣聞天子之職莫大於禮，禮莫大於分，分莫大於名。何謂禮？紀綱是也。何謂分？君、臣是也。何謂名？公、侯、卿、大夫是也。

夫以四海之廣，兆民之眾，受制於一人，雖有絕倫之力，高世之智，莫不奔走而服役者，豈非以禮為之紀綱哉！是故天子統三公，三公率諸侯，諸侯制卿大夫，卿大夫治士庶人。貴以臨賤，賤以承貴。上之使下猶心腹之運手足，根本之制支葉；下之事上猶手足之衛心腹，支葉之庇本根，然後能上下相保而國家治安。故曰天子之職莫大於禮也。

文王序《易》，以乾、坤為首。孔子繫之曰：「天尊地卑，乾坤定矣。卑高以陳，貴賤位矣。」言君臣之位猶天地之不可易也。《春秋》抑諸侯，尊王室，王人雖微，序於諸侯之上，以是見聖人於君臣之際未嘗不倦倦（ㄐㄩㄢˋ juàn）也。非有桀、紂之暴，湯、武之仁，人歸之，天命之，君臣之分當守節伏死而已矣。是故以微子而代紂則成湯配天矣，以季札而君吳則太伯血食矣，然二子寧亡國而不為者，誠以禮之大節不可亂也。故曰禮莫大於分也。

夫禮，辨貴賤，序親疏，裁群物，制庶事，非名不著，非器不形；名以命之，器以別之，然後上下粲然有倫，此禮之大經也。名器既亡，則禮安得獨在哉！昔仲叔于奚有功於衛，辭邑而請繁纓，孔子以為不如多與之邑，惟名與器，不可以假人，君之所司也；政亡則國家從之。

衛君待孔子而為政，孔子欲先正名，以為名不正則民無所措手足。夫繁纓，小物也，而孔子惜之；正名，細務也，而孔子先之；誠以名器既亂則上下無以相保故也。夫事未有不生於微而成於著，聖人之慮遠，故能謹其微而治之，眾人之識近，故必待其著而後救之；治其微則用力寡而功多，救其著則竭力而不能及也。《易》曰：「履霜堅冰至。」

《書》曰：「一日二日萬幾。」謂此類也。故曰分莫大於名也。

嗚呼！幽、厲失德，周道日衰，綱紀散壞，下陵上替，諸侯專征，大夫擅政，禮之大體什喪七八矣，然文、武之祀猶緜緜相屬者，蓋以周之子孫尚能守其名分故也。何以言之？昔晉文公有大功於王室，請隧於襄王，襄王不許，曰：「王章也。未有代德而有二王，亦叔父之所惡也。不然，叔父有地而隧，又何請焉！」文公於是懼而不敢違。是故以周之地則不大於曹、滕，以周之民則不眾於邾、莒，然歷數百年，宗主天下，雖以晉、楚、齊、秦之強不敢加者，何哉？徒以名分尚存故也。

至於季氏之於魯，田常之於齊，白公之於楚，智伯之於晉，其勢皆足以逐君而自為，然而卒不敢者，豈其力不足而心不忍哉，乃畏奸名犯分而天下共誅之也。大夫暴蔑其君，剖分晉國，天子既不能討，又寵秩之，使列於諸侯，是區區之名分復不能守而并棄之也。先王之禮於斯盡矣！

或者以為當是之時，周室微弱，三晉強盛，雖欲勿許，其可得乎！是大不然。夫三晉雖強，苟不顧天下之誅而犯義侵禮，則不請於天子而自立矣。不請於天子而自立，則為悖逆之臣，下苟有桓、文之君，必奉禮義而征之。今請於天子而天子許之，是受天子之命而為諸侯也，誰得而討之！故三晉之列於諸侯，非三晉之壞禮，乃天子自壞之也。

嗚呼！君臣之禮既壞矣，則天下以智力相雄長，遂使聖賢之後為諸侯者，社稷無不泯絕，生民之類糜滅幾盡，豈不哀哉！

初，智宣子將以瑤為後，智果曰：「不知宵也。瑤之賢於人者五，其不逮者一也。美鬢長大則賢，射御足力則賢，伎藝畢給則賢，巧文辯惠則賢，強毅果敢則賢；如是而甚不仁。夫以其五賢陵人而以不仁行之，其誰能待之？若果立瑤也，智宗必滅。」弗聽。智果別族於太史，為輔氏。

趙簡子之子，長曰伯魯，幼曰無恤。將置後，不知所立，乃書訓戒之辭於二簡，以授二子曰：「謹識之！」三年而問之，伯魯不能舉其辭；求其簡，已失之矣。問無恤，誦其辭甚習；其求簡，出諸袖中而奏之。於是簡子以無恤為賢，立以為後。

簡子使尹鐸為晉陽，請曰：「以為繭絲乎？抑為保障乎？」簡子曰：「保障哉！」尹鐸損其戶數。簡子謂無恤曰：「晉國有難，而無以尹鐸為少，無以晉陽為遠，必以為歸。」

及智宣子卒，智襄子為政，與韓康子、魏桓子宴於藍臺。智伯戲康子而侮段規。智國聞之，諫曰：「王不備難，難必至矣！」

智伯曰：「難將由我。我不為難，誰敢興之！」

對曰：「不然。《夏書》有之：『一人三失，怨豈在明，不見是圖。』夫君子能勤小物，故無大患。今主一宴而恥人之君相，又弗備，曰『不敢興難』，無乃不可乎！蚋、蟻、蜂、蠆，皆能害人，況君相乎！」弗聽。

智伯請地於韓康子，康子欲弗與。段規曰：「智伯好利而愎，不與將伐我，不如與之。彼狃於得地，必請於他人；他人不與，必嚮以兵，然後我得免於患而待事之變矣。」康子曰：「善。」使使者致萬家之邑於智伯。伯悅。又求地於魏桓子，桓子欲弗與。任章曰：「何故弗與？」桓子曰：「無故索地，故弗與。」任章曰：「無故索地，諸大夫必懼；吾與之地，智伯必驕。彼驕而輕敵，此懼而相親；以相親之兵待輕敵之人，智氏之命必不長矣。《周書》曰：『將欲敗之，必姑輔之。將欲取之，必姑與之。』主不如與之，以驕智伯，然後可以擇交而圖智氏矣，奈何獨以吾為智氏質乎！」桓子曰：「善。」復與之萬家之邑一。

智伯又求蔡、皐狼之地於趙襄子，襄子弗與。智伯怒，帥韓、魏之甲以攻趙氏。襄子將出，曰：「吾何走乎？」從者曰：「長子近，且城厚完。」襄子曰：「民罷力以完之，又斃死以守之，其誰與我！」從者曰：「邯鄲之倉庫實。」襄子曰：「浚民之膏澤以實之，又因而殺之，其誰與我！其晉陽乎，先主之所屬也，尹鐸之所寬也，民必和矣。」乃走晉陽。

三家以國人圍而灌之，城不浸者三版；沉竈產鼃（ㄨㄚ wā），民無叛意。智伯行水。魏桓子御，韓康子驂乘，智伯曰：「吾乃今知水可以亡人國也。」智子肘康子，康子履桓子之跗，以汾水可以灌安邑，絳水可以灌平陽也。絺疵謂智伯曰：「韓、魏必反矣。」智伯曰：「子何以知之？」絺疵曰：「以人事知之。夫從韓、魏之兵以攻趙，趙亡，難必及韓、魏矣。今約勝趙而三分其地，城不沒者三版，人馬相食，城降有日，而二子無喜志，有憂色，是非反而何？」

明日，智伯以絺疵之言告二子，二子曰：「此夫讒人欲為趙氏遊說，使主疑於二家而懈於攻趙氏也，不然，夫二家豈不利朝夕分趙氏之田，而欲為危難不可成之事乎！」二子出，絺疵入曰：「主何以臣之言告二子也？」智伯曰：「子何以知之？」對曰：「臣見其視臣端而趨疾，知臣得其情故也。」智伯不悛（ㄑㄩㄢ quān）。絺疵請使於齊。

趙襄子使張孟談潛出見二子曰：「臣聞脣亡則齒寒。今智伯帥韓、魏以攻趙，趙亡則韓、魏為次矣。」二子曰：「我心知其然也；恐事未遂而謀泄，則禍立至矣。」

張孟談曰：「謀出二主之口，入臣之耳，何傷也！」二子乃潛與張孟談約，為之期日而遣之。襄子夜使人殺守隄之吏，而決水灌智伯軍。智伯救水而亂，韓、魏翼而擊之，襄子將卒犯其前，大敗智伯之眾。遂殺智伯，盡滅智氏之族。惟輔果在。

臣光曰：智伯之亡也，才勝德也。夫才與德異，而世俗莫之能辨，通謂之賢，此其所以失人也。夫聰察強毅之謂才，正直中和之謂德。才者，德之資也；德者，才之帥也。雲夢之竹，天下之勁也；然而不矯揉，不羽括，則不能以入堅。棠谿之金，天下之利也；然而不鎔範，不砥礪，則不能以擊強。是故才德全盡謂之「聖人」，才德兼亡謂之「愚人」；德勝才謂之「君子」，才勝德謂之「小人」。凡取人之術，苟不得聖人、君子而與之，與其得小人，不若得愚人。何則？君子挾才以為善，小人挾才以為惡。挾才以為善者，善無不至矣；挾才以為惡者，惡亦無不至矣。愚者雖欲為不善，智不能周，力不能勝，譬如乳狗搏人，人得而制之。小人智足以遂其姦，勇足以決其暴，是虎而翼者也，其為害豈不多哉！夫德者人之所嚴，而才者人之所愛；愛者易親，嚴者易疏，是以察者多蔽於才而遺於德。自古昔以來，國之亂臣，家之敗子，才有餘而德不足，以至於顛覆者多矣，豈特智伯哉！故為國家者苟能審於才德之分而知所先後，又何失人之足患哉！

三家分智氏之田。趙襄子漆智伯之頭，以為飲器。智伯之臣豫讓欲為之報仇，乃詐為刑人，挾匕首，入襄子宮中塗廁。襄子如廁心動，索之，獲豫讓。左右欲殺之，襄子曰：「智伯死無後，而此人欲為報仇，真義士也，吾謹避之耳。」乃舍之。

豫讓又漆身為癩，吞炭為啞。行乞於市，其妻不識也。行見其友，其友識之，為之泣曰：「以子之才，臣事趙孟，必得近幸。子乃為所欲為，顧不易邪？何乃自苦如此？求以報仇，不亦難乎！」豫讓曰：「既已委質為臣，而又求殺之，是二心也。凡吾所為者，極難耳。然所以為此者，將以愧天下後世之為人臣懷二心者也。」襄子出，豫讓伏於橋下。襄子至橋，馬驚，索之，得豫讓，遂殺之。

襄子為伯魯之不立也，有子五人，不肯置後。封伯魯之子於代，曰代成君，早卒；

立其子浣為趙氏後。襄子卒，弟桓子逐浣而自立；一年卒。趙氏之人曰：「桓子立非襄主意。」乃共殺其子，復迎浣而立之，是為獻子。獻子生籍，是為烈侯；魏斯者，魏桓子之孫也，是為文侯。韓康子生武子；武子生虔，是為景侯。

魏文侯以卜子夏、田子方為師。每過段干木之廬必式。四方賢士多歸之。

文侯與群臣飲酒，樂，而天雨。命駕將適野。左右曰：「今日飲酒樂，天又雨，君將安之？」

文侯曰：「吾與虞人期獵，雖樂，豈可無一會期哉！」乃往，身自罷之。

韓借師於魏以伐趙，文侯曰：「寡人與趙，兄弟也，不敢聞命。」趙借師於魏以伐韓，文侯應之亦然。二國皆怒而去。已而知文侯以講於己也，皆朝於魏。魏於是始大於三晉，諸侯莫能與之爭。

使樂羊伐中山，克之；以封其子擊。文侯問於群臣曰：「我何如主？」皆曰：「仁君。」任座曰：「君得中山，不以封君之弟而以封君之子，何謂仁君！」文侯怒，任座趨出。次問翟璜，對曰：「仁君。」文侯曰：「何以知之？」對曰：「臣聞君仁則臣直。嚮者任座之言直，臣是以知之。」文侯悅，使翟璜召任座而反之，親下堂迎之，以為上客。

文侯與田子方飲，文侯曰：「鍾聲不比乎？左高。」田子方笑。文侯曰：「何笑？」子方曰：「臣聞之，君明樂官，不明樂音。今君審於音，臣恐其聾於官也。」文侯曰：

「善。」

子擊出，遭田子方於道，下車伏謁。子方不為禮。子擊怒，謂子方曰：「富貴者驕人乎？貧賤者驕人乎？」子方曰：「亦貧賤者驕人耳，富貴者安敢驕人！國君而驕人則失其國，大夫而驕人則失其家。失其國者未聞有以國待之者也，失其家者未聞有以家待之者也。夫士貧賤者，言不用，行不合，則納履而去耳，安往而不得貧賤哉！」子擊乃謝之。

文侯謂李克曰：「先生嘗有言曰：『家貧思良妻，國亂思良相。』今所置非成則璜，二子何如？」對曰：「卑不謀尊，疏不謀戚。臣在闕門之外，不敢當命。」

文侯曰：「先生臨事勿讓！」克曰：「君弗察故也。居視其所親，富視其所與，達視其所舉，窮視其所不為，貧視其所不取，五者足以定之矣，何待克哉！」

文侯曰：「先生就舍，吾之相定矣。」李克出，見翟璜。翟璜曰：「今者聞君召先生而卜相，果誰為之？」克曰：「魏成。」

翟璜忿然作色曰：「西河守吳起，臣所進也。君內以鄴為憂，臣進西門豹。君欲伐中山，臣進樂羊。中山已拔，無使守之，臣進先生。君子之無傅，臣進屈侯鮒。以耳目之所睹記，臣何負於魏成！」

李克曰：「子言克於子之君者，豈將比周以求大官哉？君問相於克，克之對如是。所以知君之必相魏成者，魏成食祿千鍾，什九在外，什一在內；是以東得卜子夏、田子方、段干木。此三人者，君皆師之；子所進五人者，君皆臣之。子惡得與魏成比也！」翟璜逡巡再拜曰：「璜，鄙人也，失對，願卒為弟子！」

吳起者，衛人，仕於魯。齊人伐魯，魯人欲以為將，起取齊女為妻，魯人疑之，起殺妻以求將，大破齊師。或譖之魯侯曰：「起始事曾參，母死不奔喪，曾參絕之；今又殺妻以求為君將。起，殘忍薄行人也，且以魯國區區而有勝敵之名，則諸侯圖魯矣。」起恐得罪，聞魏文侯賢，乃往歸之。

文侯問諸李克，李克曰：「起貪而好色；然用兵，司馬穰苴弗能過也。」於是文侯以為將，擊秦，拔五城。

起之為將，與士卒最下者同衣食，臥不設席，行不騎乘，親裹贏糧，與士卒分勞苦。卒有病疽者，起為吮之。卒母聞而哭之。人曰：「子，卒也，而將軍自吮其疽，何哭為？」母曰：「非然也。往年吳公吮其父疽，其父戰不旋踵，遂死於敵。吳公今又吮其子，妾不知其死所矣，是以哭之。」

燕湣公薨，子僖公立。

安王

二十四年王崩，子安王驕立。盜殺楚聲王，國人立其子悼王。

元年秦伐魏，至陽孤。

二年。魏、韓、趙伐楚，至桑丘。鄭圍韓陽翟。韓景侯薨，子列侯取立。趙烈侯薨，國人立其弟武侯。秦簡公薨，子惠公立。

三年王子定奔晉。虢山崩，壅河。

四年楚圍鄭。鄭人殺其相駟子陽。

五年日有食之。三月，盜殺韓相俠累。俠累與濮陽嚴仲子有惡。仲子聞軹人聶政之勇，以黃金百鎰為政母壽，欲因以報仇。政不受，曰：「老母在，政身未敢以許人也！」及母卒，仲子乃使政刺俠累。俠累方坐府上，兵衛甚眾，聶政直入上階，刺殺俠累，因自皮面決眼，自屠出腸。韓人暴其尸於市，購問，莫能識。其姊嫈聞而往，哭之曰：「是軹深井里聶政也！以妾尚在之故，重自刑以絕從。妾奈何畏歿身之誅，終滅賢弟之名！」遂死於政尸之旁。

六年鄭駟子陽之黨弒繻公。宋悼公薨，子休公田立。

齊伐魯，取最。鄭負黍叛，復歸韓。九年魏伐鄭。

晉烈公薨，子孝公傾立。

十一年秦伐韓宜陽，取六邑。初，田常生襄子盤，盤生莊子白，白生太公和。是歲，齊田和遷齊康公於海上，使食一城，以奉其先祀。

十二年秦、晉戰於武城。齊伐魏，取襄陽。魯敗齊師於平陸。

十三年秦侵晉。齊田和會魏文侯、楚人、衛人於濁澤，求為諸侯。魏文侯為之請於王及諸侯，王許之。

十五年秦伐蜀，取南鄭。魏文侯薨，太子擊立，是為武侯。

武侯浮西河而下，中流顧謂吳起曰：「美哉山河之固，此魏國之寶也！」對曰：「在德不在險。昔三苗氏，左洞庭，右彭蠡，德義不脩，禹滅之。夏桀之居，左河濟，右泰華，闕在其南，羊腸在其北；脩政不仁，湯放之。商紂之國，左孟門，右太行，常山在其北，大河經其南；脩政不德，武王殺之。由此觀之，在德不在險。若君不脩德，舟中之人皆敵國也！」武侯曰：「善。」

魏置相，相田文。吳起不悅，謂田文曰：「請與子論功可乎？」田文曰：「可。」起曰：「將三軍，使士卒樂死，敵國不敢謀，子孰與起？」文曰：「不如子。」起曰：「治百官，親萬民，實府庫，子孰與起？」文曰：「不如子。」起曰：「守西河，秦兵不敢東鄉，韓、趙賓從，子孰與起？」文曰：「不如子。」起曰：「此三者子皆出吾下，而位居吾上，何也？」文曰：「主少國疑，大臣未附，百姓不信，方是之時，屬之子乎，屬之我乎？」起默然良久曰：「屬之子矣！」

久之，魏相公叔尚主而害吳起。公叔之僕曰：「起易去也。起為人剛勁自喜，子先言於君曰：『吳起，賢人也，而君之國小，臣恐起之無留心也。君盍試延以女，起無留心，則必辭矣。』子因與起歸而使公主辱子，起見公主之賤子也，必辭，則子之計中矣。」公叔從之，吳起果辭公主。魏武侯疑之而未信，起懼誅，遂奔楚。

楚悼王素聞其賢，至則任之為相。起明灋（ㄈㄚˇ fǎ，同「法」）審令，捐不急之官，廢公族疏遠者，以撫養戰鬥之士，要在強兵，破游說之言從橫者。於是南平百越，北卻三晉，西伐秦，諸侯皆患楚之強；而楚之貴戚大臣多怨吳起者。

秦惠公薨，子出公立。趙武侯薨，國人復立烈侯之太子章，是為敬侯。韓烈侯薨，子文侯立。

十六年初命齊大夫田和為諸侯。趙公子朝作亂，奔魏；與魏襲邯鄲，不克。

十七年秦庶長改逆獻公於河西而立之；殺出子及其母，沉之淵旁。齊伐魯。韓伐鄭，取陽城；伐宋，執宋公。齊太公薨，子桓公午立。

十九年魏敗趙師於兔臺。

二十年日有食之，既。

二十一年楚悼王薨。貴戚大臣作亂，攻吳起；起走之王尸而伏之。擊起之徒因射刺起，並中王尸。既葬，肅王即位，使令尹盡誅為亂者；坐起夷宗者七十餘家。

二十二年齊伐燕，取桑丘。魏、韓、趙伐齊，至桑丘。

二十三年趙襲衛，不克。齊康公薨，無子，田氏遂并齊而有之。是歲，齊桓公亦薨，子威王因齊立。

二十四年狄敗魏師於澮。魏、韓、趙伐齊，至靈丘。晉孝公薨，子靖公俱酒立。

二十五年蜀伐楚，取茲方。子思言苟變於衛侯曰：「其才可將五百乘。」公曰：「吾知其可將；然變也嘗為吏，賦於民而食人二雞子，故弗用也。」

子思曰：「夫聖人之官人，猶匠之用木也，取其所長，棄其所短；故杞梓連抱而有數尺之朽，良工不棄。今君處戰國之世，選爪牙之士，而以二卵棄干城之將。此不可使聞於鄰國也。」公再拜曰：「謹受教矣！」

衛侯言計非是，而群臣和者如出一口。子思曰：「以吾觀衛，所謂『君不君，臣不臣』者也！公丘懿子曰：「何乃若是？」子思曰：「人主自臧，則眾謀不進。事是而臧之，猶卻眾謀，況和非以長惡乎！夫不察事之是非而悅人讚己，闇莫甚焉；不度理之所在而阿諛求容，諂莫甚焉。君闇臣諂，以居百姓之上，民不與也。若此不已，國無類矣！」

子思言於衛侯曰：「君之國事將日非矣！」公曰：「何故？」對曰：「有由然焉。君出言自以為是，而卿大夫莫敢矯其非；卿大夫出言亦自以為是，而士庶人莫敢矯其非。君臣既自賢矣，而群下同聲賢之，賢之則順而有福，矯之則逆而有禍，如此則善安從生！《詩》曰：『具曰予聖，誰知烏之雌雄？』抑亦似君之君臣乎！」

魯穆公薨，子共公奮立。韓文侯薨，子哀侯立。

二十六年王崩，子烈王喜立。魏、韓、趙共廢晉靖公為家人而分其地。

烈王

元年日有食之。韓滅鄭，因徙都之。趙敬侯薨，子成侯種立。

三年燕敗齊師於林狐。魯伐齊，入陽關。魏伐齊，至博陵。燕僖公薨，子桓公立。宋休公薨，子辟公立。衛慎公薨，子聲公訓立。

四年趙伐衛，取都鄙七十三。魏敗趙師於北藺。

五年魏伐楚，取魯陽。韓嚴遂弒哀侯，國人立其子懿侯。初，哀侯以韓廆為相而愛嚴遂，二人甚相害也。嚴遂令人刺韓廆於朝，廆走哀侯，哀侯抱之；人刺韓廆，兼及哀侯。魏武侯薨，不立太子，子罃與公中緩爭立，國內亂。

六年齊威王來朝。是時周室微弱，諸侯莫朝，而齊獨朝之，天下以此益賢威王。趙伐齊，至鄄。魏敗趙師於懷。

齊威王召即墨大夫，語之曰：「自子之居即墨也，毀言日至。然吾使人視即墨，田野辟，人民給，官無事，東方以寧；是子不事吾左右以求助也！」封之萬家。召阿大夫，語之曰：「自子守阿，譽言日至。吾使人視阿，田野不辟，人民貧餒。昔日趙攻鄄，子不救；衛取薛陵，子不知；是子厚幣事吾左右以求譽也！」是日，烹阿大夫及左右嘗譽者。於是群臣聳懼，莫敢飾詐，務盡其情，齊國大治，強於天下。楚肅王薨，無子，立其弟良夫，是為宣王。宋辟公薨，子剔成立。

七年日有食之。王崩，弟扁立，是為顯王。魏大夫王錯出奔韓。公孫頎謂韓懿侯曰：「魏亂，可取也。」懿侯乃與趙成侯合兵伐魏，戰於濁澤，大破之，遂圍魏。成侯曰：「殺罃，立公中緩，割地而退，我二國之利也。」

懿侯曰：「不可，殺魏君，暴也；割地而退，貪也。不如兩分之。魏分為兩，不強於宋、衛，則我終無魏患矣。」趙人不聽，懿侯不悅，以其兵夜去。趙成侯亦去。罃遂殺公中緩而立，是為惠王。

太史公曰：魏惠王所以身不死、國不分者，二國之謀不和也。若從一家之謀，魏必分矣。故曰：「君終，無適子，其國可破也。」

《資治通鑑》卷第二百九十四

端明殿學士兼翰林學士太中大夫提舉西京嵩山崇福宮
上柱國河內郡開國公食邑二千六百戶食實封一千戶臣　**司馬光**　奉敕編集
後　　學　　天　　臺　**胡三省**　音　　注

後周紀五

起著雍敦牂（戊午），
盡屠維協洽（己未），凡二年。

世宗睿武孝文皇帝下

顯德五年

春，正月，乙酉，廢匡國軍。

唐改元中興。

丁亥，右龍武將軍王漢璋奏克海州。

己丑，以侍衛馬軍都指揮使韓令坤權揚州軍府事。

上欲引戰艦自淮入江，阻北神堰，不得渡；欲鑿楚州西北鸛水以通其道，遣使行視，還言地形不便，計功甚多。上自往視之，授以規畫，當楚州民夫浚之，旬日而成，用功甚省，巨艦數百艘皆達於江，唐人大驚，以為神。

壬辰拔靜海軍，始通吳越之路。先是帝遣左諫議大夫長安尹日就等使吳越，語之曰：「卿今去雖汎海，比還，淮南已平，當陸歸耳。」已而果然。

甲辰，蜀右補闕章九齡見蜀主，言政事不治，由奸佞在朝，蜀主問奸佞為誰，指李昊、王昭遠以對，蜀主怒，以九齡為毀斥大臣貶維州錄事參軍。

周兵攻楚州，踰四旬，唐楚州防禦使張彥卿固守不下，乙巳，帝自督諸將攻之，宿於城下，丁未，克之，彥卿與都監鄭昭業猶帥眾拒戰，矢刃皆盡，彥卿舉繩床以鬥而死，所部千餘人，至死無一人降者。

高保融遣指揮使魏璘，將戰船百艘東下會伐唐，至於鄂州。

庚戌，蜀置永寧軍於果州，以通州隸之。

唐以天長為雄州，以建武軍使易文贇為刺史。二月，甲寅，文贇舉城降。

戊午，帝發楚州；丁卯，至揚州，命韓令坤發丁夫萬餘，築故城之東南隅為小城以治之。

乙亥，黃州刺史司超奏與控鶴右廂都指揮使王審琦攻唐舒州，擒其刺史施仁望。

丙子，建雄節度使真定楊廷璋奏敗北漢兵於隰州城下。時隰州刺史孫議暴卒，廷璋謂都監、閑廐使李謙溥曰：「今大駕南征，澤州無守將，河東必生心；若奏請待報，則孤城危矣。」即牒謙溥權隰州事，謙溥至則脩守備，未幾，北漢兵果至；諸將請速救之，廷璋曰：「隰州城堅將良，未易克也。」北漢攻城久不下，廷璋度其疲困無備，潛與謙溥約，各募死士百餘夜襲其營，北漢兵驚潰，斬首千餘級；北漢兵遂解去。

三月，壬午朔，帝如泰州。

丁亥，唐大赦，改元交泰。

唐太弟景遂前後凡十表辭位，且言：「今國危不能扶，請出就藩鎮。燕王弘冀嫡長有軍功，宜為嗣，謹奏上太弟寶冊。」齊王景達亦以敗軍辭元帥。唐主乃立景遂為晉王，加天策上將軍、江南西道兵馬元帥、洪州大都督、太尉、尚書令，以景達為浙西道元帥、潤州大都督。景達以浙西方用兵，固辭，改撫州大都督。立弘冀為太子，參決庶政。弘冀為人猜忌嚴刻，景遂左右有未出東宮者，立斥逐之。其弟安定公從嘉畏之，不敢預事，專以經籍自娛。

辛卯，上如迎鑾鎮，屢至江口，遣水軍擊唐兵，破之。上聞唐戰艦數百艘泊東洲州，將趣海口扼蘇、杭路，遣殿前都虞侯慕容延釗將步騎，右神武統軍宋延渥將水軍，循江而下。甲午，延釗奏大破唐兵於東洲州；上遣李重進將兵趣廬州。

唐主聞上在江上，恐遂南渡，又恥降號稱藩，乃遣兵部侍郎陳覺奉表，請傳位於太子弘冀，使聽命於中國。時淮南惟廬、舒、蘄、黃未下，丙申，覺至迎鑾，見周兵之盛，白上，請遣人渡江取表，獻四州之地，畫江為境，以求息兵，辭指甚哀。

上曰：「朕本興師止取江北，爾主能舉國內附，朕復何求！」覺拜謝而退。

丁酉，覺請遣其屬閤門承旨劉承遇如金陵，上賜唐主書，稱「皇帝恭問江南國主」，慰納之。

戊戌，吳越奏遣上直指揮使。處州刺史邵可遷、秀州刺史路彥銖以戰艦四百艘、士卒萬七千人屯通州南岸。

唐主復遣劉承遇奉表稱唐國主，請獻江北四州，歲輸貢物十萬。於是江北悉平，得州十四，縣六十。

庚子，上賜唐主書，諭以：「緣江諸軍及兩浙、湖南、荊南兵並當罷歸，其廬、蘄、黃三道，亦令斂兵近外。俟彼將士及家屬就道，可遣人召將校以城邑付之。江中舟艦有須往來者，並令就北岸引之。」辛丑，陳覺辭行，又賜唐主書，諭以不必傳位於子。

壬寅，上自迎鑾復如揚州。

癸卯，詔吳越，荊南軍各歸本道；賜錢弘俶犒軍帛三萬匹，高保融一萬匹。

甲辰，置保信軍於廬州，以右龍武統軍趙匡贊為節度使。

丙午，唐主遣馮延巳獻銀、絹、錢、茶、穀共百萬以犒軍。

己酉，命宋延渥將水軍三千泝江巡警。

庚戌，敕故淮南節度楊行密、故昇府節度使徐溫等墓並量給守戶；其江南群臣墓在江北者，亦委長吏以時檢校。

辛亥，唐主遣其臨汝公徐遼代己來上壽。

是月，浚汴口，導河流達於淮，於是江、淮舟檝始通。

夏，四月，乙卯，帝自揚州北還。

新作太廟成。庚申，神主入廟。

辛酉夜，錢唐城南火，延及內城，官府廬舍幾盡。壬戌旦，火將及鎮國倉，吳越王弘俶久疾，自強出救火；火止，謂左右曰：「吾疾因災而愈。」眾心稍安。

帝之南征也，契丹乘虛入寇。壬申，帝至大梁，命張永德將兵備禦北邊。

五月，辛巳朔，日有食之。

詔賞勞南征士卒及淮南新附之民。

辛卯，以太祖皇帝領忠武節度使，徙安審琦為平盧節度使。

成德節度使郭崇攻契丹束城，拔之，以報其入寇也。

唐主避周諱，更名景，下令去帝號，稱國主，凡天子儀制皆有降損，去年號；用周正朔，仍告於太廟。左僕射、同平章事馮延巳罷為太子太傅，門下侍郎、同平章事嚴續罷為少傅，樞密使、兵部侍郎陳覺罷守本官。

初，馮延巳以取中原之策說唐主，由是有寵。延巳嘗笑烈祖戢兵為齷齪，曰：「安陸所喪纔數千兵，為之輟食咨嗟者旬日，此田舍翁識量耳，安足與成大事！豈如今上暴師數萬於外，而擊毬宴樂無異平日，真英主也！」延巳與其黨談論，常以天下為己任，更相唱和。

翰林學士常夢錫屢言延巳等浮誕，不可信；唐主不聽，夢錫曰：「奸言似忠，陛下不悟，國必亡矣！」及臣服於周，延巳之黨相與言，有謂周為大朝者，夢錫大笑曰：「諸公常欲致君堯、舜，何意今日自為小朝邪！」眾默然。

自唐主內附，帝止因其使者賜書，未嘗遣使至其國。己酉，始命太僕卿馮延魯、衛尉少卿鍾謨使於唐，賜以御衣、玉帶等及犒軍帛十萬，并今年欽天曆。

劉承遇之還自金陵也，唐主使陳覺白帝，以江南無鹵田，願得海陵監南屬以贍軍。帝曰：「海陵在江北，難以交居，當別有處分。」至是，詔歲支鹽三十萬斛以給江南，所俘獲江南士卒，稍稍歸之。

六月，壬子，昭義節度使李筠奏擊北漢石會關，拔其六寨。乙卯，晉州奏都監李謙溥擊北漢，破孝義。

高保融遣使勸蜀王稱藩於周，蜀王報以前歲遣胡立致書於周而不答。

秋，七月，丙戌，初行大周刑統。

帝欲均田租，丁亥，以元稹均田圖遍賜諸道。

閏月，唐清源節度使兼中書令留從效遣牙將蔡仲贇衣商人服，以絹表置革帶中，間道來稱藩。

唐江西元帥晉王景遂之赴洪州也，以時方用兵，啟求大臣以自副，唐主以樞密副使、工部侍郎李徵古為鎮南節度副使。徵古傲狠專恣，景遂雖寬厚，久而不能堪，常欲斬徵古，自拘於有司，左右諫而止，景遂忽忽不樂。

太子弘冀在東宮多不法，唐主怒，嘗以毬杖擊之曰：「吾當復召景遂。」昭慶宮使袁從範從景遂為洪州都押牙，或譖從範之子於景遂，景遂欲殺之，從範由是怨望。弘冀聞之，密遣從範毒之；八月，庚辰，景遂擊毬渴甚，從範進漿，景遂飲之而卒，未殯，體已潰；唐主不之知，贈皇太弟，諡曰文成。

辛巳，南漢中宗殂，長子繼興即帝位，更名鋹（ㄔㄤˇ chǎng），改元大寶。鋹年十六，國事皆決於宦官玉清宮使龔澄樞及女侍中盧瓊仙等，臺省官備位而已。

甲申，唐始置進奏院於大梁。

壬辰，命西上閤門使靈壽曹彬使於吳越，賜吳越王弘俶騎軍鋼甲二百，步軍甲五千及他兵器。彬事畢亟返，不受饋遺，吳越人以輕舟追與之，至於數四，彬曰：「吾終不受，是竊名也。」盡籍其數，歸而獻之。帝曰：「晁之奉使，乞匄（ㄍㄞˋ gài）無厭，使四方輕朝命。卿能如是，甚善；然彼以遺卿，卿自取之。」彬始拜受，悉以散於親識，家無留者。

辛丑，馮延魯、鍾謨來自唐，唐主手表謝恩，其略曰：「天地之恩厚矣，父母之恩深矣，子不謝父，人何報天，惟有赤心，可酬大造。」又乞比藩方，賜詔書，又稱：「有情事令鍾謨上奏，乞令早還。」唐主復令謨白帝，欲傳位太子。

九月，丁巳，以延魯為刑部侍郎、謨為給事中。唐主復遣吏部尚書、知樞密院殷崇義來賀天清節。

帝謀伐蜀，冬，十月，己卯，戶部侍郎高防為西南面水陸制置使，右贊善大夫李玉為判官。

甲午，帝歸馮延魯及左監門衛上將軍許文稹、右千牛衛上將軍邊鎬、衛尉卿周廷構於唐。唐主以文稹等皆敗軍之俘，棄不復用。

高保融再遺蜀主書，勸稱臣於周，蜀主集將相議之，李昊曰：「從之則君父之辱，違之則周師必至，諸將能拒周乎？」諸將皆曰：「以陛下聖明，江山險固，豈可望風屈服！秣馬厲兵，正為今日。臣等請以死衛社稷！」丁酉，蜀主命昊草書，極言拒絕之。

詔左散騎常侍須城艾穎等三十四人分行諸州，均定田租。庚子，詔諸州併鄉村，率以百戶為團，團置耆長三人。帝留心農事，刻木為耕夫、蠶婦，置之殿庭。

命武勝節度使宋延渥以水軍巡江。

高保融奏，聞王師將伐蜀，請以水軍趣三峽，詔褒之。

十一月，庚戌，敕竇儼編《大周通禮》、《大周正樂》。

辛亥，南漢葬文武光明孝皇帝於昭陵，廟號中宗。

乙丑，唐主復遣禮部侍郎鍾謨入見。

李玉至長安，或言「蜀歸安鎮在長安南三百餘里，可襲取也。」玉信之，牒永興節度使王彥超，索兵二百，彥超以為歸安道阻隘難取，玉曰：「吾自奉密旨。」彥超不得已與之。玉將以往，十二月，蜀歸安鎮遏使李承勳據險邀之，斬玉，其眾皆沒。

乙酉，蜀主以右衛聖步軍都指揮趙崇韜為北面招討使，丙戌，以奉鑾肅衛都指揮使、武信節度使兼中書令孟貽業為昭武、文州都招討使，左衛聖馬軍都指揮使趙思進為東面招討使，山南西道節度使韓保貞為北面都招討使，將兵六萬，分屯要害以備周。

丙戌，詔凡諸色課戶及俸戶並勒歸州縣，其幕職、州縣官自今並支俸錢及米麥。

初，唐太傅兼中書令楚公宋齊丘多樹朋黨，欲以專固朝權，躁進之士爭附之，推獎以為國之元老。樞密使陳覺、副使李徵古恃齊丘之勢，尤驕慢。及許文稹等敗於紫金山，覺與齊丘、景達自濠州遁歸，國人恟懼。唐主嘗嘆曰：「吾國家一朝至此！」因泣下。徵古曰：「陛下當治兵以捍敵，涕泣何為！豈飲酒過量邪，將乳母不至邪？」唐主色變，而徵古舉止自若。會司天奏：「天文有變，人主宜避位禳災。」唐主乃曰：「禍難方殷，吾欲釋去萬機，棲心沖寂，誰可以託國者？」徵古曰：「宋公，造國手也，陛下如厭萬機，何不舉國授之！」覺曰：「陛下深居禁中，國事皆委宋公，先行後聞，臣等時入侍，談釋、老而已。」唐主心慍，即命中書舍人豫章陳喬草詔行之。喬惶恐請見，曰：「陛下一署此詔，臣不復得見矣！」因極言其不可。唐主笑曰：「爾亦知其非邪？」乃止。由是因晉王出鎮，以徵古為之副，覺自周還，亦罷近職。

鍾謨素與李德明善，以德明之死怨齊丘，及奉使歸唐，言於唐主曰：「齊丘乘國之危，遽謀篡竊，陳覺、李徵古為之羽翼，理不可容。」陳覺之自周還，矯以帝命謂唐主曰：「聞江南連歲拒命，皆宰相嚴續之謀，當為我斬之。」

唐主知覺素與續有隙，固未之信。鍾謨請覆之於周，唐主乃因謨復命，上言：「久拒王師，皆臣愚迷，非續之罪。」帝聞之，大驚曰：「審如此，則續乃忠臣，朕為天下主，豈教人殺忠臣乎！」謨還，以白唐主。

唐主欲誅齊丘等，復遣謨入稟於帝。帝以異國之臣，無所可否。己亥，唐主命知樞密院殷崇義草詔暴齊丘、覺、徵古罪惡，聽齊丘歸九華山舊隱，官爵悉如故；覺責授國子博士，宣州安置；徵古削奪官爵，賜自盡，黨與皆不問。遣使告於周。

丙午，蜀以峽路巡檢制置使高彥儔為招討使。

平盧節度使、太師、中書令陳王安審琦僕夫安友進與其嬖妾通，妾恐事泄，與友進謀殺審琦，友進不可，妾曰：「不然，我當反告汝。」友進懼而從之。

六年

春，正月，癸丑，審琦醉熟寢，妾取審琦所枕劍授友進而殺之，仍盡殺侍婢在帳下者以滅口。後數日，其子守忠始知之，執友進等咼之。

初，有司將立正仗，宿設樂縣於殿庭，帝觀之，見鍾磬有設而不擊者，問樂工，皆不能對。乃命竇儼討論古今，考正雅樂。王朴素曉音律，帝以樂事詢之，朴上疏，以為：「禮以檢形，樂以治心；形順於外，心和於內，然而天下不治者未之有也。是以禮樂脩於上，萬國化於下，聖人之教不肅而成，其政不嚴而治，用此道也。夫樂生於人心而聲成於物，物聲既成，復能感人之心。

昔黃帝吹九寸之管，得黃鍾正聲，半之為清聲，倍之為緩聲，三分損益之以生十二律。十二律旋相為宮以生七調，為一均。凡十二均、八十四調而大備。遭秦滅學，歷代治樂者罕能用之。唐太宗之世，祖孝孫、張文收考正大樂，備八十四調；安、史之亂，器與工什亡八九，至於黃巢，蕩盡無遺。時有太常博士殷盈孫，按《考工記》，鑄鎛鍾十二，編鍾二百四十。處士蕭承訓校定石磬，今之在縣者是也。雖有鍾磬之狀，殊無相應之和，其鎛鍾不問音律，但循環而擊，編鍾、編磬徒懸而已。絲、竹、匏、土僅有七聲，名為黃鍾之宮，其存者九曲。考之三曲協律，六曲參涉諸調；蓋樂之廢缺，無甚於今。

陛下武功既著，垂意禮樂，以臣嘗學律呂，宣示古今樂錄，命臣討論。臣謹如古法，以秬黍定尺，長九寸徑三分為黃鍾之管，與今黃鍾之聲相應，因而推之，得十二律。以為眾管互吹，用聲不便，乃作律準，十有三弦，其長九尺，皆應黃鍾之聲，以次設柱，為十一律，及黃鍾清聲，旋用七律以為一均。為均之主者，宮也，徵、商、羽、角、變宮、變徵次焉。發其均主之聲，歸於本音之律，迭應不亂，乃成其調，凡八十一調。此法久絕，出臣獨見，乞集百官校其得失。」

詔從之。百官皆以為然，乃行之。

唐宋齊丘至九華山，唐主命鎖其第，穴牆給飲食。齊丘嘆曰：「吾昔獻謀幽讓皇帝族於泰州，宜其及此！」乃縊而死。諡曰「醜繆」。

初，翰林學士常夢錫知宣政院，參預機政，深疾齊丘之黨，數言於唐主曰：「不去此屬，國必危亡。」與馮延巳、魏岑之徒日有爭論。久之，罷宣政院，夢錫鬱鬱不得志，不復預事，縱酒成疾而卒。及齊丘死，唐主曰：「常夢錫平生欲殺齊丘，恨不使見之！」贈夢錫左僕射。

二月，丙子朔，命王朴如河陰按行河隄，立斗門於汴口，壬午，命侍衛都指揮使韓通、宣徽南院使吳廷祚、發徐、宿、宋、單等州丁夫數萬浚汴水。甲申，命馬軍都指揮使韓令坤自大梁城東導汴水入於蔡水，以通陳、潁之漕，命步軍都指揮使袁彥浚五丈渠東過曹、齊、梁山泊，以通青、鄆之漕，發畿內及滑、亳丁夫數千以供其役。

丁亥，開封府奏田稅舊一十萬二千頃，今按行得羨苗四萬二千餘頃；敕減三萬八千頃。諸州行苗使還，所奏羨苗減之仿此。

淮南飢，上命以米貸之。或曰：「民貧，恐不能償。」上曰：「民吾子也，安有子倒懸而父不為之解哉！安在責其必償也！」

庚申，樞密使王朴卒。上臨其喪，以玉鉞卓地，慟哭數四，不能自止。朴性剛而銳敏，智略過人，上以是惜之。

甲子，詔以北鄙未復，將幸滄州，命義武節度使孫行友扞西山路，以宣徽南院使吳廷祚權東京留守、判開封府事，三司使張美權大內都部署。丁卯，命侍衛親軍都虞候韓通等將水陸軍先發。甲戌，上發大梁。

夏，四月，庚寅，韓通奏自滄州治水道入契丹境，柵於乾寧軍南，補壞防，開游口三十六遂，通瀛、莫。

辛卯，上至滄州，即日帥步騎數萬發滄州，直趨契丹之境。河北州縣非車駕所過，民間皆不之知。壬辰，上至乾寧軍，契丹寧州刺史王洪舉城降。

乙未，大治水軍，分命諸將水陸俱下，以韓通為陸路都部署，太祖皇帝為水路都部署。丁酉，上御龍舟沿流而北，舳艫相連數十里；己亥，至獨流口，泝流而西。辛丑，至益津關，契丹守將終廷暉以城降。

自是以西，水路漸隘，不能勝巨艦，乃捨之。

壬寅，上登陸而西，宿於野次，侍衛之士不及一旅，從官皆恐懼。胡騎連群出其左右，不敢逼。

癸卯，太祖皇帝至瓦橋關，契丹守將姚內斌舉城降，上入瓦橋關。內斌，平州人也。甲辰，契丹莫州刺史劉楚信舉城降。

五月，乙巳朔，侍衛親軍都指揮使、天平節度使李重進等始引兵繼至，契丹瀛州刺史高彥暉舉城降。彥暉，薊州人也。於是關南悉平。

丙午，宴諸將於行宮，議取幽州，諸將以為：「陛下離京四十二日，兵不血刃，取燕南之地，此不世之功也。今虜騎皆聚幽州之北，未宜深入。」上不悅。

是日，趣先鋒都指揮使劉重進先發，據固安；上自至安陽水，命作橋，會日暮，還宿瓦橋，是日，上不豫而止。契丹主遣使者日馳七百里詣晉陽，命北漢主發兵撓周邊，聞上南歸，乃罷兵。

戊申，孫行友奏拔易州，擒契丹刺史李在欽，獻之，斬於軍市。

己酉，以瓦橋關為雄州，割容城、歸義二縣隸之；益津關為霸州，割文安、大城二縣隸之。發濱、棣丁夫數千城霸州，命韓通董其役。

庚戌，命李重進兵出土門，擊北漢。

辛亥，以侍衛馬步都指揮使韓令坤為霸州都部署，義成節度留後陳思讓為雄州都部署，各將部兵以戍之。

壬子，上自雄州南還。

己巳，李重進奏敗北漢兵於百井，斬首二千餘級。

甲戌，帝至大梁。

六月，乙亥朔，昭義節度使李筠奏擊北漢，拔遼州，獲其刺史張丕。

丙子，鄭州奏河決原武，命宣徽南院使吳廷祚發近縣二萬餘夫塞之。

唐清源節度使留從效遣使入貢，請置進奏院於京師，直隸中朝，詔報以「江南近服，方務綏懷，卿久奉金陵，未可改圖。若置邸上都，與彼抗衡，受而有之，罪在於朕。卿遠脩職貢，足表忠勤，勉事舊君，且宜如故。如此，則於卿篤始終之義，於朕盡柔遠之宜，惟乃通方，諒達予意。」

唐主遣其子紀公從善與鍾謨俱入貢，上問謨曰：「江南亦治兵，脩守備乎？」對曰：

「既臣事大國，不敢復爾。」

上曰：「不然。曏時則為仇敵，今日則為一家，吾與汝國大義已定，保無他虞；然人生難期，至於後世，則事不可知。歸語汝主：可及吾時完城郭，繕甲兵，據守要害，為子孫計。」謨歸，以告唐主。唐主乃城金陵，凡諸州城之不完者葺之，戍兵少者益之。

臣光曰：或問臣：「五代帝王，唐莊宗、周世宗皆稱英武，二主孰賢？」臣應之曰：「夫天子所以統治萬國，討其不服，撫其微弱，行其號令，壹其法度，敦明信義，以兼愛兆民者也。莊宗既滅梁，海內震動，湖南馬氏遣子希範入貢。莊宗曰：『比聞馬氏之業，終為高郁所奪。今有兒如此，郁豈能得之哉？』郁，馬氏之良佐也。希範兄聲聞莊宗言，卒矯其父命而殺之。此乃市道商賈之所為，豈帝王之體哉！蓋莊宗善戰者也，故能以弱晉勝強梁，既得之，曾不數年，外內離叛，置身無所。誠由知用兵之術，不知為天下之道故也。世宗以信令御群臣，以正義責諸國，王環以不降受賞，劉仁贍以堅守蒙褒，嚴續以盡忠獲存，蜀兵以反覆就誅，馮道以失節被棄，張美以私恩見疏；江南未服，則親犯矢口，期於必克，既服，則愛之如子，推誠盡言，為之遠慮。其宏規大度，豈得與莊宗同日語哉！《書》曰：『無偏無黨，王道蕩蕩。』又曰：『大邦畏其力，小邦懷其德。』世宗近之矣。」

辛巳，建雄節度使楊廷璋奏擊北漢，降堡寨一十三。

癸未，立皇后符氏，宣懿皇后之女弟也。

立皇子宗訓為梁王，領左衛上將軍，宗讓為燕王，領左驍衛上將軍。

上欲相樞密使魏仁浦，議者以仁浦不由科第，不可為相。上曰：「自古用文武才略者為輔佐，豈盡由科第邪！」

己丑，加王溥門下侍郎，與范質皆參知樞密院事。以仁浦為中書侍郎、同平章事，樞密使如故。仁浦雖處權要而能謙謹，上性嚴急，近職有忤旨者，仁浦多引罪歸己以救之，所全活什七八，故雖起刀筆吏，致位宰相，時人不以為忝。又以宣徽南院使吳廷祚為左驍衛上將軍，充樞密使；加歸德節度使、侍衛親軍都虞候韓通、鎮寧節度使兼殿前都點檢張永德並同平章事，仍以通充侍衛親軍副都指揮使；以太祖皇帝兼殿前都點檢。

上嘗問大臣可為相者於兵部尚書張昭，昭薦李濤。上愕然曰：「濤輕薄無大臣體，朕問相而卿首薦之，何也？」

對曰：「陛下所責者細行也，臣所舉者大節也。昔晉高祖之世，張彥澤虐殺不辜，濤累疏請誅之，以為不殺必為國患；漢隱帝之世，濤亦上疏請解先帝兵權。夫國家安危未形而能見之，此真宰相器也，臣是以薦之。」

上曰：「卿言甚善且至公，然如濤者，終不可置之中書。」濤喜詼諧，不脩邊幅，與弟瀚俱以文學著名，雖甚友愛，而多謔浪，無長幼體，上以是薄之。

上以翰林學士單父王著，幕府舊僚，屢欲相之，以其嗜酒無檢而罷。

癸巳大漸，召范質等入受顧命。上曰：「王著藩邸故人，朕若不起，當相之。」質等出，相謂曰：「著終日遊醉鄉，豈堪為相！慎勿泄此言。」是日，上殂。

上在藩，多務韜晦，及即位，破高平之寇，人始服其英武。其御軍，號令嚴明，人莫敢犯，攻城對敵，矢石落其左右，人皆失色而上略不動容；應機決策，出人意表。又勤於為治，百司簿籍，過目無所忘，發姦擿（ㄊㄧˋ tì）伏，聽察如神。閒暇則召儒者讀前史，商榷大義。性不好絲竹珍玩之物，常言太祖養王峻、王殷之惡，致君臣之分不終，故群臣有過則面質責之，服則赦之，有功則厚賞之。文武參用，各盡其能，人無不畏其明而懷其惠，故能破敵廣地，所向無前。然用法太嚴，群臣職事小有不舉，往往置之極刑，雖素有才幹聲名，無所開宥，尋亦悔之，末年寖寬。登遐之日，遠邇哀慕焉。

甲午，宣遺詔，命梁王宗訓即皇帝位，生七年矣。

秋，七月，壬戌，以侍衛親軍都指揮使李重進領淮南節度使，副都指揮使韓通領天平節度使，太祖皇帝領歸德節度使。以山南東道節度使、同平章事向拱為西京留守；庚申，加拱兼侍中。拱，即向訓也，避恭帝名改焉。

丙寅，大赦。

唐主以金陵去周境纔隔一水，洪州險固居上游，集群臣議徙都之。群臣多不欲徙，惟樞密副使、給事中唐鎬勸之，乃命經營豫章為都城之制。

唐自淮上用兵及割江北，臣事於周，歲時貢獻，府藏空竭，錢益少，物價騰貴。禮部侍郎鍾謨請鑄大錢，一當五十，中書舍人韓熙載請鑄鐵錢；唐主始皆不從，謨陳請不已，乃從之。是月，始鑄當十大錢，文曰「永通泉貨」，又鑄當二錢，文曰「唐國通寶」，與開元錢並行。

八月，戊子，蜀主以李昊領武信節度使，右補闕李起上言：「故事，宰相無領方鎮者。」蜀主曰：「昊家宂費，以厚祿優之耳。」起，邛州人，姓婞直，李昊嘗語之曰：「以子之才，苟能慎默，當為翰林學士。」起曰：「俟無舌，乃不言耳！」

庚寅，立皇弟宗讓為曹王，更名熙讓；熙謹為紀王，熙誨為蘄王。

九月，丙午，唐太子弘冀卒，有司引浙西之功，謚曰「武宣」，句容尉全椒張洎上言：「太子之德，主於孝敬，今謚以武功，非所以防微而慎德也。」乃更謚曰「文獻」；擢洎為上元尉。

唐禮部侍郎、知尚書省事鍾謨數奉使入周，傳世宗命於唐主，世宗及唐主皆厚待之，恃此驕橫於其國，三省之事皆預焉。

文獻太子總朝政，謨求兼東宮官不得，乃薦其所善閻式為議郎，掌百司關啟。李德明之死也，唐鎬預其謀，謨聞鎬受賕，嘗面詰之，鎬甚懼，謨與天威都虞候張巒善，數於私第屏人語至夜分，鎬譖諸唐主曰：「謨與巒氣類不同，而過相親狎，謨屢使上國，巒北人，恐其有異謀。」又言：「永通大錢民多盜鑄，犯法者眾。」

及文獻太子卒，唐主欲立其母弟鄭王從嘉，謨嘗與紀公從善同奉使於周，相厚善，言於唐主曰：「從嘉德輕志懦，又酷信釋氏，非人主才。從善果敢凝重，宜為嗣。」唐主由是怒。尋徙從嘉為吳王、尚書令、知政事，居東宮。

冬，十月，謨請令張巒以所部兵巡徼都城。唐主乃下詔暴謨侵官之罪，貶國子司業，流饒州，貶張巒為宣州副使，未幾，皆殺之，廢永通錢。

十一月，壬寅朔，葬睿武孝文皇帝於慶陵，廟號世宗。

南漢主以中書舍人鍾允章，藩府舊僚，擢為尚書右丞、參政事，甚委任之。允章請誅亂法者數人以正綱紀，南漢主不能從，宦官聞而惡之。南漢主將祀圜丘，前三日，允章帥禮官登壇，四顧指揮設神位，內侍監許彥真望之曰：「此謀反也！」即帶劍登壇，允章叱之。

彥真馳入宮，告允章欲於郊祀日作亂。南漢主曰：「朕待允章厚，豈有此邪！」玉清宮使龔澄樞、內侍監李托等共證之，以彥真言為然，乃收允章，繫含章樓下，命宦者與禮部尚書薛用丕雜治之。

用丕素與允章善，告以必不免，允章執用丕手泣曰：「老夫今日猶几上肉耳，分為仇人所烹。但恨邕、昌幼，不知吾冤，及其長也，公為我語之。」彥真聞之，罵曰：「反賊欲使其子報仇邪！」復白南漢主曰：「允章與二子共登壇，潛有所禱。」俱斬之。自是宦官益橫。李托，封州人也。

辛亥，南漢主祀圜丘，大赦，未幾，以龔澄樞為左龍虎觀軍容使、內太師，軍國之事皆取決焉。凡群臣有才能及進士狀頭或僧道可與談者，皆先下蠶室，然後得進，亦有自宮以求進者，亦有免死而宮者，由是宦者近二萬人。貴顯用事之人，大抵皆宦者也，謂士人為門外人，不得預事，卒以此亡國。

唐更命洪州曰南昌府，建南都，以武清節度使何敬洙為南都留守，以兵部尚書陳繼善為南昌尹。

周人之攻秦、鳳也，蜀中恟懼；都官郎中徐及甫自負才略，仕不得志，陰結黨與，謀奉前蜀高祖之孫少府監王令儀為主以作亂，會周兵退而止。至於，其黨有告者，收捕之，及甫自殺。十二月，甲午，賜令儀死。

端明殿學士、兵部侍郎竇儀使於唐，天雨雪，唐主欲受詔於廡下。儀曰：「使者奉詔而來，不敢失舊禮。若雪霑服，請俟他日。」唐主乃拜詔於庭。

契丹主遣其舅使於唐，泰州團練使荊罕儒募客使殺之。唐人夜宴契丹於清風驛，酒酣，起更衣。久不返，視之，失其首矣。自是契丹與唐絕。罕儒，冀州人也。

中國歷代經典寶庫㊲

資治通鑑——帝王的鏡子

編　撰　者—雷家驥
編　　　輯—康逸藍
責任企劃—洪小偉
校　　　對—蕭淑芳
總　編　輯—陳蕙慧
董　事　長—趙政岷
出　版　者—時報文化出版企業股份有限公司
108019台北市和平西路三段二四〇號三樓
發行專線—（〇二）二三〇六—六八四二
讀者服務專線—〇八〇〇—二三一—七〇五
（〇二）二三〇四—七一〇三
讀者服務傳真—（〇二）二三〇四—六八五八
郵撥—一九三四四七二四時報文化出版公司
信箱—一〇八九九臺北華江橋郵局第九九信箱
時報悅讀網—http://www.readingtimes.com.tw
法律顧問—理律法律事務所　陳長文律師、李念祖律師
印　　　刷—紘億印刷有限公司
五版一刷—二〇一二年十月十九日
五版二刷—二〇二三年七月二十四日
定　　　價—新台幣二百五十元

時報文化出版公司成立於一九七五年，並於一九九九年股票上櫃公開發行，於二〇〇八年脫離中時集團非屬旺中，以「尊重智慧與創意的文化事業」為信念。

資治通鑑：帝王的鏡子 / 雷家驥編撰. -- 五版. -- 臺北市：時報文化,
2012.10
面；　公分. --（中國歷代經典寶庫；37）

ISBN 978-957-13-5644-0（平裝）

1.資治通鑑　2.通俗作品

610.23　　101016671

ISBN 978-957-13-5644-0
Printed in Taiwan